大猎论道

真实世界的猎头艺术

（修订版）

陈勇◎主编　猎聘◎编著

人民邮电出版社

北京

图书在版编目（ＣＩＰ）数据

大猎论道：真实世界的猎头艺术 / 陈勇主编；猎
聘编著. -- 2版（修订本）. -- 北京：人民邮电出版社，
2020.6（2021.8重印）
ISBN 978-7-115-49864-9

Ⅰ. ①大… Ⅱ. ①陈… ②猎… Ⅲ. ①企业管理—人
力资源管理—通俗读物 Ⅳ. ①F272.92-49

中国版本图书馆CIP数据核字(2019)第275897号

内 容 提 要

对于猎头行业、猎头公司和猎头顾问而言，最重要的问题之一是"道"，坐而论道，起
而行之。本书的论道之人均为起而行之的行业领军人物，他们在经历了理论的风霜、实践的
捶打后提炼出这本典籍，把猎头行业、猎头公司及猎头顾问的所想、所忧阐述得非常透彻。
本书共收录 28 篇精华文章，分别从猎头行业发展史、猎头行业在中国的市场及业务模式、猎
头行业的组织形式及未来发展趋势等不同角度进行了深度剖析，为中国的猎头从业者提供了
一套行之有效的"猎道"宝典。

◆ 主　　编　陈　勇

　编　　著　猎　聘

　责任编辑　赵　娟

　责任印制　彭志环

◆ 人民邮电出版社出版发行　　北京市丰台区成寿寺路 11 号
　邮编　100164　电子邮件　315@ptpress.com.cn
　网址　https://www.ptpress.com.cn
　北京虎彩文化传播有限公司印刷

◆ 开本：700×1000　1/16
　印张：17.5　　　　　　　　　2020 年 6 月第 2 版
　字数：248 千字　　　　　　　2021 年 8 月北京第 5 次印刷

定价：69.00 元

读者服务热线：(010)81055493　印装质量热线：(010)81055316
反盗版热线：(010)81055315
广告经营许可证：京东市监广登字 20170147 号

修订版推荐序

近几年，职场剧成为国内影视剧的一种新趋势，广受大众欢迎。在这类剧中，总是时不时地出现猎头顾问的身影。现在，大众对猎头顾问并不陌生，但是把时间推回到 20 年前，听说过猎头顾问的人寥寥无几。那时，猎头顾问在大众心中还是一个比较神秘的群体，只有外企和高薪人士才有机会接触到他们，猎头顾问距离普通人的生活非常遥远。

随着社会经济的发展，尤其是十几年前创业风潮的兴起，中小公司处于飞速成长和扩张时期，它们对中高端人才的渴望，推动了市场对猎头顾问的需求，这也为猎聘的诞生创造了契机。猎聘在成立之初，就是一个连接企业、求职者和猎头顾问的平台，促进三方的互动与合作。这也让我有更多机会深入接触猎头顾问这个群体。

不光是企业寻找优秀人才需要猎头顾问，求职者也迫切需要猎头顾问帮助自己找到更好的职业发展机会。猎聘 2019 年的一项调研发现：43.18% 的求职者没有接触过猎头顾问，猎头顾问对于他们来说比较陌生；56.53% 的求职者在积累了一定的工作经验后，在想谋求更大的发展空间时，希望有猎头顾问提供帮助；68.75% 的求职者在要求猎头顾问给他们推荐工作的同时，更希望猎头顾问能给予自己职业发展的建议。

来自一线的调研更让我坚信自己的创业初衷是对的，那就是让每个企业都用得起猎头顾问，让每个职场人都拥有自己的猎头伙伴，让猎头行业更加亲民，不仅是形象亲民，还有价格和体验的亲民。

当今，大众接触信息的渠道更加丰富、多元，猎头顾问的神秘面纱已经逐渐褪去。在求职者与人力资源顾问和猎头顾问的互动中，猎头行业存在的一些问题相继凸显。我时不时地听到一些人力资源顾问和求职者抱怨猎头顾问推荐的人选不靠谱，猎头顾问对求职者入职的公司不够了解……一些猎头从业者也意识到自己所处的行业存在不少问题。猎聘2019年针对猎头行业的调研显示，当被问及国内猎头行业存在的最大问题是什么时，46.63%的猎头顾问认为是猎头顾问的质量良莠不齐，25.48%的猎头顾问认为是该行业的发展不成熟且缺乏监管机制。

这些问题其实一直都阻碍着猎头行业的快速发展。猎头行业不仅要求猎头从业者对行业、企业和人才有充分的了解，还要求他们深谙与人沟通、谈判的技巧，需要他们善用各类工具拓展自己的边界，这对猎头从业者提出了更高的要求。

为了给猎头从业者带来实际帮助，从2013年开始，猎聘开辟了《大猎论道》专栏，邀请猎头行业的知名人士和资深从业者撰稿，分享自己在行业中沉淀的经验和教训，分享自己对行业的理解和认知。专栏开通后受到业界的欢迎，日积月累，也有不少的金句妙文。人民邮电出版社的编辑老师慧眼识珠，要求为我们结集出版，于是纸质版的《大猎论道——真实世界的猎头艺术》应运而生，面世后不仅受到猎头从业者的喜爱，也得到不少人力资源工作者和求职者的青睐，借助口口相传的力量，成为该出版社的长销书，且在同类书中的销量处于领先地位。

如今，《大猎论道》专栏新增了微信版，也增添了新的内容。当下正值国家提倡人才高质量发展之际，很多企业正在加快进行组织升级和人才升级，全社会对优秀人才求贤若渴，"城市抢人大战"如火如荼，猎头行业依然任重道远，然而前途不可限量。在此情况下，《大猎论道——真实世界的猎头艺术》在原来的基础上修订再版，正逢其时！

我有一个梦想：让天下没有难招的人才，让天下没有难找的工作。这是企业的凤愿，也是求职者的梦想。希望在业内同仁的努力下，我们一起把这句话变为现实！

猎聘创始人兼 CEO　戴科彬

写于 2020 年 1 月

修订版序言

时间，价值，经典

《大猎论道——真实世界的猎头艺术》这本书，源于猎聘的《大猎论道》专栏。

这个专栏创办于 2013 年，基本定位是邀请猎头行业的资深人士，分享他们对猎头业务的运营、猎头顾问的成长、猎头行业的发展等方面的见解。

这本书初版于 2015 年 8 月，初衷是纪念猎聘以及各位受邀作者为推动猎头行业的发展所做的分享。由于书中的文章在本书初版前已在专栏中发布，在猎头同行中也已广为流传，所以，无论是出版社还是猎聘，以及我自己，都没有预期这本书能有很高的销量，因而也基本上没有做任何的宣传推广。

当出版社告诉我们"这本书在过去几年里的销量远超我们对同类书籍的预期，希望能再出修订版"时，作为这本书的主编，我感到非常欣慰！大家通过买书这个实际行动，表达了对本书价值的真正认同。

修订版在原版本的基础上，做了以下两点调整。

第一，修订版加入了我新写的两篇文章《68 猎头成长操作系统——如何避免掉入"工龄长，资历浅"的陷阱》及《上不了市，也卖不掉，你的公司结局会如何——对传承制创业的思考与实践》。前一篇文章，从猎头顾问应该具备的能力、猎头顾问的职业发展路径及二者之间的关系 3 个方面，系统且具有实操性地论述了猎头顾问的职业发展问题。后一篇文章，针对 99%

的猎头公司"上不了市，也卖不掉"的现状，探讨了猎头公司创业的出路与结局。做这样的增补，是期望本书对猎头从业者的参考价值更加完整。感谢《大猎论道》专栏第二任主编庄华先生（Pierre）为这两篇文章所写的主编推荐语。

第二，在本书的第一版中，《通向胜境的阶梯——从工程师到世界级猎头顾问》一文遗漏了王忆民先生作为文章翻译者的署名；在修订版中，我们弥补了这个错误及遗憾。

本书自初版以来，猎头行业已经发生了很大的变化。例如，市场规模在迅速扩大；电视剧《猎场》的播出让更多的人了解猎头行业；猎聘成功上市，成为市值百亿元的行业领跑者；《大猎论道》这个专栏也得到了更好的传承，在庄华先生（伯乐公司的前 CEO，CGL 的创始人）担任主编以来，这个专栏比以前更有影响力了……

在变化中把握住不变的东西，也是我们应对变化的一种有效方法。《大猎论道——真实世界的猎头艺术（修订版）》注重的正是猎头行业中相对稳定的核心要素。时间能证明价值，期待本书能够经得起时间的考验，成为猎头行业的经典图书。

FMC 创始合伙人，《大猎论道》首任及终身荣誉主编　陈勇（Charles）
写于 2020 年 1 月 3 日

原版序言

真实的猎头世界是什么样的

20世纪90年代中期，我进入了猎头行业。那个时候，很多接到猎头顾问电话的人都还不知道猎头公司是干什么的。今天，如果还有哪个人接到电话称不知道猎头公司是做什么的，那么你就可以基本判断这个人不值得成为你物色的对象了。这是过去20多年里猎头行业在中国市场迅猛发展的缩影。

绝大多数人知道猎头这个行业与职业，不是因为自己有过"被猎"的体验，而是源于媒体、书籍对猎头的介绍。这些介绍往往侧重于猎头的来源及其大致的服务流程，这对于普及"猎头"这个招聘概念大有裨益，但又与真实的猎头世界相去甚远。然而，对猎头行业的从业者以及想用好猎头这个招聘与求职途径的企业和候选人而言，了解真实的猎头世界是怎样的，可能会更有意义。

从"真实"这个角度来看，在所有关于猎头的书籍中，《大猎论道——真实世界的猎头艺术》是最特别的一本。它的特别之处在于其独特的作者群以及涉及猎头问题的深度与广度。

本书的作者来自不同的猎头公司，他们现在或曾经服务的公司包括安拓（Antal）、伯乐（Bó Lè）、科锐国际（Career International）、科特杰（Cost-Killer）、大瀚（Vastsea）、凡尔康（Falcon Talent）、FMC（Future Management Consulting®）、金顶峰（GoldenTop）、捷毅智邦（G&E）、谷露软件（Gllue）、

HRoot、翰德（Hudson）、必胜（Kelly Services）、光辉国际（Korn Ferry）、首要资源（Lloyd Morgan）、瀚仕（ManGo）、万宝盛华（Manpower）、博禹（MRI）、米高蒲志（Michael Page）、华德士（Robert Walters）、罗盛（Russell Reynolds）、斯科（Seeker）、斯程国际（Seek International）、Seal Group、史宾沙（Spencer Stuart）、优仕一方（UshiTalent）、香港人本（Yanboon）、展动力（ZDL）、仲望咨询（ZW）……这些公司都是当今中国猎头行业的佼佼者。大部分作者都是这些公司的创始人或资深专业人士，他们对中国的猎头行业有着最直接、最真实、最深入的体验，因而也最有发言权。

书中的文章相互关联，但又独立成篇。这些看法与见解比较立体地展现了猎头行业与猎头业务的多个方面，如招聘与猎头市场，高端猎头公司，猎头业务模式，猎头顾问的招聘、培训与薪酬，猎头业务运营管理，猎头顾问的职业发展，猎头公司的创业，猎头公司的组织形态与发展趋势，中国招聘企业的国际化发展，如何用好猎头等。

在本书中，每篇文章的观点与信息往往涉及猎头业务的多个方面。所以，在"文章目录"的基础上，我们特别整理了一个打乱篇章顺序的"导读要点"。这样，读者可以更方便、更系统地了解文章中的观点与内容。期望深入研究了解猎头行业与猎头业务的读者，可以把"导读要点"当作一个知识框架，系统地领悟猎头方面的知识与见解。

感谢各位作者在我约稿过程中的无私分享，相信大家的分享对我们所在的猎头行业会有正面、积极的推动作用。也感谢猎聘为《大猎论道》专栏提供的平台与支持，让多家猎头公司能一起百家争鸣。

FMC 创始合伙人，《大猎论道》主编　陈勇

导读要点

A 招聘与猎头市场

027　中国中端猎头市场格局分析与猎头顾问的应对策略
- 中国中端猎头市场的历史回顾与未来展望
- 中国中端猎头市场目前的格局及历史流变

036　下一步，猎头公司的好生意在哪里
- 外企在中国猎头行业的发展进程中究竟起了什么作用
- 哪些原因导致中国猎头公司的主要客户变为本土客户
- 客户结构变化的演进路线、规模、速度是怎样的

078　优秀猎头顾问从哪里来 ── • 优秀的猎头顾问从哪里来

087　赢在起跑线──支持新进顾问快速成长 ── • 如何支持新进顾问快速成长

095　"生态培训体系"──未来猎头赢家的利器 ── • 生态培训体系

D　猎头顾问的招聘、培训和薪酬

118　测测你的猎头功力 ──
- 候选人寻访技能要点
- 候选人电话技能要点
- 候选人面试技能要点
- 客户开发技能要点
- 客户拜访与合同谈判技能要点
- 职位描述与广告发布技能要点
- 简历发送与客户面试技能要点
- 背景调查技能要点
- 聘用与入职技能要点
- 入职后跟进技能要点

107　68猎头成长操作系统──如何避免掉入"工龄长，资历浅"的陷阱 ──
- 猎头基本技能
- 猎头基础知识
- 猎头顾问知识
- 猎头基本资源
- 成熟顾问
- 团队管理
- 业务深耕
- 猎头生意原理

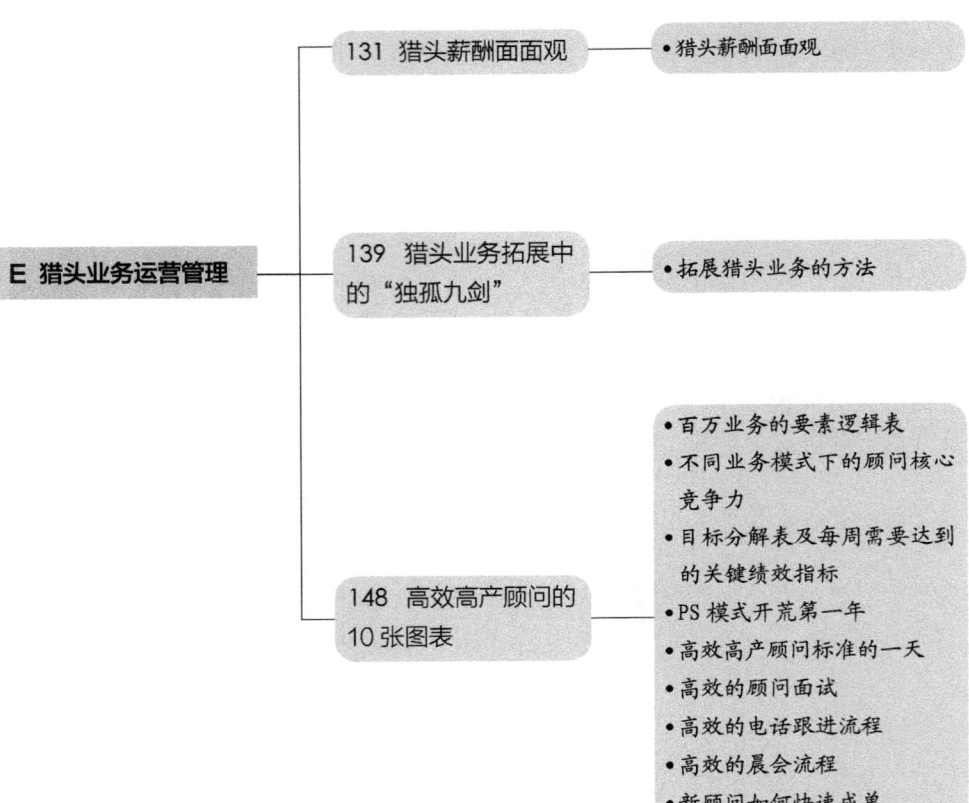

205　浅谈领导力与猎头行业　→　•领导力与猎头行业

172　通向胜境的阶梯——从工程师到世界级猎头顾问　→　•通向胜境的阶梯

179　给猎头顾问职业发展的5个建议　→　•给猎头顾问职业发展的5个建议

F 猎头顾问的职业发展

183　猎头顾问的职业归属在何处　→

- •猎头顾问的职业发展困惑
- •猎头行业其实是很好的职业发展平台
- •基于职能的主动专注型顾问（Functional PS. Consultant）
- •猎头顾问的专业归属所有权（Ownership）
- •猎头顾问的收益与心理归属
- •猎头顾问的职业归属的现状及未来

107　68猎头成长操作系统——如何避免掉入"工龄长，资历浅"的陷阱　→

- •地基树根层
- •成熟独立层
- •团队建设层
- •利润基业层
- •创业成长层
- •平台土壤层

G 猎头公司创业

001 当猎头公司的老板可能是天下最郁闷的事
- 猎头公司为何会不断地分裂
- 新创猎头公司的成长"魔咒"
- 猎头公司组织形态发展的 5 个趋势

095 "生态培训体系"——未来猎头赢家的利器
- 猎头公司的痛点与挑战

163 从财务分析的角度看猎头
- 从财务分析的角度看猎头

235 上不了市，也卖不掉，你的公司结局会如何——对传承制创业的思考与实践
- 什么是传承制创业
- 传承制创业有什么意义
- 传承制与我们常说的合伙人制有什么不同
- 传承制创业是否一定做不大生意

001　当猎头公司的老板可能是天下最郁闷的事 —— •猎头公司组织形态发展的5个趋势

027　中国中端猎头市场格局分析与猎头顾问的应对策略 —— •中国中端猎头市场的趋势观察

036　下一步，猎头公司的好生意在哪里 —— •客户群体的变化趋势对猎头行业的发展有何影响
•基于趋势，对猎头公司及猎头顾问的建议

H 猎头公司的组织形态与发展趋势

183　猎头顾问的职业归属在何处 —— •科技、猎头平台、工具型公司的发展将抵消大公司传统上的平台优势

195　猎头公司的老板可能会被逼成最有创新精神的管理者 —— •猎头公司的老板可能会被逼成最有创新精神的管理者

235　上不了市，也卖不掉，你的公司结局会如何——对传承制创业的思考与实践 —— •传承制创业为何对猎头行业具有特别的意义
•传承制创业有可能是多数猎头公司难题的终极解法

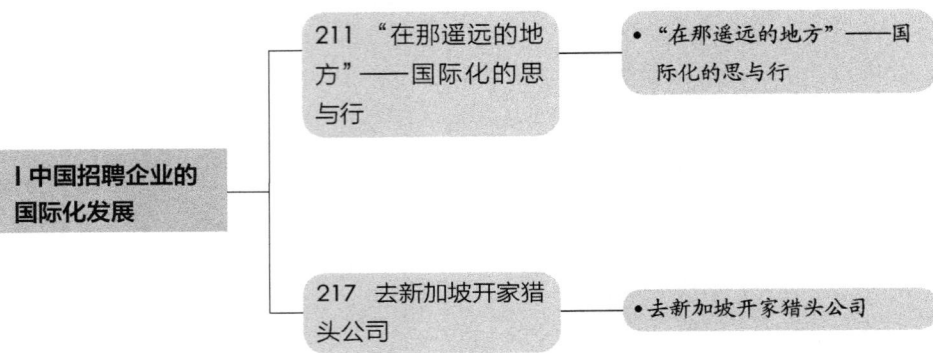

I 中国招聘企业的国际化发展

211 "在那遥远的地方"——国际化的思与行
- "在那遥远的地方"——国际化的思与行

217 去新加坡开家猎头公司
- 去新加坡开家猎头公司

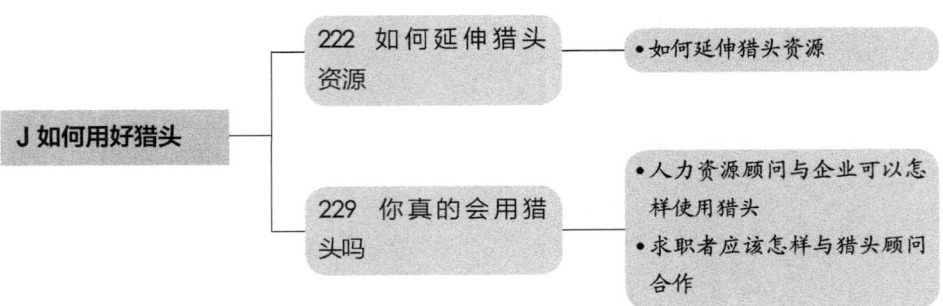

J 如何用好猎头

222 如何延伸猎头资源
- 如何延伸猎头资源

229 你真的会用猎头吗
- 人力资源顾问与企业可以怎样使用猎头
- 求职者应该怎样与猎头顾问合作

CONTENTS

目 录

第1篇

当猎头公司的老板可能是天下最郁闷的事

【陈　勇（Charles）】

■主编推荐■

"再也没有一个行业，是公司会付钱让你专门去交朋友的。我喜欢交朋友，所以猎头行业把我吸引进来了。" Talent2（一家总部在澳大利亚的知名猎头公司）的总经理 Kensy 这样描述他加入猎头行业的原始动力。

"在工作中享受友谊。"我的同事，FMC(Future Management Consultings®)资深合伙人潘丽华（Lisa Pan）这样描述猎头行业吸引她的原因。

"猎头顾问的职业排名高于美国总统。" 1997 年，我加入猎头行业前夕，无意间看到这个美国职业排名报道，强化了自己涉足猎头行业的决心。这个排名很有道理，猎头顾问打交道的人际环境往往比律师、会计师更友善，因为猎头顾问在与客户及人才匹配的过程中，做的往往是对双方都有利的事情。美国总统薪水不高，责任很大，而且没有晋升空间，所以猎头顾问的职业排名在美国总统之前并非无厘头的戏说，它有很多合理的成分。

"猎头顾问可以很快认识很多有趣的朋友，收入也不错，而且能够开阔视野、学到很多东西……"很多想进入猎头行业的求职者这样描述他们的动机。在很多人看来，猎头顾问应该是个快乐的职业。

"过去几年，在与大量猎头顾问、猎头公司打交道的过程中，我发现当猎头公司的老板可能是天下最郁闷的事。"知名招聘平台猎聘的 CEO 戴科彬在一次猎头经营者论坛上这样说道。他语出惊人，在座的很多猎头公司老板都有很强的共鸣。

就我个人对猎头行业多年的观察来看，我认为这个说法很有见地。"当猎头公司的老板可能是天下最郁闷的事"的核心原因有两个：一是猎头公司不断分裂的内在动力；二是新创猎头公司的成长"魔咒"。以下就此谈谈我个人的看法。

◆ 猎头公司为何会不断地分裂

宝鼎（Boyden）、海德思哲（Hedrick & Struggles）、史宾沙（Spencer Stuart）、安立国际（Amrop International）……这几家大名鼎鼎的国际猎头公司据说都相继发源于 Booze Allen Hamilton（一家顶级战略咨询公司）；浩华国际（Ward Howell）从麦肯锡（McKinsey）剥离；亿康先达（Egon Zehnder）的创始人曾经是史宾沙（Spencer Stuart）的顾问；光辉国际（Korn Ferry）的创始人李斯特·科思（Lester Korn）和理查德·费里（Richard Ferry）曾就职于毕马威（KPMG）的猎头部门；罗素·雷诺（Russell Reynolds）曾就职于普华永道（PWC）的猎头部门；罗伯特·沃尔特斯（Robert Walters）曾就职于米高蒲志（Michael Page）……

很多在中国市场上活跃的公司如伯乐、科锐、Mango 等，包括 FMC 本身，其创始人都曾就职于其他的猎头公司，而曾在这些公司就职的猎头顾问现在也有很多在独立创业。

从国外到国内，从过去到现在，从高端到中低端，猎头公司在持续的裂

变中发展。如无意外，将来也会如此。两个原因决定了猎头公司会持续地分裂：第一，人类倾向于夸大在群体努力结果中自己的贡献比例；第二，生意往往由跟着猎头顾问（而非公司）走的猎头资源控制格局。

想象这样一个测试，一个项目收费 10 万元，公司里的很多人都直接或间接地与这 10 万元的营业额有关，如公司的创始人、区域总经理、行业团队负责人、该项目的业务拓展顾问、做单的顾问、人才寻访员、公司的人力资源顾问、行政人员、财务人员、市场销售人员、前台……让所有人独立评估自己在这个 10 万元项目中的贡献比例和应分金额，然后把所有的独立评估加起来，你应该会同意：总和必然会大于 10 万元及 100% 的比例——很显然有人高估了自己的贡献。你可以重复很多次类似的测试，相信每次加和的比例都会超过 100%。

这说明在群体贡献中，夸大自己贡献的比例是人类的天性。这个论断是有很系统的心理学理论做支撑的。人的认知受限于自己内在的感受和从外部获取的信息。人们通常对自己为团队成果的付出有很清晰的记忆与感受，而对他人为团队成果的付出则很难有全面的了解与体会。

猎头项目成功的核心因素在于：**掌握客户及候选人的信息及二者间的关系，并做恰当的匹配。这些信息是为猎头顾问（而非公司）所掌握的，生意自然也就跟着猎头顾问走，而非跟着公司走。**

当有能力的猎头顾问觉得在团队成果中自己的利益分配不合理，而自己又能轻松带走客户与生意时，出走创业就成了他们最自然的选择。

◆ 新创猎头公司的成长"魔咒"

"好景难过 3 年、个人能力全面发展、单产 / 利润直线下降。"这就是业内流传的新创猎头公司的成长"魔咒"。

新创猎头公司第一年的日子通常都很滋润，大多数选择创业的猎头顾问的业务能力都很强，在原公司积累的客户与候选人资源很容易转移到新创公司。其业绩往往不会因为转换平台而损失多少，反而会因为更加努力而获取更高的营业额，且新创公司往往无须为支持系统、办公场所、人员配备投入太多资金，所以创业第一年的效益通常都是不错的。

这往往让人产生自己创业收益会更高的错觉，这是因为大家忽略了一个很重要的因素：猎头顾问之所以能够积累相应的客户与候选人资源，得益于原公司的平台，而原公司建设这个平台要付出大量的综合成本（资金、时间、精力等）。

猎头顾问离开原公司创业时可以完全带走并享用这些资源而不必为之付出成本，投入产出当然高。换一个角度来看，新创猎头公司前期能赢利并不意味着其生存与发展能力有多强，而是因为这些利润往往是"偷来的"。对绝大多数新创公司来说，这样的好景不会持续太久，原因如下。

第一，很多新创公司往往由几个对前公司分配不满的顾问组成，并非因为他们有共同的价值观与理想。在创业初期，大家都很团结。一旦度过生存阶段后，"自己吃亏了＋生意跟着顾问走"的行业规律也会在新公司发挥作用，新公司很快也会面临核心成员间如何协调利益分配的问题。在这个问题上，他们未必比前东家高明多少。处理不好，新公司的核心成员也就很难度过"三年之痒"。

第二，敢于创业的人大都期望有所发展，初步成功之后，招兵买马和基础建设很快会吃掉原本看起来可观的利润。

第三，新创公司在"招聘并留住有经验的猎头顾问"方面的能力往往比较弱，加上没有品牌及可信度作为基础，想要突破既有资源持续发展，往往面临很大的挑战。

第四，从猎头顾问到自己创业当老板，其能力需要全面发展，要从单纯的业务能力扩展到公司经营的各个方面：招聘、行政、财务、IT、公司策略、市场等。但是，这些能力的全面发展很少能够转化为现实的公司业绩。相反，由于分散了关注焦点，其结果往往是单产与利润逐步下降。

第五，招到成熟猎头顾问的难度较高，新创公司往往倾向于（或被迫）培养新人。两年左右是新人成熟之际，往往又是其离开之时。两三年后，可能除了老板，好的猎头顾问几乎都离开了。

少数新创公司可能顺利地度过了"三年之痒"；少数新创公司可能倒闭关门了；大部分新创公司可能在关闭可惜、留下无益的尴尬中迷茫前行。这似乎是猎头行业的新创公司在发展中无法逃脱的"魔咒"。

不断分裂的业态与新创公司的成长"魔咒"使猎头公司的老板通常面临如下所示的尴尬处境。

第一，把客户及关键候选人资源牢牢控制在自己手里。控制能力强了，但丧失了成长的机会，最终是开了家公司让自己来当猎头顾问，操着当老板的心，可能还赚不到做猎头顾问的钱。

第二，营造小公司的家庭气氛。对下属猎头顾问投入很多个人情感，期望以此长期留人，最后往往发现自己很受伤。

第三，通过极高的提成比例吸引并留住猎头顾问。最后发现增加提成的办法很快就用到了极限，即使老板自己不赚钱，猎头顾问还是会觉得自己吃亏了，老板再次受伤。

第四，把猎头顾问发展成合伙人，大家一起把公司做大做强。想法很好，但并非所有老板都有与他人真诚分享的心胸与智慧。同时，合伙人多了，协调不好反而更麻烦。

第五，提升公司的品牌、系统、规模。让公司拥有小猎头公司无法拥有的能力与声誉，这样，公司会面临投入过高的风险。

第六，防止猎头顾问复制公司数据，加强猎头顾问之间的相互制约，制定严格的竞业禁止协议……从机制上降低猎头顾问离职对公司业务的影响。这样，公司的气氛会比较紧张，工作的幸福指数就会降低。

在这么多两难的尴尬境地中纠结，虽说各个猎头公司老板的郁闷之处各不相同，但苦楚之感是相似的。

◑ 猎头公司组织形态发展的5个趋势

痛苦是改变的动力。猎头公司老板痛苦的来源在于猎头公司易分裂的"宿命"和新创猎头公司的成长"魔咒"。基于这样的认识，我们有理由相信，猎头公司未来的组织形态将按以下5个趋势发生变化。

趋势一：做大

"做大"能提高猎头顾问分裂公司的难度，减少分裂对公司业务的冲击。"做大"的要点在于提升公司品牌，降低获得客户的难度，提高公司吸引并留住猎头顾问的能力。猎头顾问从大公司离职时，可以带走自己熟悉的客户及候选人资源，但很难建立一个类似的品牌。从大品牌猎头公司出来创业的猎头顾问需要适应，在没有公司品牌支持的情况下开展业务和发展团队；而从中小公司出来创业的猎头顾问则很容易适应。这客观上提高了大公司分裂的难度。由于有品牌作支撑，即使人员离职，大公司也能迅速招到合适的猎头顾问，从而恢复元气。而中小公司的关键猎头顾问独立创业，对原公司则可能造成灾难性的冲击，因为中小公司很难在短时间内招到合适的人才迅速恢复。

"做大"的核心在于品牌，而非规模、资源和系统。通过系统防止资源流失，通过竞业禁止协议制止前员工的不正当竞争，通过人员相互制约的分工防止走一个顾问丢一部分生意……这些都是实用的"做大"的办法，但过度依赖则可能误入歧途，因为除品牌之外的优势很容易被复制。

未来，中国市场上的格局可能是10家以下的综合性品牌大公司，加上30～50家定位精准的专注型品牌大公司。专注型品牌大公司的人员不一定多，但在自己的细分定位市场上却有很强的品牌知名度。

趋势二：做小

"做小"是防止公司分裂的最彻底的办法。因为核心顾问就是老板，也就不存在分裂的问题。据说英国的招聘公司超过16000家，其中人员超过50人的招聘公司数量很少。绝大多数公司不会超过3个人，多数情况可能是招聘公司的顾问开了家公司方便自己做单。英国拥有全球最成熟的招聘市场，大量微小招聘公司的存在，客观上说明了小公司的生命力。

在中国，把公司"做大做强"可能是社会价值的普遍追求。"做小"大体上是因为无法做大的无奈选择，而非出于价值的认同。但我相信在综合因素的共同作用下，主动选择"做小"会逐步成为趋势，因为谁也不想要"郁闷"的生存状态，主动选择"小"往往离幸福生活更近。

未来，中国市场上应该会出现 1000 家以上主动选择"做小"的招聘公司。这些小型招聘公司通常在 10 人以内，既有客户与候选人资源因地制宜的组合，又有独特的定位，老板就是公司的核心顾问。如果能在价值观上接受这种"小"，这些小公司就会健康快乐地存活下去。

趋势三：不大不小的中型困局

我对中型猎头公司的定义与通常以人数划分的常识不同，中型猎头公司与小型猎头公司的关键区别在于"老板在实际业务操作中所占的比例"。在小型猎头公司中，核心客户 / 候选人资源由老板自己控制，同时大部分的业务由老板自己操作；而中型猎头公司的主要客户、候选人资源及大部分业务操作由受聘的猎头顾问来完成。所以，同样是 20 个人的猎头公司，如果大部分业务操作由老板自己完成，其他人只起辅助性作用，这样的猎头公司本质上只是人数较多的小型公司。中型猎头公司与大型猎头公司的关键区别在于品牌。大型猎头公司（不一定人数多）的品牌知名度在自己的细分定位市场上至少位于前三名，中型猎头公司则没有这样的品牌效应。

中型猎头公司的存在基本上只是一种过渡状态：要么往前"做大"，要么退回"小"的状态或者消失，很难在较长时间里（5 年以上）一直保持中型的状态。因为中型猎头公司总体上无力长期应对"持续分裂与成长魔咒"的困扰。

未来，中国市场上可能会保持 300 ～ 500 家中型猎头公司。这些公司的老板们会在激情、迷茫、希望与失望中不断纠结，要么鼓起勇气将猎头公司发展成大公司，要么主动选择回归到健康的小公司状态。试图长期保持中型状态的猎头公司的老板，可能真的在从事天下最郁闷的事。

趋势四：平台与工具型公司 + 精益敏捷创业

猎头公司在蓬勃发展的过程中，必然会催生出一批为其服务的平台与工具型公司。这些公司提供的产品与服务大体上包括以下方面：**猎头系统软件、候选人来源、猎头顾问的招聘、猎头公司管理咨询、猎头技能培训、猎头业务拓展、猎头行业社交联谊、猎头公司的市场推广支持、猎头行业的投资及其他可能出现的创新产品与服务。**

这类平台工具型的产品与服务一定有其市场，因为这与精益敏捷创业（Lean & Agile Startup）的趋势相符。精益意味着猎头公司的老板无须做到"个人能力全面发展""麻雀虽小，五脏俱全"，需要什么产品与服务，直接向平台工具型公司购买，比自己亲力亲为的成本更低且效果更好；敏捷意味着猎头公司的老板能够通过低成本的尝试找到适合自己的市场定位。敏捷必须以精益为基础，否则无法实现低成本。平台与工具型公司将是猎头公司老板走出"创业成长魔咒"的捷径。这种平台支持下的精益敏捷创业模式将使小公司保持长期、持续、稳定发展能力的可能性得到极大的提升。

与欧美较成熟的市场相比，猎头行业的平台与工具型公司在中国的发展基本处于萌芽阶段。例如，我个人所知的全球性猎头软件公司就超过 30 家，大部分知名猎头公司都使用第三方软件，极少自己开发。猎头软件行业也有更加细分的市场，有的公司专注于职位发布、简历获取的前端平台，有些公司专注于简历信息抓取技术，有些产品专注于社交应用，有的产品专注于流程与深入信息的后端平台，这些软件公司之间甚至相互购买和使用对方的技术。到目前为止，中国市场并未出现主流的猎头软件公司，因为知名的猎头公司要么自己开发，要么勉强使用国外的软件。生意机会最多的猎头软件还处于早期阶段，更不用说其他平台与工具的发展了。

在中国猎头市场上，平台与工具型公司的发展严重滞后，其核心原因有两点：**真正懂行的人不愿意（或不屑于）做，而实际在做的人可能不太懂行。**

做好猎头行业的平台与工具，需要对猎头业务及行业有丰富的经验与深刻的见解，但凡是这种人，都能经营好猎头业务。让他们放下"眼前的利益"，全力投入存在较多不确定性因素的平台工具类业务则很难。有些猎头行业的成功人士尝试一边经营猎头公司，一边做猎头平台与工具，这样的模式基本是"死局"，因为你既做裁判又做球员，大家就不愿意用你的平台与工具了。也有不少人意识到猎头平台与工具的机会，并开始尝试，但由于对猎头业务与公司的运作本身缺乏经验与见解，暂时还没有能力把平台与工具做好。

　　未来，将会有更多的人加入平台与工具型公司的创业中。事实上，我认识的很多猎头行业的朋友已经在尝试了。这个领域会有一定的机会，但需要探索合适的模式。考虑到在亚洲尤其是中国的商业传统中，人们不太愿意为软性服务支付现金的特性，如请教朋友管理问题，大家可能更多的是吃饭聊聊而非正式付费。在这样的文化背景下做平台与工具型业务，不确定性因素会更多。未来，这个领域极有可能出现这样的情形：很多先行者因为性子急，不够有耐心，尝试失败之后便溃败退出；部分有耐心而没有摸对门路的先行者在苦苦挣扎中前行；为数不多的几家以猎头软件系统为基础的平台与工具型公司成长起来，开始赢利并以此带动其他平台和工具业务的发展。

趋势五：沿着降低郁闷指数的方向创新

　　没有人能够真正预测未来，我们的预测本质上是基于过去的经验对未来所做的猜测而已，预测的局限是留给创新的空间。

　　并非像很多"专业"的猎头顾问所宣称的那样，猎头业务的本质不在于咨询，尽管有咨询的成分。事实上，猎头业务的本质就在于提供资讯，尽管资讯看起来只是业务的原料。

　　如果猎头业务的本质在于提供资讯，那么迅猛发展的信息技术将会影响资讯的产生、收集、整理和使用，我们有理由相信猎头行业应该有属于这个行业的创新。

　　从组织形态的角度来看，创新一定会沿着降低猎头公司经营者的苦难指

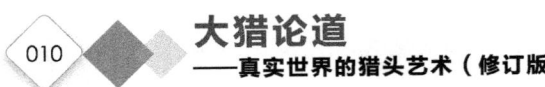

数的方向进行。这些创新将有助于解决以下问题：

- 如何让猎头公司不易分裂？

- 如何降低分裂对猎头公司的破坏性冲击？

- 如何才能使猎头公司分裂得更有建设性？

- 新创猎头公司如何走出"成长的魔咒"？

- 小公司如何避免船小易翻，保持营业额／利润持续稳定增长？

作为一名猎头行业的多年创业者，我期待有一天，当猎头公司的老板不再是天下最郁闷的事。因为我始终认为，猎头应该是个快乐的职业！

第**2**篇

高端猎头的视野

【刘家良（Louis）】

■ 主编推荐 ■

　　光辉国际（Korn Ferry）可能算得上是世界上最出名的猎头公司了。作为光辉国际北京公司的首席代表，刘家良先生的这篇文章告诉大家一个朴实的道理：给客户提供真正的价值，才是能够持续成功的基础。无论是对高端、中端还是低端客户而言，这个道理都同样适用。

强国之道，唯在得人；强企之道，亦莫能外。"21世纪什么最贵？人才！"某部中国电影中的这句经典台词谈及目前许多企业发展中的瓶颈。自古有云"千金易得，良将难求"，光辉国际历经40余年，所做的都是服务最优秀的企业和顶级人才，做好桥梁工作，匹配最合适的人才，满足企业所需。要知道，一名优秀的企业领导者不仅能为企业节省无数个"千金"，而且能为企业创造更大的价值。

⊘ 高端人才市场供需矛盾突出：人才供不应求

不同于一般的人力资源服务商，光辉国际的定位是为企业寻聘C-Level的高管。笔者根据多年高端人才的招聘经验，发现高端人才的招聘主要具备以下3个特点：高机遇与高风险并存，高端人才市场供不应求，不存在标准的成功模式。

对高端人才而言，每次职业走向的改变都是一次机遇与风险的博弈，换一家公司或者一份工作，对他们而言都需要耗费更大的机会成本，所以高端人才对职业的选择更加审慎。光辉国际对高端人才的招聘与吸引靠的不仅是说服，还包括帮助其理性地理清思路，从个人发展、企业潜力、产业前景等多个方面帮助候选人进行职业和职位的分析，最大限度地在客户需求与候选人需求之间寻求平衡。和初级人才市场不一样，高端人才市场供需矛盾突出，具有国际视野和专业素养的高端人才往往供不应求。这也解释了为什么在中国，高端人才有时比欧美市场的同等级别人士挣的薪水更高。

光辉国际拥有一个巨大的高级人才数据库，有250万名专业人士曾经接受评估，这使光辉国际在高端人才数据库里的大数据数量和质量拥有极大的优势，加上光辉国际猎头顾问们的丰富行业经验，大大增强了其为客户猎取高端人才的成功率。用最专业的人去做专业的事情，多年的专注、丰富的数据库、深耕某个行业的经验值等对于帮助客户在高管寻聘中决胜起到了至关重要的作用。

光辉国际将多年的经验总结为"一个目标，双向沟通，3 种类型，4 个维度"，具体内容如下。

一个目标（One shared goal）

作为高管招聘的长期领导者和创新者，我们将精深的专业知识运用到企业的高管搜寻中。光辉国际的目标很明确：承担桥梁的作用，为企业识别和招聘最匹配的高端人才。为了达成这个共同目标，光辉国际的猎头顾问会深入地与客户和候选人进行双向沟通，了解双方的诉求。

双向沟通（Two-way communication）

双向沟通指的是与客户和候选人的沟通。这个过程中最重要的一点是在深入理解客户期望和要求的同时，清晰把握候选人的需求。光辉国际的猎头顾问凭借多年的经验，在深入理解双方需求的同时，能够准确地把握双赢的契合点，最终成功完成人才招聘。同时，沟通不仅是被动地聆听，光辉国际的猎头顾问在跟客户和候选人沟通后，会结合双方情况与市场情况，提出有建设性的建议和方案。

例如，光辉国际在为某央企招聘海外顶尖技术人才时，经过与候选人的数次沟通和评估后，提出其入职初期可能会在文化上与企业不匹配，因此极易在初期提出离职。研究表明，人才与企业沟通的前几个月是关键时期，光辉国际有充分的经验可以通过资深顾问与候选人的沟通等深入把握候选人的心理期望以及对职位的兴趣，同时帮助其从家庭、个人发展、行业潜力、人生目标等多个角度分析这个职位是否符合其心理期望，帮助其平稳过渡。在很多时候，我们不仅为企业招聘人才，也会根据企业的战略需求制订合理的人才吸引、培养、激励的全方位战略，满足企业的发展需求。

3 种类型（ Three types）

在帮助企业进行高管招聘时，光辉国际会从"深""广""远"3 个角度使人才需求和企业战略发展达成一致："深"是指深入理解相关业务战略和期望目标岗位带来的真正价值；"广"是指猎头顾问会考虑团队协作互补以及企业文化匹配等多个"软因素"，从而帮助企业更有效地促进新高管融入团队；"远"是指为企业的未来招聘人才，所以人才战略是支持企业未来发展的重要战略。光辉国际在为企业寻聘人才时，会根据候选人的特点将其分为3种类型："Plug and Play"（理想类型，上任后可以马上接手）、"Best Athlete"（行业最优）和"Step-up"（高潜力人才）。猎头顾问会综合考虑公司的情况，将最合适的候选人推荐给企业，最合适的才是最好的。

4个维度（Four Dimensions）

光辉国际从能力、经验、风格和适应性4个维度对高管人才进行评价。传统公司往往会将重点放在"能力"和"经验"上，而忽略"风格"和"适应性"的重要性，这种重心分配会导致人才因与企业文化不匹配而流失。光辉国际在保证能力和经验达标的同时，尤其重视候选人的风格、适应性等多个方面的因素。通过分析测评结果，得出其个人特点与企业的适配度，以提高为企业招聘高端人才的成功率。例如，在为某国企招聘时，最后一轮有两位实力相当的候选人，面试后公司领导可能更倾向于年轻的高潜力人才A，但光辉国际的资深顾问在与公司领导层的多次接触中，认为该公司在该业务线上需要的领导可能偏向稳重、经验型，候选人中更富有经验的B可能会更快地适应公司文化。当然，这一切最终还是以公司的决定为准，不过资深的猎头顾问会在各个关键节点为公司提供最有效的咨询服务，最大限度地提高效率。

从经验中正确地学习，并将所学运用到新的或第一次遇见的情境中，光辉国际将这种能力称为"学习敏锐度"。研究表明：学习敏锐度高的人在新环境中能够更快适应且更容易成功。对于国企招聘海外人才的这种情况，学习敏锐度高的人也许更能快速地融入新环境，如图所示。当然，这只是一个例子，光辉国际研发的多种测评工具能够更加科学地帮助企业成功招聘。人是不可预见的，这也是企业在人才招聘的过程中遇到的最大挑战，而光辉国际将测评科学融入招聘艺术，将文化融入列为对候选人的考核指标，最

大限度地降低因人的不可预期性所带来的高层人才招聘中潜在问题的发生概率。

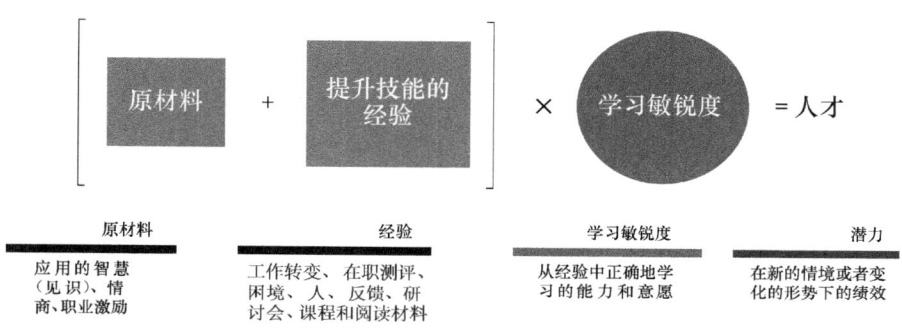

图　一种测评"潜力"的方法

第3篇

从顶级猎头公司那里，我们究竟可以学习什么

【王忆民　陈　勇（Charles）】

■ 主编推荐 ■

顶级猎头公司对大多数人来说都颇为神秘。哪些是最有名的顶级猎头公司？什么样的人在这些公司当顾问？他们的业务是如何定位的，是如何收费的？这些顶级猎头公司的经营状况如何？在中国的发展情况怎么样……这篇文章不但能帮助你揭开谜底，还能带你深入剖析这些顶级猎头公司究竟厉害在什么地方，以及我们究竟可以学习些什么。

在《你所知道的猎头公司可能都做错了》一文中，孟凡超（Vincent）先生提到"中国的猎头公司大多拜错了师"。被错拜的"老师"大多是预付费（Retainer-based）模式的猎头公司，尤其是猎头行业中的"五大"顶级猎头公司。

为什么这些公司会被我们拜为"老师"？为什么这些"老师"又拜错了？顶级猎头公司的经验真的就不适合我们吗？

本文的作者之一王忆民在顶级猎头公司工作多年，曾是 Spencer Stuart 全球300多名猎头顾问中唯一持中国护照的猎头顾问。本文的另外一位作者，FMC 的创始人陈勇（Charles），1997 年进入猎头行业，在向顶级公司学习的过程中有过很多收获，也交过很多"学费"。两位作者将融合他们的经历与体验，简要而系统地介绍顶级猎头公司的基本信息，并进一步分享：从顶级猎头公司那里，我们究竟可以学习什么？

◈ 哪些是最知名的顶级猎头公司

在全球顶级猎头公司中，有五家公司常年占据营业额的前五位，它们分别是光辉国际（Korn Ferry）、海德思哲（Heidrick & Struggles）、史宾沙（Spencer Stuart）、亿康先达（Egon Zehnder）、罗盛（ Russell Reynolds），俗称"五大"。它们的简要信息见表 1。

表 1　"五大"顶级猎头公司简况（2018 年）

	光辉国际 （K/F）	海德思哲 （H&S）	史宾沙 （SSA）	亿康先达 （EZI）	罗盛 （RRA）
猎头业务收入（百万美元）	775	653	700[**]	739[*]	600[**]
成立年份	1969	1953	1956	1964	1969

续表

	光辉国际 （K/F）	海德思哲 （H&S）	史宾沙 （SSA）	亿康先达 （EZI）	罗盛 （RRA）
创始人	Lester Korn, Richard Ferry	Gardner Heidrick, John Struggles	Spencer Stuart	Egon Zehnder	Russell Reynolds
全球总部	洛杉矶加利福尼亚州	芝加哥伊利诺伊州	芝加哥伊利诺伊州	苏黎世瑞士	纽约
办事处总数	106	70	58	68	46
顾问数	541	353	450	460	470

*7.38亿瑞士法郎，折算成美元。

**未查到确切数据，均为估计。

　　"五大"均创建于二十世纪五六十年代，它们之间有着千丝万缕的关系，你或许不知道史宾沙曾经是海德思哲的员工，亿康先达曾经是史宾沙在欧洲的一个雇员。光辉国际和海德思哲 1999 年在美国纳斯达克上市，其他三家一直保持私人合伙制的形式。

▽ 顶级猎头公司的业务定位

　　乍一看，"五大"没什么区别：第一，它们的定位基本一致，以寻聘董事、高管为主，职位年薪在 30 万美元以上；第二，它们的业务范畴也非常相似，基本覆盖了主要行业（消费品、工业、金融、通信和高科技、生命科学及医疗）和职能（财务、市场、人力资源、供应链等）；第三，它们中除了亿康先达采用固定收费模式（约 12 万美元）外，其他四家的收费标准也一致：年薪的三分之一，每个项目的平均收费在 12 万美元左右。

　　曾有人戏称，顶级猎头公司的定位就是"高"（寻聘的职位高）+"贵"（价格昂贵）。

　　在实际运作中，"五大"之间也有差别。例如，史宾沙占据《财富》500

强企业董事寻聘市场的 50% 以上，这个优势其他公司只能望其项背。再者，亿康先达和罗盛强调"One Firm"（一个公司）的理念，全球只有一个 P&L（盈亏单位），另外三家则是每个办事处都有各自的 P&L（盈亏单位）。当年，亿康先达就是因为与史宾沙的理念不同，所以自立门户。强调"One Firm"的上述两家企业与其他三家企业的奖金分配也不同，亿康先达和罗盛的奖金池只有一个，主要根据资历、业绩等主要指标决定奖金的多少。光辉国际、史宾沙、海德思哲则主要以业绩表现决定奖金的多少。

顶级猎头公司如何收费

"五大"向企业客户收取聘用费。亿康先达收取固定费用，其他四家的做法则是收取年薪的三分之一。实际操作如下：首先根据所猎职位预估聘用费，然后在合同签订的当天、第三十天、第六十天平均各收取一次聘用费，最后根据候选人的实际薪资计算出最后一笔聘用费。例如，假设某职位的年薪约为 180 万元，预收聘用费 60 万元，签约当天、第 30 天和第 60 天各收 20 万元。最终年薪为 195 万元，尾款收取 5 万元，共收 65 万元（195 万元的三分之一）。

哪些人在"五大"当猎头顾问

"五大"的猎头顾问大体上遵循了以下标准：40 岁以上的年龄（有丰富的人生体验）；有知名企业高层管理职位的经历（能够真正懂得客户的需求）；有跨文化的工作与生活经历，英文流利（适应全球化的需求）；名校毕业并有丰富的商业知识。

顶级猎头公司的经营情况

过去 10 多年来，"五大"业务都在从单一的猎头业务向领导力咨询业务发展，兼并和收购是新业务发展的主旋律。以光辉国际为例，2015 财年的猎头业务是 597 万美元，咨询业务为 267 万美元，分别占总体业务（1028 万美元）的 58% 和 26%。2015 年，光辉国际和 Hay Group 合并后，咨询业务的增长快于猎头业务的增长，2019 年财年的猎头业务为 775 万美元，咨询业务为 821 万美元，分别占总体业务的 40% 和 43%。

海德思哲在多元化方面的发展步伐则明显慢于光辉国际，2018 财年，其总业务为 736 万美元，其中猎头业务占其总业务的 91%，为 669 万美元。史宾莎则在 2019 年收购了 Aon 的部分业务，新公司被命名为 KINCENTRIC。

如果仅仅从猎头业务分析，是什么情况呢？

我们将光辉国际和海德思哲过去五年的财年报表作为信息来源，做个简单的分析和比较，从财务数据的角度进一步了解这些公司。在充分了解这两大企业后，对"五大"的认识也就比较全面了。光辉国际（K/F）和海德思哲 (H&S)（2014—2018）猎头业务数据比较见表 2。

表 2　光辉国际（K/F）和海德思哲 (H&S)（2014—2018）猎头业务数据比较

		2014	2015	2016	2017	2018
总收入（万美元）	H&S	441	476	507	552	669
	K/F	597	623	618	709	775
顾问数量	H&S	—	308	335	346	353
	K/F	432	452	488	517	541
顾问产值（万美元）	H&S	—	1.5	1.5	1.6	1.8
	K/F	1.4	1.4	1.3	1.4	1.4
总项目数	H&S	3798	4126	4310	4589	5329
	K/F	8480	8375	5933	6325	6790
平均项目收入（美元）	H&S	116000	115300	117700	120300	127300
	K/F	70400	74388	104163	112094	114138

注：光辉国际2018年的部分数据来自其2019财年报表，其他年份也按此规则呈现。

◯ "五大"在中国的状况

与很多跨国公司进入中国内地的历程类似，"五大"在早期也是选择由其设在中国香港的公司管理中国内地的业务。20 世纪 90 年代中期，"五大"开始在中国内地设办事处，业务基本由香港的猎头顾问往返香港和内地完成。

随着中国经济的高速发展，"五大"也加快了在中国的发展，纷纷将办事处升级成公司。例如，Russell Reynolds 2002 年在上海花园饭店有一个办事处，只有两个员工；目前在中国内地成立了独资公司罗盛，在上海和北京两地就有四十几名员工。

经过数年的快速发展后，"五大"在中国内地目前基本处于稳定期。现在每个公司在内地有 10 ～ 15 位猎头顾问。按每个猎头顾问的产值约为 100 万美元计算，每个公司现在的收入大体在 1000 万～ 2000 万美元。

◯ 顶级猎头公司有哪些过人之处

顶级猎头公司的过人之处有 4 点：**猎头顾问的个人影响力、社交圈、公司品牌和严谨的工作方法。**

猎头是一个讲究对人的深度影响力的行业。40 岁以上、客户端高管的工作经历、丰富的商业知识等对猎头顾问的基本要求，使顶级猎头公司的顾问具备了与客户和候选人深入对话并形成影响力的基础。这些猎头顾问在其受教育（名校）及从业（名企高管）的经历中建立了广泛的人际关系，当这些顾问形成团队并相互介绍业务时，他们可以接触到几乎所有组织的最高决策者，并跟着客户业务的发展走向世界各地。

以"五大"为代表的顶级猎头公司，大多源自顶级的顾问公司，并且拥有 40 ～ 60 年的悠久历史，在这个过程中积累了巨大的品牌优势及深厚且广泛的客户关系；外加"五大"有严谨的工作方法，因此在重要的高层职位的搜寻上，它们往往更容易得到客户的信任。

我们为何拜错师、错在哪里

当我们学习、模仿时，往往会选择最容易了解的"最好"的榜样，而非"最合适"的榜样，相信大部分人会有此行为倾向。"五大"大名鼎鼎，如雷贯耳，而且接的委托是最高的职位，收到的是最高的服务费，打交道的都是很有意思的人……猎头是个外来概念，中国的猎头先驱大体上从20世纪90年代开始学习这样的招聘方式。将"五大"当作学习、模仿的榜样，甚至是追求的目标，是最自然的选择了。这样看来，对于早期的猎头顾问而言，拜错师似乎是必经之路了。

拜错师的核心在于：我们拿着有结果才付费的委托，去提供预付费式的搜寻服务。"五大"的顾问只要提供服务，无论结果如何，客户都要付费；而绝大部分猎头公司的顾问，只有在产生结果的情况下，客户才会付费。在没有预付费的前提下，模仿"五大"等顶级猎头公司的搜寻业务模式，只会让猎头顾问越来越辛苦，找不到出路。

预付费VS按结果收费

Retainer 的原意是服务费，尤指支付给律师事务所等服务型公司的预付费。所以预付费模式的客户确定会支付服务费，无论是否找到人。就好比请律师打官司，无论输赢，律师费总是要支付的。Contingency 是 Contingent 的名词，Contingent（on）的意思是"视某种情况而定"，因此 Contingency-based 就是"是否付费，视是否找到人而定"。

找到人才付费，对于客户来说无疑是有利的：风险全由猎头公司承担，而且还可以让几家猎头公司一起竞争，既能提高效率，又容易管理服务供应商。既然如此，客户为什么还要付高额的预付费给高端的猎头公司呢？原因

有以下 4 点。

- 基于高端职位对于公司的重要性，客户往往有为此支付预付费的意愿。

- 当猎头顾问的收入与招聘的结果不直接挂钩时，猎头顾问对候选人更容易做出判断且更公正一些。如果成功才能收费，机制必然会鼓励猎头顾问"过度包装"候选人，以期被客户聘用。

- 在进行预付费服务时，猎头顾问理论上需要帮助客户覆盖到市场上所有的可能性，以确保客户能从所有可能性中找到最合适的候选人，而非猎头公司有什么人就推荐什么人。

- 客户相信高端猎头公司（如"五大"）的品牌及顾问的个人影响力将提高他们招到高端人才的可能性。

前面提到，顶级猎头公司的过人之处主要表现为以下 4 点：顾问的个人影响力、人际网络、公司品牌和严谨的工作方法。我们大体上可以得出以下判断："五大"顾问有更多的机会接触到企业的最高决策层，所以他们将有更多的机会了解到企业愿意支付预付费的招聘需求。尽管很多"非五大"顾问完全有能力以更低的价格提供同等服务，但由于"五大"的品牌及顾问的背景，企业也更愿意相信并选择"五大"顾问。同时，对于花得起钱的企业决策者来说，选择"五大"往往更安全、更省事；即使项目不成功，也不会受到太多责难。相反，如果选用一个不那么知名的猎头公司或背景不那么强的猎头顾问，付了预付费，当项目不成功时，决策者受到的责难往往会更多。

❤ 顶级猎头公司是否仍然值得我们学习

简单地模仿往往会出问题，但这些顶级公司确实有很多地方值得我们学习。

学什么？当然是学习顶级猎头公司的过人之处。顶级猎头公司的过人之处在于：**顾问个人对客户及候选人的影响力强；能够通过很好的人际关系接触到高层的决策者；在公司品牌的支持下，猎头顾问更容易获得客户的信任，因此能够拿到客户支付的预付费，在收益有保障的前提下，按照严谨的搜寻方法帮助客户找人。**这些对于我们向客户提供有结果才付费的服务也同样重要。

我们总体上不具备"五大"及其顾问所拥有的资源与发展机遇，所以在学习的过程中必须懂得"弃其形，学其神"。

◆ 如何弃其形，学其神

顶级猎头公司的"神"，是顾问对客户及候选人的影响力；而支持达成这个"神"的"形"，则是顾问本身的综合素质：人生阅历、职业经历、教育与知识、进入猎头行业前已有的人际资源等。

我们需要拥有"神"，而我们的猎头顾问大多不具备"形"；我们的大多数猎头顾问很年轻，往往30岁都不到，不但没有名企高管的经历，而且没有在客户公司工作的经历；进入猎头行业前的人际关系对猎头工作基本没有帮助……

在没有"形"的情况下，要拥有"神"，我们只能另辟蹊径。**专注（Specialization）与主动（Proactive）就是可行的路径之一。**如果我们足够专注（Specialize），足够主动（Proactive），在不具备顶级猎头公司顾问的"形"的情况下，我们仍有可能拥有这样的"神"。**专注意味着我们把有限的资源收缩到极度细分的领域内；主动意味着我们更加主动地搜寻，满足客户的需求。**

在其他专业领域，如医生、律师、会计师等想成为专业人士，专业教育加上实践学习的时间往往需要 10 年之久，而在猎头这个同样专业的领域，如果专注于某个细分的行业，只要 3 ~ 5 年的时间就足以成为该领域的专家了。例如，一个 25 岁的年轻顾问 Jason，选择专注于上海地区的负责品牌管理的候选人群体，按照每个工作日认识一个有质量的候选人的方式进行积累，一年下来大体可以认识 250 人。如此持续 3 年，当 Jason 28 岁时，尽管年轻，没有耀眼的职业与教育经历，但一个认识上海地区 750 个品牌管理候选人的猎头顾问，对品牌管理人才的招聘及职业发展已经有相当程度的见地和话语权，足以让客户与候选人刮目相看了。

顶级猎头公司由于品牌知名、人际关系丰富，生意来源往往都是客户找上门或熟人推介，顾问们不缺生意，只是时间久了，销售的锐气渐钝。而年轻的顾问 Jason，在与数百个品牌管理专业人士的互动中，对市场上"哪些公司需要品牌管理的候选人，而哪些人有意愿并合适"了如指掌。当某家公司出现需求时，Jason 总是带着合适的候选人资料主动联系并销售自己的服务。尽管 Jason 很年轻，Jason 所在的公司也不太知名，但由于客户的需求很现实，Jason 推荐的候选人也很靠谱，所以客户对 Jason 的服务欣然接受。

凭着这样的专注与主动，我们相信 Jason 会取得好的业绩。

让我们把想象的空间再延伸 5 年，Jason 持续专注于品牌管理的候选人人群，并持续主动地寻求新的客户机会，我们相信：认识 Jason 的品牌管理的候选人会越来越多，当年 Jason 结识的人很多已身居高位，Jason 逐渐成为上海招聘市场上品牌管理人才方面的知名顾问。作为猎头顾问，33 岁的 Jason 很有影响力，在目标客户群体中，Jason 已经有了很好的个人品牌，即使不需要大量的搜寻，Jason 也能很快帮客户覆盖市场，找到最合适的候选人。而 33 岁的 Jason 仍然没有客户公司的高管经验，仍然没有耀眼的教育

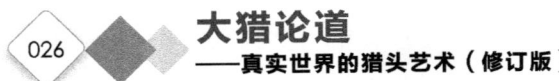

背景……尽管没有顶级猎头公司顾问的"形"，凭着专注与主动，Jason 毫无疑问做到了顶级猎头公司才能做到的"神"：高业绩、高收入、高影响力、良好的人际关系、个人品牌、服务能力，等等。

第 **4** 篇

中国中端猎头市场格局分析
与猎头顾问的应对策略

【陈　亮（Kevin）】

■ **主编推荐** ■

　　在我认识的猎头朋友中，Kevin是颇有见地的人之一。他撰写的这篇文章非常有价值。Kevin实际提交给我的内容也超越了我当时的预期。对于中国中端猎头市场的发展历史、现状与未来的趋势，以及这些变化的内在逻辑，Kevin的认识深度少有人及。这篇文章不仅对猎头公司老板了解市场的格局大有裨益，而且对猎头顾问在大行业的背景下思考自己的发展策略也极具价值。

⬢ 历史回顾与未来展望

2005年之前的市场——人人在高端

中国的猎头行业诞生于 20 世纪 90 年代初，除了 IT 等个别领域外，直到 2000 年以前，中国的猎头市场基本上是谈不上供需两旺的。大概从 2000 年开始，随着外资企业越来越多地升级代表处，设立国际采购办事处、外商独资公司以及中国区总部，企业对猎头服务的需求出现了第一次爆炸式增长。对于很多跟我一样在那时就从事猎头行业的顾问而言，那是一个"黄金期"——独家，预付款，1/3 费率，一个月交人，忙不过来。对 2009 年以后入行的人来说是不是很难想象？这实在是因为缺乏竞争。当然，负作用就是让很多猎头顾问觉得那才是"正常"的猎头市场，他们对未来市场产生的变化采取了排斥的态度，因而丧失了许多机会。事实上，从来没有什么"正常"的市场，只有符合当时供需情况的市场。

2005年之后的市场——中端市场的初步发育

2005 年后市场呈现爆炸式增长，具体而言，可以分为以下 4 个阶段。

2005—2008 年金融危机前。那时的猎头市场，和当时的股市一样，一波高过一波。在这个阶段，老牌公司不断扩大规模，新创公司纷纷成立。任凭你怎么招人，每个顾问还是有做不完的单。这反映的是需求增长大大超过供给增长。

2008—2009 年金融危机期间。这个阶段的特点是行业惨淡。2008 年的整个第四季度和 2009 年的第一季度就像"休克"了一样，这反映了猎头市场的需求波动比大环境的波动要大很多。民企客户在这一阶段真正起步。

2009 年下半年—2011 年。那时的政策让大家又着实兴奋了一把。

2012 年至今。"L"形市场的威力开始让大家有了感觉。从 2014 年开始，原来客户基础薄弱的公司面临生存问题。猎头公司的定价能力又下降了，这次的主要问题不是费率，而是各种意想不到的严苛条款。

2005年以后市场走向的逻辑判断

外资企业在华全面布局，导致人才供需极度不平衡，高、中、低端人才（10万元年薪以上）的招聘都不得不依赖猎头服务。这使客户更关注猎头顾问的访寻和推荐速度，客观上贬低了猎头服务中的咨询部分。同时，由于猎头服务费迅速上涨，客户面临预算压力。2005年到2008年间的猎头公司大扩容又使压价成为可能。在价格压力下，再加上客户需求侧重点的转变，猎头公司提供低端服务更符合经济学原理。结果就是现在大家看到的平均20万元产能的局面。换句话说，**相对低端的服务加上规模化经营，符合过去市场的演变过程，所以这种打法取得了最佳的经济效益。**

未来的市场

未来的市场至少会面临以下两个阶段。

第一个阶段：中国经济结构化调整成功前（浅层市场化阶段）。市场会维持"L"形走向，加速猎头市场的整合。如果整合完成，大公司会在相对精细化的管理水平下拥有合理的利润率（20%），而小公司中只有颇具特色的才能够生存下来。在淘汰了大量落后产能之后，猎头公司的定价权会上升，但由于竞争的存在，利润率不会上升。与此同时，客户对猎头服务的要求会上升，导致服务不同，定价不同，坚持质量也可以成为一种竞争方式。如果中国经济的市场化进程遭受重大挫折，那么猎头市场会在目前的市场规模下加速走完整合回归的历程，只不过现有公司的上升空间由于整体市场规模的局限而比较有限。

第二个阶段：中国经济结构化调整成功后。这是大概率事件，猎头市场会迎来有史以来最大一波也是持续时间最长的需求爆炸式上涨。大家可以把这个过程看作对2005年以来的重演，只不过规模是之前的10倍，时间是之前的3～5倍。在那个周期的末端，中国会出现几家世界级的猎头公司，收入以几十亿元计。

结论：现在的市场竞争就好比是预赛，胜出的选手才有机会参加决赛。

⚡ 目前格局及历史流变

在某个特定的市场中，几家猎头公司由于占据相当的市场份额而被认为有影响力，代表了该市场的当前水平。因为获得市场份额的具体方法和历史背景不同，市场份额不等同于一家公司的未来竞争力。事实上，我们可以通过一个市场格局的流变观察到市场未来的演变方向，从而独立思考，以求获得远见并采取行动来适应这种变化，见表1。

表1 中国市场5000万元格局

	2004	2007	2010	2013
英国系	—	Antal	Michael Page Robert Walters Antal(98)	Michael Page（03） Hays（06） Robert Walters（08）
美国系	Hudson	Hudson Experis	Hudson Experis	Hudson（02） Experis（99）
欧洲系	—	—	Randstad	Randstad(04)
中国港台系	Bo-Le MRI	Bo-Le MRI Pro-King	Bo-Le MRI Pro-King	Bo-Le（96） Pro-King（98）
中国大陆系	—	ChinaCareer	ChinaCareer Vastsea	Vastsea（99） ChinaCareer（96） ManGo（06）

注：1. 因为是中端市场，所以不包括传统的"五大"。

2. MRI是美国上市公司CDI旗下的一个品牌，以授权经营方式运作，有家族制特色。其在中国内地的公司老板都是西方人，但它的基地都在中国香港地区，所以被划归为中国港台系。

英国系：猎头公司血统纯正，国际扩张经验丰富，经过多年演化，打法和管理最系统化，总体而言实力最为强劲。Michael Page、Robert Walters和Hays在中国发力都是在2009年金融风暴之后。短短4年间，Michael Page就确立了其市场领导地位；而Robert Walters聘请了大量有经验的猎头顾

问。这些猎头公司在市场上触角颇多，对市场上的普及规模化细分专注型打法功不可没。由原 Robert Walters 北京班底入驻的澳大利亚 Lloyd Morgan 的中国区，2013 年以来势头很猛。Antal 本非集团军，2012 年的内部大动荡在其十余年的在华历史上并非第一次。

美国系： Hudson 在中国可谓 "老牌劲旅"。2002 年，Hudson 通过收购澳大利亚公司 Morgan & Banks 进入亚洲市场。美国公司的品牌效应、先发优势，再加上市场的爆炸式增长，让它在 2007 年以前成为上海外资中端猎头市场的 "三驾马车" 之一（另外两家是伯乐和 MRI）。可惜其打法传统，以顾问的高单产牺牲了 "亩产"，再加上中国区的生意决策中心一直不在中国，导致其过去 6 年来除了收购 Tony Keith 外并无建树，业务量基本没有变化。Experis（Manpower 的猎头品牌）在派遣公司中算是最早重视中国猎头市场的，可惜内外因素导致其人力资源顾问的变动太过频繁，不然早就不是今天这个局面了。但是，瘦死的骆驼比马大，不管怎么说，它还是个 "排头兵"。

欧洲系： 欧洲本土目前扩张速度最快的猎头公司很多都是英国系的，原因是欧洲以前的劳动法比较僵化，不利于人才流动，当地也就缺乏富有经验的规模化猎头公司。Randstad 目前的发展除了受制于外国管理人员的插手以外，在机制上并没有走出 Experis 的框架。

中国系： 中国港台地区可谓 "春江水暖鸭先知"。中国港台地区的猎头公司起步早，老板都颇为实干。MRI 换老板后几乎是从头来过。伯乐虽然起步早、打法原始，但胜在高层团队超级稳定，拥有长期积累的优质客户资源以及富有经验的团队，可惜该公司已于 2010 年被出售给了日本的 Recruit 集团，在交接末期可能会有意料不到的风险。Pro-King 多年来在金融板块深耕，成为中国猎头市场在这个领域名副其实的 "黄埔军校"。虽然在其他领域的开拓还处于初级阶段，但公司仍然具备相当的实力。中国内地的 "草莽英雄" 前仆后继，涌现出以大瀚和科锐为代表的一批颇具 "战斗力" 的公司。虽然对绝大部分公司而言，发展中的困难比比皆是，但在生存游戏中突出重围的才是真英雄。绝大部分本土公司在 3000 万元"门槛"前遇到了很大的阻力：**第一种情况是铺开打的公司，平均团队产能太低，往往受制于经理的能力；第二种情况是专注于一个行业并已取得相当成绩的公司，在试图扩张到其他行业时无法复制以前的成功经验。**个人觉得第二类公司将来成功的机会更大，因为其生存能力更强。

▽ 趋势观察

中国港台地区的公司起步早，且多具家族式特点，老板的年龄已临近退休或者已经退休，所以在未来 10 年中不会是主角。

2013 年格局中的公司，有一半在 2007 年都还未上榜，2007 年已经上榜的公司中只有科锐在 2013 年的业绩明显高于 2007 年。整个格局强弱板块明显。

先发公司积累的客户资源、品牌知名度都是巨大的优势，但同时先发公司由于其自身惯性的原因，与时俱进的难度也更大。

没有一家上榜公司明显获益于招聘流程外包（Recruitment Process Outsourcing，RPO）的相关操作。所以，RPO 和各种社会化招聘网站的出现不会影响猎头公司独立定位的可能性，只会迫使猎头公司在提供价值的组合上精益求精。

总体来讲，英国系和本土系的公司在过去 10 年里有长足的进步。未来的领军公司应该会继续在这两个阵营中涌现。这反映了猎头行业竞争力的两个基本来源：**先进的管理（打法）和创业精神（机制）**。进一步说，第一点是可以通过学习掌握的。

目前，一线公司平均团队业绩和市场平均公司总业绩几乎持平，在 500 万元左右，可以看作在目前的市场中保持相对稳定所需的水平，我把这个数字称为"市场重心"。逻辑上，这个重心的存在和数值反映了市场历史阶段的不同特点。

现在，一线公司团队的业绩还比较低，与市场团队平均水平相比，虽然差距在 3 倍左右，但绝对值的差别不大。在这样的环境下，非一线公司有比较大的动力经营多个团队，可尽量扩大整体规模。

将来，当一线公司的团队业绩与市场团队的平均水平拉开一定差距时，非一线公司就会放弃最弱的团队，集中精力经营有希望的团队。

最终，二线公司团队的水平达到一定高度，趋于稳定，形成新的市场重心。到那时，整个市场的细分专注局面不但体现在公司内部，也表现在公司间的分工上，而且整个市场的格局也会更稳定。

10M 俱乐部的重要性不容忽视。"相当可持续营业额"在 1000 万元以上的公司或团队可进入 10M 俱乐部行列。**可持续营业额的定义是在明确的专注领域取得的营业额，并且在相应领域的营业额与市场同比可进入前 10 名**。可持续营业额外的营业额打对折后可以转换为"相当可持续营业额"，以做定量比较之用。按目前全国市场平均 20 万元的顾问单产推算，这样的公司最多可以有 50 名一线员工。**我个人认为，同样作为单产 1000 万元的公司，拥有 25 名单产 40 万元的顾问并完全专注于一个领域的公司最有前途**。进入 10M 俱乐部的意义在于，公司进入了初步可持续发展阶段，有了一个扩张的基础。公司可以发展为相应领域的持续领先者，并随着市场规模的逐步扩大把握契机，跃升到第一阵营。目前，10M 俱乐部的公司数量大概是第一阵营的 3 倍。一线公司的团队普遍加入 10M 俱乐部后，这个格局就比较稳定了。

外资猎头公司作为新一代本土公司的"黄埔军校"。新一代本土公司的创业者大多来自外资公司，这是由外资公司的职业发展瓶颈和市场重心比较低这两个事实决定的。本身具备创业素质，又通过学习掌握了先进的打法和管理理念的人，创业成功的概率最大。每次市场高点我们都会迎来这样的创业者，他们用自己的金钱和时间来试验其崭新的观点，推动了市场的不断创新。大部分人会以失败告终，但成功的那一小部分人一定会是市场的亮点。假以时日，10 年后的一线市场格局可能是由一两家英国系公司与五六家中国内地公司组成的。

⬙ 猎头顾问的应对

根据以上分析，我们认为将来同时具备系统化管理优势和创业氛围的猎头公司会在竞争中脱颖而出。

作为一个猎头顾问，你在未来 10 年能否帮助你所在的公司尽量达成以上目标，将决定你的回报。目前市场上的猎头顾问平均年龄不到 30 岁，所以大家必须拥有更长远的眼光。

要做到有效地提供个体正向影响力，最低门槛是一个 360° 的顾问，强调在某个专注细分领域做到自给自足。要想尽快达成这一点，客户基础和团队合作的氛围最为重要。

在做到了以上几点后，大家要认识到以下 4 种情况。

• 你的回报与你施加的正向影响力成正比。

• 正向影响力来源：企业所缺的 ＝ 你所拥有的。

• 施加正向影响力的两个障碍：有些东西你无法改变（老板的价值观、上市公司的短期行为倾向性等），虽然这种改变是有价值的；你必须首先适应新的环境，而不是让新的环境适应你。

• 事先约定清晰的制度化的双赢合约，企业方执行此合约的意愿和能力极其重要。

知道并接受了这些内容，我们才能分析谁有可能成为未来的赢家，见表 2。

表 2　谁是未来的赢家

第一象限	第二象限
• 部分 10M 俱乐部以上民企： 创业机制 + 不完美团队（客户基础、销售文化、协同精神、顾问素质）	• 未来的赢家： 创业机制 + 可持续战斗的团队
第三象限	**第四象限**
• 传统打法（高级顾问制）的外企： 无创业机制 + 不可持续的高产顾问单打独斗	• 先进打法（团队细分专注，交叉协同）的外企： 无创业机制 + 可持续战斗的团队共享客户，并肩发展

第二象限由中国内地系代表，它们要学的是系统化管理。第三象限的公司比较传统，其实很难改进。第四象限由英国系代表，它们要做的是激发团队的创业精神。而未来属于可以进入第一象限公司的顾问。

第**5**篇

下一步，猎头公司的好生意在哪里

【郭展序（James）】

■ 主编推荐 ■

很多从业时间较长的猎头顾问可能留意到了这样的变化：猎头业务的客户开始不知不觉地从外企向中国本土企业转移。这样的变化是如何开始的？又将如何发展？将如何影响猎头行业及这个行业中的公司与顾问？

对于如何捕捉猎头公司的生意机会，James 是行业中的深刻思考者与深度践行者。在他看来，"今后，在猎头公司的客户分类中，将不需要再分什么外资客户、内资客户、民营客户等，此种分类法在 1.0 时代是科学，在 2.0 时代是务实，而在 3.0 时代绝对是思想落伍和观念陈旧的具体表现。若不尽快觉醒和改变，持这种观念和思想的猎头公司，无论你原先有多强，也会像曾经无比强大的诺基亚那样，过不了多久就将被无情地淘汰。"

在本文中，James 将带大家去看看"下一步，猎头公司的好生意在哪里"。

猎头行业在中国市场上逐步发展，得益于那些被国人称为"外企"的"世界 500 强"在 20 年前大举进入中国。若没有这些外企多年来的持续铺陈，今天在中国市场上已经渐成气候的数百人或上千人的猎头公司，或许还会在黎明前的黑暗中痛苦而迷茫地摸索多年。

毫无疑问，外企尤其是那些巨头外企，在中国市场上曾经一路高歌、狂飙突进，给中国猎头市场带来了无数的生长机会，也造就了一大批在中端人才市场生生不息的大小猎头公司。但是，我必须说出真实看法：这已是过去的事情、过去的道路和过去的时代。而过去的道路和所谓的成功经验完全不能保证将我们引向正确、有前途、可持续的未来。

事实上，如今的市场已经发生了变化，外企早已不再是能保证增长、最有力量的那头"现金牛"。同时，**在移动互联的世界里，绝大部分商业版图需要或者正在被重构，而真切的形势是要快速从过去的旧模式和旧思维中挣脱出来。否则，你很有可能只能原地踏步或者被边缘化，而市场进一步的发展与强劲增长，可能已基本与你无关。**

我之前通过多种途径看过一些行业里的思考者所做的相关分析，其中有很多数据颇具价值，其观点更是相当有见地！若仔细研判那些数据，可隐约发现其中的端倪与可能的趋势。我喜欢看数据，却不是个让人省事的数据搜集者和提供者。因此，在本文谈到的观点中，为避免陷入传统研究者的思想"围城"，我将不提及任何企业的名称，也不罗列更多的所谓科学的、可考证的数据。在此只谈本人基于理性、认真思考后的感性认知。

◐ 外企在中国猎头行业的发展进程中究竟起了什么作用

外企对中国猎头发展的第一阶段起到了近乎决定性的作用，我们将这个阶段称为中国猎头的 1.0 时代（其时间跨度是 1992—2008 年，历经 17 年）。在 1.0 时代，中国猎头市场最主要的生意机会来自外企持续而旺盛的需求。在这个时期，诞生了广泛意义上的中国猎头公司，而国外人才服务领域的"巨头"和全球高端人才市场上的"五大"等国际知名的人才提供商也都是在这个时期陆续进入中国市场的，这形成了第一阶段的市场繁荣。

目前在中国市场上，能在业务规模、客户结构、运营成效、均衡效益、品牌认知度、可持续发展等几个维度均进入前十的猎头公司，有九成以上都是在这个时期诞生和发展起来的。尽管它们从外企获得的生意机会、收入份额有大有小，但它们几乎无一例外都是通过与外企合作，获得市场竞争的灵感和专业提升的资讯要素，进而实现不同程度的发展与成长的。

在中国猎头市场的 1.0 时代，那些完全没有能力服务外企的中国猎头公司很难活下去。事实也是如此，在 1995—2005 年诞生的很多本土猎头公司，由于根本没有能力从外企获得生意，往往成立不到 3 年就消失了。可以说在 1.0 时代，能服务外企并从中获得良好收益，几乎是那个时代的本土猎头公司必备的生存要素。

然而，任何事物都是在变化中发展的。随着近几年中国一大批本土猎头公司的崛起，中国的猎头市场环境也在悄然发生着深刻的变化。即便没有发生 2008 年下半年的金融危机，外企在中国市场上的日渐式微也是不可逆转的趋势，只不过会更慢一些，时间跨度会拉得更长而已。基于这样的判断与事实，外企对中国猎头市场的影响力，再也无法像以前那么关键。

由于来自外企的猎头生意增长乏力，我们看到原先几乎全部依赖外企给生意做的那些大小猎头公司，尤其是一些原先从大型外企人力资源管理岗位"跳槽"的人新创立的猎头公司，在 2009 年之后，几乎没有一家能从市场上脱颖而出，甚至大部分连有尊严地生存下去都相当困难。

其实，这中间有不少人尚未意识到，从 2009 年开始，中国猎头市场已进入 2.0 时代。**2.0 时代最显著的特点就是，行业中有能力的中国猎头公司开始全面实施兼顾质量与速度的规模化发展，在客户结构上也进行了有选择性的多元扩展，这时外企不再是唯一或最核心的客户群体。中国本土的一批已成长为"巨头"的企业开始部分取代外企的位置，成为中国猎头行业新的、蓬勃的生意增长点。**

哪些原因导致中国猎头公司转向本土市场

从 2009 年开始的中国猎头 2.0 时代，最显著的特征就是客户结构的多元化，外企不再是绝对的主要客户，而形成这个特征的根本原因主要有以下两个。

原因一，外企在中国的发展受阻。之前在中国市场做得好的外企，大部分是全球 500 强公司或是在某个细分领域拥有全球竞争优势的企业，但由于其在 2009 年受到欧美母公司效益大降、收入锐减的拖累，大多暂停了在中国市场上的前进步伐，新的招聘需求被大幅削减甚至被完全砍掉。这让许多中国猎头公司顿感危机扑面而来，必须立即寻找新的出路，擦亮眼睛去市场上发现新的客户。

原因二，中国内地的猎头公司已抓住机会做大。绝大部分中国企业在 2005 年以前与同一行业的大型外企相比，立体差距还很大，从市场规模、运营水准、品牌认同与塑造、人均产能到产品品质、进入新市场的能力等方面，大部分均缺乏综合竞争力。但随着中国企业在市场上有了更多向外企学习的机会，并在学习中逐步尝试且参与竞争，不知不觉间，这些企业在多个方面掌握了真本领，开始有了与外企同场竞技的条件与实力。

在这期间，大部分外企在中国市场走的是"慢三步"，而中国企业却是连续高速的"急行军"。从 2005 年到 2010 年，短短 6 年下来，本土企业与外企的差距已明显变小，而中国企业基于成本优势和对本土市场的更深刻的了解，很快就让一向习惯当老师的外企吃尽了苦头，从市场份额到人才争夺，变成了直接的此消彼长。部分中国企业越做越大，而大部分外企在中国原地踏步甚至直接倒退。

在这一进程中，部分有高度洞察力的中国猎头公司的决策者敏锐地捕捉到这个变化，开始在公司的战略安排上积极采取应对策略，并通过坚定实施这些策略实现了自身的持续增长和客户结构的优化。

⬇ 客户结构转移的演进路线、规模、速度会怎样发展

猎头本身可能并不是一个非常大的行业，但任何行业都有值得持续深挖的"超级金矿"，**关键是在什么时间点开始挖？怎么挖？使用什么工具？是个人单挑还是团队合力，抑或大兵团作战？不同的定位，不同的战略，不同的行动方式，取得的收获和最终的结果亦会完全不同。猎头公司未来的客户在哪里？"现金牛"在哪里？可持续的生意机会在哪里？** 这些问题至关重要。

猎头的嗅觉通常是敏锐的，但行业里的真正高手还相当少。从客户结构这个端口上看，在中国的外企仍对中端猎头的服务有较大的、持续的需求，表示中端猎头服务仍有很大的市场空间，仍可养活相当一部分以服务外企为主、具有一定规模、提供中端职位的猎头公司，但要想继续以服务外企为主，让自身获得高速和高质量的增长，已经几乎没有可能。这从全球前三的人才服务"巨头"最近 5 年在中国市场的整体表现中可以得到验证。

在可预见的今后 10 年里，外企和中国本土企业中的领先者或将继续进行着一慢一快不均衡发展的游戏，且这个游戏的过程及结果基本不可逆。**对猎头公司而言，客户结构的内生转移亦非常有必要顺应这个不可逆的趋势。**

例如，在一家猎头公司目前的客户结构中，85% 的客户来自外企，其若想在今后实现 20% 以上的连续增长，则意味着其每年须让外企客户所占的比重下降 3% 及以上。但若将外企客户所占的比重在一年内就激进地下降30% 以上，那很可能比不下降还要危险！

⬇ 客户群体的变化趋势对猎头行业的发展有何影响

如果说 2008 年以前的中国猎头市场是 1.0 时代，而从 2009 年年初开始，中国猎头市场则进入 2.0 时代。那么可以肯定地说，2.0 时代在 2013 年年底就结束了。

这是一个快速更迭、令人兴奋的伟大时代。中国猎头走完 1.0 时代用了

17 年，而紧接着走过 2.0 时代仅用了 5 年时间。但历经 5 年的 2.0 时代对中国猎头市场的价值、贡献和产生的长期影响，比历经了 17 年的 1.0 时代还要大。

在 1.0 时代，整个中国猎头行业尚处于相当低水平的竞争；而在 2.0 时代，中国的猎头行业在充分市场化的环境下云集了几乎所有的中外同行，基本实现了平等地位的参与和竞争。在这期间，我国的政府部门做得非常出色，支持并鼓励中外猎头同行在中国市场上以平等的角色正面"交战"，在直接竞争中实现相互了解、相互适应、相互借鉴、相互交流与合作。

在 2.0 时代，几乎所有的全球人才服务"巨头"均已在中国市场全面开展业务，它们与中国本土的猎头公司一样，被允许向几乎所有的企业提供服务。在持续的正面交锋与同场竞技的过程中，我们看到，中国本土猎头公司并不像我们原先所担心的那样（完全不是全球人才服务"巨头"的对手）；反之，那些本来看上去规模、品牌优势均十分明显的"巨头"在中国市场上的整体表现，大部分没有我们原先想象的那样所向披靡，除了一两家规模不是最大但模式较为领先的企业表现得十分抢眼之外，其他"巨头"的表现可用"乏善可陈"来评价。即便貌似"高大上"的全球"五大"，在中国高端市场盘踞多年，实际表现与成绩也不孚众望。

这些"巨头"几十年来在全球市场上攻城拔寨，其优秀的运营水准毋庸置疑。但它们进入中国市场后，其耀眼的光环背后可能还缺少一些对中国人性的深切洞察，更缺少一些对中国本土客户在用人、求才和核心关注要素上的精准把握。

猎头行业的核心产品是提供人以及围绕满足人的内心感受而开展的一系列服务，这远不是向中国消费者卖一瓶可口可乐、一台苹果手机、一盒西药或一个爱马仕包那样直接、简单。从这个意义上讲，国际人才服务"巨头"大部分并不了解中国客户的真正需求。而这恰恰可能是中国本土猎头公司的优势所在，也是部分规模化中国猎头公司接下来实现弯道超车的机遇。

◎ 市场进入移动互联时代，传统猎头行业情何以堪

事实上，从 2013 年开始，中国在世界上已与美国几乎同步进入移动互联时代。在这个时代来临的元年，中国本土就已正式派生出 BAT（百度、阿里巴巴、腾讯）这一类非传统的超级企业"巨头"。这类本土企业很可能将逐渐引领社会和市场的发展。而这些新商业模式的企业群体会是猎头行业现在和今后的主要生意来源吗？它们会是传统猎头行业在生意上的"现金牛"吗？

必须承认，随着移动互联主导时代的来临，中国和全球猎头市场已在 2014 年年初正式进入 3.0 时代。在全新的 3.0 时代，中国猎头市场发生的最大变化是对客户属性定义的模糊化和将"客户第一"的观念提升为"用户第一"。

在中国猎头市场的 3.0 时代，猎头公司真正的客户只有两大类：**一类是高成长、商业模式好、有持续职位需求、愿意消费且消费得起的"现金牛"客户；另一类是规模大、发展慢但稳定、模式传统、有需求但支付意愿和能力均有限的客户。至于这些企业本身是外企、民企还是央企、国企，根本就不重要！**

在猎头市场的 3.0 时代，模式上貌似传统的猎头公司必须以有效的具体行动积极拥抱在移动互联模式下生活的海量候选人，还要有在云端办公并发出用人需求的企业用户。

如果说在 2.0 时代，猎头公司的竞争力来源是拥有高质量的客户数量，那么在猎头市场的 3.0 时代，猎头公司之间的比拼或者说获得持续竞争力的来源，**不仅需要高质量的客户，而且要看你拥有多少黏性很强的忠实用户。而忠实用户的多寡依赖于你在人才市场上的专业表现，以及组织本身和个人集群自媒体的持续传播力。**

◎ 基于趋势，对猎头公司及猎头顾问的建议

在中国和全球猎头市场的 3.0 时代，我认为标准形态的猎头公司在经

过观念、服务技术和竞争打法的迭代之后，将以相对独立而完整的价值链呈现，继续在中、高端人才招聘和推荐市场上享有很大的市场增量空间。

与此前不同的是，猎头的商业模式必须直面来自众包、移动社交、云推送、超智能匹配等新模式的阶段性紧逼和市场竞争。而模式的竞争在猎头领域虽不是决定性因素，但的确又是绕不过去的一条"河流"，识水者可以从容地游过去，到达新的彼岸继续前行；而不识水者或因被迫绕道而失去竞争资格，或因贸然入水而一脚踏空、落入深渊。

因此，在移动互联模式下，在新的竞争要素不断迭代和新的竞争趋势下，真心拥抱变化，认真了解"水性"，积极学会"游泳"，或者成为善于找到风口并立在风口的人，都是值得你花时间和花精力的不二选择。

从猎头顾问的个体角度来看，我想对亲爱的小伙伴们说，继续在这个行业发展职业生涯、追求事业成就，依然好过世界上 76% 以上的职业。事实上，世界上超过 76% 的职业都没办法让一名大学毕业不到 7 年的职场人在中国获得 50 万元以上或在美国获得 20 万美元以上的年收入，并能在工作中常常和比自己强得多的人交流，顺便还有趣地斗智斗勇，边赚钱边获得成就感。而在猎头行业里发展，则为你获得这种成就感提供了机会。当然，这个愿景的实现意味着你必须真心投入、很有韧性、很有方法，而且内心必须住着相当强大的"小宇宙"。

猎头市场的 3.0 时代，总体上对猎头行业的新创业者不太有利。在目前已有众包、移动社交等微创新模式的基础上，除非是在这个领域推出完全颠覆性的创业举措，否则，想再拥有一个类似于传统猎头由小到大、实现跨越式发展的机会的概率已极小。

曾有人说，众包模式的出现对招聘和猎头行业将是一次颠覆。而通过几年的认真观察，我对此持否定态度。由于众包模式运营逻辑的非阳光性（让顾问偷偷摸摸做私单），那些业绩好、水平高的猎头顾问根本瞧不上，而那些能力平庸的猎头顾问又无法从中持续赚钱，因此其注定只是中高端招聘领域进程中的一名匆匆过客，对行业的影响十分有限，更谈不上颠覆，其在该领域的发展价值和成长性也很普通。

对参与众包推荐的猎头顾问来讲，这个过程无法做到真正透明、可控和有效管理，参与众包推荐的猎头顾问的收益根本无法像在组织内部那样可预期、可保证。时间一长，他们便会失去兴趣和耐心，进而没有热情继续参与。尤其是在中高端招聘领域，众包模式可供想象的空间甚微。

3.0 时代对坚持专注于某个或少数几个特定领域，以专业见长进行深耕的猎头公司很有利，若其顾问团队的规模已达到 50 ～ 80 人的基本能力量级，且人均业绩能长期保持在 50 万元及以上，其在今后相当长的一段时期内仍会有较稳健的生存机会，效益也会不错。但若其人均业绩在 30 万元以下徘徊，规模及市场份额又迟迟上不去，那么在竞争中的响应速度和资源获取能力就会明显处于劣势，这样最危险且最容易被淘汰出局。

对于更多纯粹小打小闹的作坊式猎头公司而言，其创业者名义上是自己当了老板，但实质上就是自己给自己打工，大多是在极低和相当原始的层面参与市场上小范围、局部甚至是个体客户的竞争，基本没有战略性机遇。这个群体和业态的存在对那些勉强维持的创业者而言，根本谈不上有真正的成就感和高水准的自我实现，因为这些人在之前的猎头公司里大多是百万顾问，可惜之后对自己的事业定位进入了根本性误区。这些顾问中的相当一部分人若能下决心尽早重新回归到大的团队中，借助平台和资源高度共享的优势，重现他们之前的辉煌业绩与成就，或许是对他们猎头事业的救赎。

对于微型猎头公司创业者而言，绝大多数创业者在 3.0 时代的最典型的生态将会是：总是为了更接近温饱线而单打独斗。由于成本低，即便凭一己之力活下去也没问题，但若想可持续地发展壮大、体面地出头，则基本没有机会。事实上，这个模式只适合极少数的猎头行业小伙伴继续孤独地守候。

我们需要看到，中国猎头市场通过 20 多年的持续培育与发展，目前的总体竞争格局已经基本形成。或许今后只有真正的"颠覆者"进来，才可能

打破或彻底颠覆这个行业的生态，但那个真正的"颠覆者"会是谁呢？

无论是否会被颠覆，在今后的 20 年里，中国猎头行业均可能逐渐出现大者恒大、强者恒强的局面。也就是说，中国将很可能产生四五家由本土发展壮大、非官方的百亿级大公司，这几家公司不仅会在中国市场上占据绝对优势（其占有的市场份额将比其他国家在华的所有人才服务"巨头"的总和高出数倍），而且它们还将逐渐在全球的一些主流市场和新兴市场取得令人刮目相看的进展和业务表现。

第**6**篇

你所知道的猎头公司可能都做错了

【孟凡超（Vincent）】

■ 主编推荐 ■

　　客户找律师打官司，即使官司输了，在大部分情况下，客户还是要付律师费的。目前，中国猎头行业的现状是：客户委托猎头公司招聘，如果客户没有成功找到人，客户往往是不会支付任何费用给猎头公司的。这样的结果往往是猎头公司对客户没有忠诚度，觉得干得累；而客户则会抱怨猎头公司不够敬业，也不够专业，双方的互动往往会陷入一种恶性循环。

　　"中国的猎头公司大多拜错了师"，作者不仅洞见了问题的成因，更难得的是总结归纳了系统的解决方案，让猎头顾问、客户及候选人有可能实现多方共赢。

2010 年，我以 263 万元的业绩创造了我多年猎头顾问生涯的最佳业绩纪录。2011 年我更加努力，期望能超越自己，跨上 300 万元顾问的台阶，但业绩却出乎意料地急转直下，最终以 130 万元的业绩落憾。这样的大起大落让我倍受煎熬，也促使我更多地去思考到底哪里出了错。

带着困惑也要继续前行。在这个过程中，我开始关注到 Michael Page、Robert Walters、Lloyd Morgan 等外资猎头公司的候选人驱动（Candidate-driven）的"新"模式，我发现它们有很不一样的方法论。它们的顾问往往业绩更高，而且更加稳定持续。带着求索的心理，我于 2012 年加入 Lloyd Morgan，花了近半年的时间实际体验了这个"新"模式。这段体验让我感受良多，自此对传统的客户驱动（Client-driven）业务模式有了进一步的反思。

与 Charles（FMC 猎头公司创始人陈勇先生）及 Cater（Robert Walters 前中国董事总经理杨璇波先生）就猎头业务模式进行了多次深入探讨之后，我受益匪浅。与两位前辈的沟通使我以往的思考与求索逐渐融会贯通，我突然意识到：以前自己与大多数猎头一样，在业务模式上犯了"张冠李戴"的错误，这些错误让我们身心疲惫且效率低下，让本可以快乐的猎头生活变得低效且郁闷。

经过一段时间的沉淀，我整理了一些感悟，与大家分享、共勉。

❖ 中国的猎头公司大多拜错了师

浏览一下中国猎头公司的网站，90% 以上的公司会这样描述自己工作流程中的几个关键节点：了解客户需求→确定搜寻方向及搜寻的目标公司→候选人搜寻→候选人面试、评估、筛选→推荐候选人→在招聘流程中向客户提供协助，如背景调查、薪酬谈判等，候选人上班后，按照合同规定的支付条款收取服务费。

这个流程非常科学严谨，但大多数按照这个流程操作的顾问却苦不堪言：在客户提供的委托中，绝大部分都是费了力而做不成的。原因很多，例如，其他猎头公司找到了、客户内部有人推荐了、候选人自己投了简历、客户把岗位取消了……

对于每个客户委托，猎头顾问都要在多维竞争中"百米冲刺"，然后不断地"猝死"。有时好不容易成了一单，候选人又意外地放弃了聘书；候选人好不容易上班了，猎头顾问还没有收到佣金，候选人就在试用期内辞职了……猎头顾问在颗粒无收的同时，往往还被客户抱怨服务不够专业。

何故？大部分情况是因为我们一开始就拜错了师，犯了"张冠李戴"的错误。

猎头招聘的本质在于招聘者采取主动联系潜在候选人的方式求才，而非通过广告等方式吸引求职者，然后从中选才。遵循这样的逻辑，猎头业务大体分为以下两种类型，如图 1 所示。

预付费搜寻模式 Retainer-based Search	有结果才收费的招聘中介服务模式 Contingency-based Recruitment Agency Service

图 1　猎头业务的两种类型

猎头是个外来概念，中国的"猎头先驱"从 20 世纪 90 年代开始学习这样的招聘方式。光辉国际（Korn Ferry），海德思哲（Heidrick & Struggles），罗盛（Russell Reynolds），亿康先达（Egon Zehnder），史宾沙（Spencer Stuart）……猎头先驱们往往学习模仿的对象都是这些如雷贯耳的猎头名门，学习其方法论、搜寻模式、工作流程、客户报告……这些内容在过去 20 年里代代相传，直到现在还有很多公司努力学习着它们。

在这样的不断学习中，越来越多的猎头公司的工作流程貌似与专业的"名门"类似了。而市场的现实却是：绝大部分猎头顾问获得的委托都是有结果后才付费的。有结果才付费，等于把风险转移给供应商，对客户来说是现实的价值。"预付费减少，有结果才付费增多"将毫无疑问地成为招聘市场的重要趋势之一。

拿着有结果才付费的委托却提供预付费式的搜寻服务，这样的结果只能是：顾问付出很多也不能保证有收益，顾问当然不会每单都全力以赴；客户自然也会抱怨顾问没有提供他们宣称的专业服务。猎头顾问与客户之间的信任度越来越低。这样"张冠李戴"的纠结，究其根源，其实是因为猎头公司一开始就拜错了师。

▽ Carter：新模式的核心就是把候选人当人看

在谈及猎头业务模式的发展趋势时，Carter 曾风趣地指出"新模式的核心就是把候选人当人看"！这句看似开玩笑的话却一针见血地指出了大多数猎头顾问在业务操作上的症结。

预付费搜寻模式的基本逻辑在于：猎头顾问帮助客户搜寻并接触市场上所有潜在的候选人，确保客户得到的是所有可能性中的最优选择。在预付费搜寻模式下，猎头顾问只要付出了劳动，客户就应该付钱。猎头顾问以客户为导向，根据客户的个性化要求进行深入的市场搜寻是理所当然的。对于客户而言，对一些少量的关键性职位采用这样的方式也是必要的。但对于绝大部分的职位而言，覆盖市场上所有可能性的搜寻方法，既不可能，也无必要。

在有结果才付费的条件下，客户要求猎头顾问按照客户个性化的需求进行市场搜寻，其实对猎头顾问是不公平的。然而市场竞争太激烈，绝大多数猎头公司为了取悦客户而生存，只能接受这样"不平等"的条款。由于猎头顾问按照客户需求进行搜寻的劳动没有任何收益保障，对于猎头顾问来说，最优的选择就是把候选人简单地看作商品，浅谈辄止，快速且大量地接触很多候选人，从中筛选出几个有可能成单的候选人，并"粗暴"地放弃暂时无法成单的候选人。

在这样的格局下，猎头顾问、客户、候选人三方的感受都很差。猎头顾问的感受是猎头像个拼运气及概率的体力活，为客户搜寻并联系了很多候选人，如果没有成功，这些努力基本上不会被认同。候选人与猎头顾问打交道的感受也很差，需要时猎头顾问来找你，不需要时把你晾在一边。对于被客户放弃的候选人，猎头顾问甚至连个反馈都没有。客户则觉得猎头顾问的反应不够快，候选人推荐得不精准，职业修养又不够。

Carter 所讲的"把候选人当人看"的实质是：**猎头顾问只有服务好候选人这个群体，才可以更好地服务客户，而在这个过程中，猎头顾问自身的感受也会更好。**

在谈到 Robert Walters 的业务模式时，Carter 认为如果仅仅把模式改为所谓的候选人驱动，其实并非真正理解了这个模式的精髓。**首先，支撑这个模式良好运作的是个系统工程，需要从顾问的甄选、薪酬系统、关键绩效指标考核系统、公司文化等诸多方面综合发力；其次，这个模式的焦点是将蜻蜓点水式的搜寻变为专业化的深耕；最后，"把候选人当人看"，重视对候选人的服务，并非以降低对客户的服务为代价，而是猎头顾问通过对客户与候选人更平衡的关注来更好地服务客户。**

⊽ Charles：PS模式可能是绝大多数猎头公司业务转型的必由之路

在 Charles 看来，客户的招聘需求与候选人对机会的需求是一个不断变化的动态过程，猎头顾问只有在合适的时间让客户与候选人这两个动态变化的需求轨迹形成交集，才能成单。

循着这个思路，Charles 把猎头顾问的核心能力界定为 3 个方面：**掌握客户动态变化需求的能力，掌握候选人动态变化需求的能力，匹配候选人与客户动态变化需求的能力。** 以这个标准来看，所有高绩效顾问所用的方法不同，但都殊途同归：**熟悉目标客户群体，熟悉目标候选人群体，同时能精准地匹配双方动态变化的需求。**

这样的界定很好地解释了猎头顾问业绩不好的种种原因。例如，很多客户资源很好的猎头顾问业绩不够好，很多熟悉候选人的猎头顾问业绩也不

好，有些对客户及候选人都比较熟悉的猎头顾问也业绩平平……因为只有 3 个要素同时具备，才能成单。

很多猎头公司都是"用预付费的搜寻模式去做有结果才能收费的单"，这样的"张冠李戴"必然导致猎头顾问越来越低效且郁闷。从这个角度看，类似的猎头公司迟早都会面临业务模式的转型，以"张冠张戴，李冠李戴"的方式走出困境。

如何才能达成"以有结果才收费的方法去做有结果才付费的单"？

Charles 认为，主动专注（Proactive Specialization，PS）模式可能是绝大多数猎头公司业务转型的必由之路。专注（Specialization）是指猎头顾问按照职能（Function）、行业（Industry）、地域（Location）、级别（Level）等多个维度对自己的发展领域进行精准定位，而非"只要客户有要求就什么人都去搜寻"；主动（Proactive）是指"从等待客户有需求向顾问下单，转变为预判客户的需求并向客户要单"。

在 Charles 看来，只有专注（Specialization），猎头顾问才能真正熟悉目标客户及目标候选人两个群体；只有主动（Proactive），猎头顾问才能高效精准地匹配客户与候选人动态变化的需求，抓住市场上瞬息万变的机会。

与 Carter 类似，Charles 更愿意把候选人驱动当成主动（Proactive）最重要的手段之一，而不是业务模式的本质。因为向客户主动推荐有现实求职需求的优质候选人，往往更容易撬动并激发客户的招聘需求。这样，匹配客户和候选人双方动态需求的难度就被大幅降低了。

在我看来，尽管描述不一样，但两位前辈的看法都抓住了问题的本质，而且异曲同工。

◐ 猎头业务模式发展的一些重要趋势

据我了解，在中国猎头市场，绝大多数猎头公司的服务都是基于结果收费的。由于竞争及实际的客户价值，我相信愿意预付费用的客户会越来越少，找到人才愿意付钱的客户会越来越多。在这样的市场环境下，根据以不同模式的观察、实际体验与思考，我相信，猎头业务的具体操作会发生以下变化：以 Fill 的 4 个维度（职能 Function，行业 Industry，级别 Level，地域 Location）精准定位顾问所服务的候选人，见表 1 至表 11。

表 1　大多数猎头顾问／公司的现状与发展趋势

大多数猎头顾问／公司的现状	发展的趋势
• 客户导向的反应式搜寻模式 Client-driven reactive search model	• 以主动（Proactive）与专注（Specialization）为特征的"新"业务模式

表 2　精准定位服务的候选人群体

宽泛方向（General Direction）	精准定位（Specific Positioning）	核心的改变
• 根据客户的行业设定宽泛的专注方向，如快消品顾问、IT 顾问、医药顾问等，较少按照候选人的相似性去定位顾问的发展方向，更不用说系统的候选人服务了	• 根据 Fill 的 4 个维度（职能 Function、行业 Industry、级别 Level、地域 Location），精准定位顾问所服务的候选人群	• 从猎头顾问对宽泛的目标市场的感性了解到对精准定位的目标市场的深刻理解
全方位职能（Full Funotion）	职能专注（Focus Function）	核心的改变
• 接受客户公司不同职能的委托	• 专注于单个或紧密关联的多个职能	• 从关注客户的行业相似性到关注候选人的职能通用性 • 从重复利用率低的候选人搜寻到重复利用率高的候选人积累

表 3　根据候选人通用性定位的客户群

大客户（KA）依赖模式	均衡客户模式	核心的改变
• 专注于为少数几个大客户提供全职能的服务	• 通过候选人的通用性把大客户、普通客户、零散客户高效地组合起来	• 从顾问业绩受控于大客户需求及关系，到顾问业绩来源于更加均衡与稳定的客户组合

表 4 猎头顾问的角色定位转变

全能搜寻专家（Search Generalist）	专注领域招聘专家（Specialist Recruiter）	核心的改变
• 为满足客户的需求，顾问努力去搜寻客户所需的任何职位	• 顾问只向客户提供自己专注领域的服务	• 从客户要什么找什么到顾问有什么卖什么 • 从都可以到这个可以、那个不可以
猎人才的猎人（HeadHunter）	**"种"人才的农民（HeadFarmer）**	**核心的改变**
• 强调根据客户的需要，进行反应式（Reactive）的搜寻	• 强调预判客户的潜在需求，进行主动式（Proactive）的对目标候选人群体的深入了解与积累	• 从"漫野打猎"到"深耕细作" • 从"海里打鱼"到"池塘里养鱼"
"星探"＆客户公司代理人（Talent Scout ＆ Client Agent）	**"媒人"＆客户和候选人的中间人（Matchmaker ＆ Broker）**	**核心的改变**
• 先有客户的需求，然后再按需搜寻 • 只代表客户，唯客户马首是瞻	• 既可以按客户的需求搜寻潜在的候选人，也可以帮助候选人按其职业兴趣主动搜寻潜在的客户雇主	• 从"一边倒"到"两边好" • 从"忙于找人"到"忙于安排相亲"，"帮女方要彩礼，帮男方要嫁妆"
B2B 服务提供者（B2B Service Provider）	**B2B 和 B2C 服务提供者（B2B&B2C Service Provider）**	**核心的改变**
• 猎头公司／顾问的服务对象本质上只有支付服务费的客户	• 猎头公司／顾问通过对客户及候选人均衡地服务，最终更好地为支付服务费的客户服务	• 从唯利是图的人才"猎手"到关注客户／候选人长期关系的职业发展及招聘专家

表 5　猎头顾问的工作方式转变

顾问独立做单 （Individual Delivery Consultant）	团队合作招聘 （Team Playing Recruiter）	核心的改变
• 猎头公司 / 顾问的服务对象本质上只有支付服务费的客户	• 由于每个猎头顾问都有各自的职能专注方向，因此往往由多个顾问组成的团队才能服务好客户	• 从单打独斗到团队作战
结果导向 （Result Oriented）	结果导向 + 过程导向 （Result Oriented + Process Oriented）	核心的改变
• 在按客户需求进行全职能反应式搜寻的模式下，结果导向往往是顾问操作上最优的选择——因为深度的积累往往会变成贬值很快的库存	• 在主动的职能专注模式下，同时关注结果与过程是顾问最优的选择，因为主动专注之后，积累更容易变成销售结果，而非简单地增加库存	• 从只关注结果到通过过程看结果
方法论与搜寻期 （Search Methodology & Lead Time）	现成的资源与即时推荐 （Ready Resources & Instant Recommendation）	核心的改变
• 在客户导向的传统搜寻模式下，猎头顾问的专业素养表现，在很大程度上表现为搜寻方法、搜寻效率。在这样的模式下，猎头顾问需要 1～2 周的搜寻期很正常	• 在 PS 模式下的顾问，其专业素养表现为拥有多少现成的资源，并能对客户的需求进行即时的回应。在这样的模式下，顾问能在 24 小时甚至半小时内为客户提供几个合适的候选人成为基本要求。因为在客户提出需求之前，顾问已经有了预判并在做相应的准备	• 从"我能做"到"我有人"

表 6　猎头顾问的核心能力要求的转变

找到候选人的搜寻能力（Sourcing）	把握动态机会的销售能力（Matching）	核心的改变
• 在客户导向的传统搜寻模式下，猎头顾问的核心能力表现为搜寻，即从客户大体明确的需求出发找到合适的候选人；顾问往往将 50% 以上的时间都花在找人上了	• 在 PS 模式下的顾问，其核心能力是销售：因专注而容易对目标客户及候选人群体达成深度了解，这样大大缩减了顾问花在搜寻上的时间，可以更加积极主动地把控客户及候选人动态变化的需求，进行双向销售	• 从 Candidate Search Consultant 候选人搜寻顾问到 Candidate/Client Sales Consultant 候选人 / 客户销售顾问

表 7　顾问的绩效

起伏较大的（低）绩效（Fluctuating (low) Performance）	相对稳定的（高）绩效（Sustainable（high）Performance）	核心的改变
• 绩效受关键客户的影响较大，同时由于候选人的复用度不高，浪费较多，较难达成较高绩效。"百万顾问"已经是非常优秀的高产顾问了	• 由于客户构成均衡，业绩会更加稳定；随着候选人复用度的提升，浪费降低，业绩随之提高。80 万元顾问算是及格，150 万元以上的顾问才是好顾问；只要足够努力，成为 200 万元顾问基本是个可及的目标，300 万元以上顾问才是真正的高产顾问	• 从低效且郁闷到高效且充满激情

表 8　猎头顾问的职业发展

持续挣扎的人才搜寻者（Struggling Talent Finder）	能持续发展的招聘 & 职业顾问（Professional Recruitment & Career Consultant with Sustainable Development）	核心的改变
• 由于搜寻宽泛，猎头顾问很难真正形成在某个专业领域内的深入见解；同时，宽泛搜寻导致的浪费使随着年龄、资历的增长持续积累职业优势变得困难。在很多情况下，老顾问的综合搜寻能力往往不如新顾问	• 由于专注，猎头顾问容易在特定的专业领域有效地积累深入的知识见解与人际关系；他们会随着这样的积累越老越值钱，越做越轻松	• 从不断地重新起步到逐步积累的职业优势

表 9　猎头顾问的工作生活质量

艰难的工作与生活平衡（Shaky Work & Life Balance）	工作与生活一体化并在工作中享受友谊（Work & Life Integration and Work to Enjoy Friendship）	核心的改变
• 在对客户需求进行反应式搜寻（Reactive Search，以下简称"RS"）的模式中，猎头顾问往往只能把候选人当商品看，大量但"蜻蜓点水"式地接触很多候选人，这些接触往往是针对某个具体客户的具体需要，而非与候选人建立长期的联系。这部分枯燥单调的工作很必要，但却很难让人乐在其中	• 在主动专注的 PS 模式下，与清晰定位的目标候选人群体保持深入的长期关系是猎头顾问的重要工作内容；当我们"把候选人当人看"时，就很容易在工作中交到很多朋友，我们就有可能享受这样的互动	• 从无奈地接受工作中的不如意，为生活而工作到享受工作的精彩，将生活与工作融为一体

表 10　客户的满意度

很难取悦的客户（Hard-to-please Client）	时有抱怨但需求被满足的客户（Complaining but Satisfied Client）	核心的改变
• 在对客户需求进行 RS 的模式中，大多数情况下，无论顾问在没有任何收益保障的情况下为客户投入多少时间去搜寻，只要没有结果，客户多半不会心怀感激；无论顾问的搜寻速度多快，也快不过有"库存"的 PS 模式顾问。顾问费了很多力气，却没有获得任何好处	• 尽管客户会不断抱怨 PS 模式顾问没能提供全职能服务，有时沟通的顾问对接客户太多，顾问不愿花时间帮他找人等，但由于 PS 模式的顾问往往能更快速、更精准地向客户提供其所要的人及相关市场的深入见解，客户往往满意度更高	• 从不被认同的徒劳到在成就感中成长

表 11　猎头公司的组织健康状况

被关键顾问绑架的猎头公司（Kidnapped by Key Consultants）	相互依赖的团队（Inter-dependent Team）	核心的改变
• 在全职能的搜寻中，公司的客户往往把持在几个关键顾问的手上，客户跟着顾问走。关键顾问离职，往往意味着业务丢失。公司在与关键顾问的博弈中，往往会无奈地牺牲组织的长期健康来留住现实的生意	• 在职能专注模式下，往往需要多个顾问相互依赖，彼此配合地服务好一个客户，公司对单个顾问的依赖度有所下降。组织与业务更容易健康稳定地发展	• 从依赖少数的明星顾问到依靠专业的顾问团队

◎ 从低效的郁闷型猎头顾问到高效的快乐猎头顾问

猎头顾问数量的增多及其持续流入客户端从事招聘工作，Linkedin、微博等社交媒体降低了找人的难度……这些因素加速了客户转向有结果才付费的模式，同时，招聘市场不仅存在 RPO 的趋势，而且也存在 RPI 的趋势。RPI 即 Recruitment Process Insourcing，译为招聘流程内包，客户为节省招聘成本，把原来给猎头公司的业务拿回来自己做，客户只会把难度很高以至于自己无法完成的任务交给猎头顾问，这对猎头顾问专业水准的要求将越来越高。

在这样的大背景下，RS 模式下的传统猎头之路将越走越窄，RS 模式下的顾问将更加低效且倍感郁闷。而 PS 主动专注的"新"模式，将是成为高效快乐的顾问的必由之路。

人类行为的动力大体上源自趋利与避害。如果你感到自己的猎头顾问生活低效且郁闷的话，恭喜你，因为痛苦是人类寻求改变的基本动力，你可以因为被逼且踏上改变之路从而获得成长；如果你在传统的反应式搜寻模式中依然高效且快乐，那么也同样恭喜你，因为你有足够的时间来了解并适应这样的改变，同时提醒你留意这种从 RS 到 PS 逐渐加速的改变趋势。

作为痛苦过也体验过业务模式转型的猎头顾问，期望我的个人经历、思考与分享能够帮到更多的猎头公司及猎头顾问。

第7篇

"曾经的贵族"是否注定要"没落"

【 刘汪洋（Jackie）】

■ 主编推荐 ■

　　猎头行业注定会是一个盛产创业者的行业。Jackie 的这篇文章是写给猎头行业的创业者的。即使你现在还是一个刚刚入行的新猎头顾问，你将来创业的概率也会比多数行业的新人高很多。

　　在一个盛产创业者的行业，也注定了很多创业者是昙花系的。猎头经验18 年，创业经验 15 年，时间证明了 Jackie 及其所带领的斯科自有其生存之道。无论与 Jackie 同时代还是后来的创业者，相信大家都可以从 Jackie 所讲的故事及体验中受到启发。

首先说明一下，"曾经的贵族"是指那些十多年前进入猎头行业并创建猎头公司的创业者。这些公司的成立时间基本都在10年以上，有的已有15年以上的历史，能生存下来且在猎头"江湖"中创出名号的，已经屈指可数。随着互联网招聘的兴起和各种新业务模式的出现，"05后"乃至"10后"的猎头公司以更为激进的方式不断崛起，让我们这批"90后""00后"的"曾经的贵族"备感压力。

其实猎头进入中国市场也就二十几年。记得20世纪90年代中后期，手机还是"大哥大"，有个寻呼机机就很时尚；互联网还是极少数人的奢侈品，传真机还在唱主角；猎头在上海还被叫做"腊头"；开发客户大多用传真，A4纸打印出来的公司介绍上贴着便签贴，上面写着"人力资源顾问部 ×× 收"。只能用寻呼机跟候选人说"我是一家人才中介公司的，有关工作的事情，有兴趣请回电 021******"，之后再打印出候选人的简历传真给客户，能有一家500强的客户简直牛极了。记得500元、800元一单的收费也做过，甚至还向推荐成功的候选人收过费。有一次给一家企业做成了3个单子，坐公交车去嘉定马陆花了一天时间，很兴奋地取回一张10000元的支票。

随着中国加入WTO、浦东新区的开发、大量外资企业涌入，2000年后，猎头行业的春天来了，猎头公司如雨后春笋般涌现，只要是个"人"就能做出业绩，猎头行业不差项目的时代来临了。人才往往被简单定义为素质不错、英语不错，如果有外资企业工作经验那就是个宝。这是"90后""00后"公司的黄金时代，我们用"五大"的标准来要求自己，对客户要求过预付费，要求过不低的最低收费，年薪25%的收费还是低标准。但随着进入者越来越多，这些都在悄然发生着变化。

1997年的亚洲金融危机我们大都浑然不觉，2000年互联网泡沫破裂也并未真正被波及，但眼下的我们却感到了深深的寒意。随着"中国的猎头公司大多拜错了师"这个观点被提出，我们突然意识到自己虽然学到了"形"，却对"神"一无所知，于是出现了"RPO VS. RPI""MPC""Candidates Driven

VS. K/A" "P.S. VS. R.S.";互联网更是出现了"分包（垂直细分）VS. 众包"。后生可畏，新名词被不断创造出来，竞争者不断高调涌现，让我们这帮"90后""00后"无所适从，不得不放下身段，向后来者学习。

这是最好的时代，也是最坏的时代，更是百花齐放的时代。人人都在谈互联网思维，在谈"颠覆"，想参与制订游戏规则的人越来越多，PE/VC 也游走其中。以前我们会觉得要钱来干吗，但现在想法变了，既然行业吸引了越来越多的眼球，就说明这个行业还是大有"钱途"的，只是我们这些"90后""00后"能跟得上格局的变化吗？该怎样调整战略以适应行业的发展呢？我们是怎么成为"曾经的贵族"的？难道又注定要"没落"吗？

经过多年的市场洗礼，"90后""00后"猎头公司无外乎 4 种结局：第一种是功成名就，成了行业的领军者；第二种是把自己"嫁"出去了，很大一批被外资收购；第三种是"雁过无痕"，已被市场无情淘汰出局；第四种就是我们这种，曾经在市场上辉煌过，今天还是有种"瘦死的骆驼比马大"的感觉，只是如今这"骆驼"却不得不在沙漠中寻找属于自己的"绿洲"，然而"绿洲"在哪儿呢？

经历了猎头行业从无到有、从有到盛的历史，这样的经验是一笔宝贵财富，但这些经验在来势汹汹的潮流面前又仿佛成了"包袱"。不管怎样，市场在用其本身固有的巨大能量驱使我们改变，以避免"没落"的风险。下面抛出几点感想供大家参考。

随着顾问的低龄化，咨询已是幻想，回归销售才是本质

市场节奏变化快，企业用人需求的变化也越来越快，"慢工出细活"已无拥趸，大部分公司变得急功近利，尤其是中低管理层的招聘更是如此，这直接导致猎头公司把反应速度放在了第一位，而把质量放在了第二位。速度与激情是年轻人的优势，而销售的本质就是数字游戏。

关键绩效指标已成为猎头行业的标配，没有关键绩效指标的自觉成为空谈

关键绩效指标是数字游戏的基础，没有关键绩效指标的结果是无法保证

和可持续的，没有经验及历练不多的顾问想要达成结果追求速度时，公司只能紧盯关键绩效指标，因为当顾问过于年轻，对自我目标的设定还不明确时，帮助其树立目标才是关键绩效指标的本质。

销售的基础是主动而非咨询式地坐等业务上门

尽管关键客户还是主流，但主动开拓自己有把握的客户已成为越来越多顾问与猎头公司的选择，客户来什么案子就做什么案子，人人都能胜任的年代已过去，哪怕还是以关键客户为主，也该有所舍弃，只服务自己擅长的行业的客户，再用从中积累的资源主动寻找相关的案子才是制胜之道，可以提高候选人的重复利用率。

专业的源头是"专注"

抛开客户需要什么就生产什么的念头，先进行市场分析，研发出自己的拳头产品并进行打磨、扩展、延伸，不断提升产品质量，以最大限度地满足用户体验——这就是专注的意义所在。

对于有着不短历史的传统猎头公司来说，全面转型所谓的 PS 模式有如重新创业，这种置之死地而后生的绝对不是一般人所能承受的。而所谓的模式与关键绩效指标只是工具而已，企业能够持续发展的基石还是文化与制度，改造传统的文化与制度以逐步适应市场变化的需求，并利用互联网思维打造系统与管理才是根本。

最后，分享一个关于毛竹的生长故事。自然界中有一种神奇的植物，在生命的前 5 年中，它丝毫不长；当第 6 年雨季来临时，它会以每天 1.8 米的速度向上急蹿 15 天，最后长到 28 米，成为竹林中的身高冠军。这种植物叫毛竹，也被誉为"大自然的生长奇迹"。

最近科学家发现，原来毛竹在前 5 年并不是没有生长，而是以一种不易被人察觉的方式向地下生根。经过 5 年漫长的地下工作，一株没发芽的雏竹根系竟然向周围扩展了 10 多米，向地下深扎了近 5 米。正是这样的生长方式为它日后长高打下了坚实的基础。当时机成熟时，毛竹终将成长为竹林之王。

厚积而薄发，无论是对公司还是对顾问个人而言，都是"磨刀不误砍柴工"，只有根基深厚，练好内功，别受外界太多的影响，可持续发展才能成为可能，否则只是"昙花一现"；模式与关键绩效指标如"屠龙宝刀"，只有在"内功"深厚的人手上才能发挥出巨大的威力，否则只能伤人伤己。公司的发展是一个系统性工程，愿景、文化、制度、系统、组织一样都不能缺，而且要随着市场的变化、公司的发展阶段不断调整，而这些并非一蹴而就的，需要时间的沉淀与打磨，这正是有历史的公司的优势与根基，相信只要时机合适，我们仍会继续笑傲明天。

第 **8** 篇

百万顾问不是梦
—— 关于中国猎头行业未来的遐想

【郭蓬红(Elizabeth)】

■ 主编推荐 ■

2013 年,《大猎论道——真实世界的猎头艺术》一书比较系统地论述了 PS 模式的基本原理及具体战术。 很多朋友很想知道,这个对猎头公司及猎头顾问听起来都不错的模式,实践的效果如何?

在目前尝试转型的公司中,大部分在艰难地摸索;而有一家叫捷毅智邦 (G&E) 的公司已经取得了令人振奋的成绩。

G&E 的创始人郭蓬红 (Elizabeth) 在本文中将和大家分享 G&E 如何取得这些成绩以及在转型过程中的经历与感悟。相信 G&E 的经验会让后来者降低试错成本。

在最近几年的市场上，通过客户端会看到一些外资猎头公司（尤其是一些英系公司）的优秀年轻同行，他们具备以下几个特点：

• 年轻热情，有着非常高的产能，个人单产基本上都在百万元以上；

• 能够开发客户，举办多种多样的市场推广活动，给客户提供各种报告，举办各种讲座聚会，时不时地发送各种候选人报告；

• 以非常快的速度提供候选人，因为速度快，选人准，他们动辄夺走我们的聘书；

• 总能在候选人需要帮助时提供很多合适的面试机会，并且帮助候选人拿到聘书。

作为招聘公司的创业者，我一直有一个梦想，即"成就客户、成就候选人、成就员工"，从而成就公司，成就招聘行业，当这些年轻顾问的工作方法在我的脑海中拼凑成一张大图的时候，我在想，这些方法不就是成就各方的最聪明的模式吗？

走近他们，会发现他们用不同的方法论在做中端招聘这件事情。

他们采用了主动专注（Proactive Specialization）+ 高度集中模式（Fill），有比我们先进的销售手段和方法，有比我们高很多倍的关键绩效指标，团队发力、效果不凡。

怀着打造批量百万顾问团队、更好地服务客户和候选人的梦想，我们于 2013 年年初在北京和青岛开始了二次创业。经过半年的探索和努力，从 2013 年 7 月开始出现并维持着人均每月一份聘书之上的水平，我们内部称之为效率提升的第一个里程碑。

在迈过第一个里程碑之际，我们愿意总结和反思一下，与心怀梦想的同行分享。

◔ 组织高效三件事

在通往百万顾问的路上，对猎头组织和大小猎头来说，有 3 件事是必须共同面对的：

- 文化建设；

- 模式变革；

- 组织能力打造。

文化建设——通向高效之路的灵魂

从本质上说，在过去的很多年里，我们做中端职位的招聘公司都被高端职位寻访公司带到了"沟里"。高端公司把我们带到"沟里"的不仅是它们的模式，还有它们的文化。例如，它们的精细化和收费模式，无须循环使用资源，重质不重量的节奏。然而，靠这些很难经营起一家高效的中端招聘公司。中端招聘公司的结果导向意味着其关键绩效指标对聘书的数量要求是很高的，是需要销售文化才可以完成的。销售文化是怎样的呢？我们经过这一年的体验，提炼了以下 4 点：诚信、结果导向、快乐和激情、团队合作。

诚信。三方共赢，诚信是基础，是底线，每个顾问内心都有一杆秤，从组织角度来说，要作为首要高压线进行设置。

结果导向。结果导向是销售文化与顾问文化最大的不同。不论是为了成就客户和候选人的理念，还是成就猎头顾问和猎头公司本身，对于结果的重视最终都会演变成对关键绩效指标的追求和对聘书的追求。没有结果，其实谁也没有成就，这是本质问题。当所有的理想和理念面对现实时，我们只有一个选择，就是帮助需要找工作的候选人拿到其想要的聘书，以最快的速度帮助那些急需人才的客户找到他们想要的人才。**一切从贡献价值出发到执行落地，以结果为导向是成就销售文化的关键。**

快乐和激情。追求专业性的猎头公司或者猎头顾问，有一个我们曾经忽略的销售黄金法则：**状态 > 工作习惯 > 技能 > 工具。**

状态大于一切，对于领导者而言，一切管理、一切辅导都是为了让员工每天呈现出最好的状态。举一个我们支持部门的例子，人力资源部，在原有的职能基础上附加不同的职能 CEO，用不同的方式让大家自上而下保持良好的状态；而这种状态除了让顾问自己开心地工作以外，客户和候选人也会感受到。**人对人最大的影响其实是精神层面的，没有其他的影响可以超越。**

　　团队合作。在一个拥有团队合作精神的团队中，生活就像在天堂一样，每个人都在为了团队共赢而努力，没有人计较你多我少，最后达到团队、个人双赢的结果，皆大欢喜。

模式变革——通向高效之路的精髓

　　模式，简单说就是为了让大家更聪明、更有效率地工作的方法。在细说模式之前，我想先说一下专注的策略，专注有以下 4 个层级：

- 完全不专注行业或职能；
- 行业专注；
- 职能专注；
- Fill 原则专注（职能、行业、区域、级别四重专注）。

　　在早期，我们可能对专注一个 Fill 有严重的顾虑，不断衡量我们的量是否足够，即是否有足够的单和足够的候选人，是否可以养活一个顾问或者一群顾问等。这些都是很正常的心理，其实每个部门只要有足够的深度，行业形势不是极度低迷，都可以养活一批百万顾问。设置的关键点其实不是量不够，而是不要太分散，不要不可循环，否则部门运转就会没有效率。一个经营良好的部门的终极局面如图 1 所示。

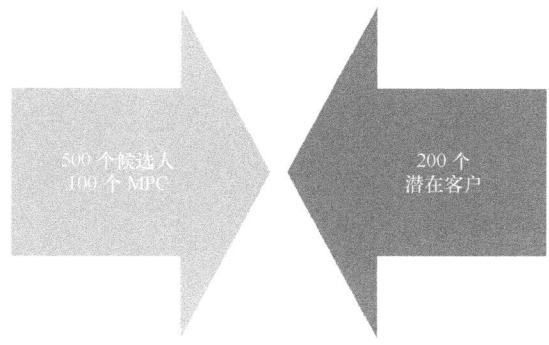

500 个候选人
100 个 MPC

200 个
潜在客户

图 1　经营良好的终极局面

注：MPC 是 Most Placeable Candidate 的英文缩写，指可以推荐和合作的候选人。

在转型期间，可能会导致部门猎头顾问落地不顺利甚至半途而废的做法如下所述。

• 转部门，如果想让一个猎头顾问死得快，就让他不断地转部门。

• 部门里没有 200 个潜在客户。通常，没有 100 个可以合作的候选人的部门不多，但是没有 200 个潜在客户的部门是很难生存的，因为没有足够的渠道让候选人通过你找到工作。

• 候选人的可循环程度越高，部门的经营越容易，但是对猎头顾问的要求也更高。

在新的模式下，猎头顾问除了为客户找候选人，为候选人找工作以外，还要不断地找部门的规律、类别和共性，因为部门的终极问题是匹配，不是找候选人，也不是找客户。

组织能力打造——通向高效之路的根本

组织造就批量百万顾问的梦想最终要靠执行落地和复制解决。执行落地员工的成长三角形如图 2 所示。

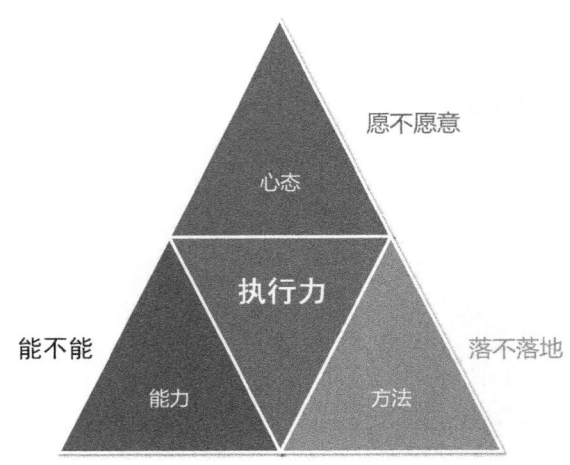

图 2　执行落地员工的成长三角形

心态——愿不愿意

影响猎头顾问成功的心态非常简单，不用思考能不能做，只要回答"愿不愿意做"。例如，有一个挑战是年轻的猎头顾问从寻访员转做 360°顾问。公司一位 23 岁的 360°顾问做了很打动人的分享：候选人的信赖、委托和信任让她爱上了当 360°顾问，那份信任、那种所有环节都由自己把控的痛并快乐着的感觉让她沉醉，并支撑着她蜕变成高效的百万顾问。

另一个猎头顾问则分享了自己的心态：选择相信，踏实地去做就会有结果。

什么样的人才能成为胜者？答案是在"愿不愿意"这个问题中选择"愿意"的人。

能力——能不能

在选择做一名猎头顾问之前，或者在犹豫自己是否可以做一名猎头顾问时，问问自己：

• 你的价值观是为客户和候选人创造价值吗？

• 你想成功吗？

• 你喜欢做销售吗？

• 你言出必行吗？

• 你有怎样的韧性？为了成功，你愿意选择努力和坚持吗？

• 你开放吗？

• 你愿意为了学习不断地进行回顾总结吗？

如果对这 7 个问题的回答都是"YES"，那么你一定会是同龄人中最顶尖的顾问！

方法——落不落地

Fill（级别适宜——一步步成长），慎重选择 Fill 中的候选人级别（Level）是落地的另一个关键。我们曾经有一个误区，觉得职位越高，业绩就会越高。但是，结果要么依附于上级不能独立与候选人和客户合作，自己得不到成长；要么就是一年成不了几单，非常消磨年轻猎头顾问的意志。解决方案是让每个猎头顾问选择合适的级别，通过培训和实战让大家具有独立性。一个小小的成功能刺激大家改善工作绩效，然后通过努力不懈地发挥能力，专注于达到数量和质量的最高要求，为团队带来持续的自豪感与成就感。能够激发大家的干劲的唯一方法是让他们在适合自己的岗位上持续获得成功，不断地把焦点放在更高的目标上。

级别的提升自然会随着自己的阅历和候选人资源的提升而提升，这本身也是一个自然的过程。

状态 > 工作习惯 > 技能 > 工具。前面强调了工作状态的重要性，人有旦夕祸福，状态自然也有起有落，好的工作习惯同样也是保证执行力的关键要素。

优秀的销售丰富的一天是从昨日严谨的计划开始的。

关键绩效指标：有过程没结果，是无用功；有结果没过程，不可复制；有结果有过程，才是成功！

要想成为百万顾问，只有先为过程和关键绩效指标而战，才能迎来期待的结果。

让关键绩效指标成为引领我们持续稳定业绩的风向标。

在业务的快速发展中，大家都看到了专注的魔力，但是如果没有质量管控和标准化，复制的质量很难控制，很容易功亏一篑，影响服务质量甚至品牌，同时也不利于员工在工作中和其他部门的同事沟通协调。特别是跨团队和跨区域之间的有效合作，不能只依赖于个人之间的关系，而要依靠流程。流程就像现成的道路和阶梯，只要沿着铺好的路走就可以了，如果没有路，上山还要靠自己开路，付出的时间和努力自然就要多很多。

中国内地公司没有海外团队成熟体系的支持，所以调动团队力量要不断总结阶段性的规律，凝结成标准流程体系（Standard Operation Procedure，SOP），这是保证复制的效率的关键要素。再加上其他同事在客户和候选人上的积累和团队合作，新的猎头顾问在一两个月内帮候选人拿到聘书成为可能。

◎ 中国猎头顾问的未来

选择在黄金职业年龄或者一生做猎头顾问是幸运的，因为我们有机会看

到太多的优秀企业在我们的帮助下登上新的台阶，也能看到太多职业经理人的职业人生。如果有幸选择一个更科学、更高效的方法做猎头顾问，让自己在大量行动中精进技能、磨炼意志，并不断取得成果、看到更好的自己，同时在高效的管理方法中摸索高效猎头运营之道，落地执行并培育出一个个超越自己的下一代，这些领悟必然会成就未来的自己……

中国猎头行业的未来

　　过去 20 年，中国造就了一批有规模的猎头公司。但是国内的猎头公司比起国际竞争对手仍然无法摆脱"人均产出低，猎头顾问培养平均周期长"的特点。展望未来几十年，中国经济将持续发展，中国企业的发展也在不断升级，国际化会成为不可逆转的趋势，这些都为中国的猎头公司的发展提供了广阔的成长空间和风险较小的练兵场地。要让自己在国内成为业界佼佼者甚至在国际市场上占据一席之地，中国的猎头公司需要在文化、战略和组织能力 3 个方面实现突破和跨越，需要大批优秀的年轻人投入共同的事业。互联网公司如阿里巴巴，ICT 公司如华为，地产公司如万科等诸多国内优秀企业都在培养创业文化、学习和超越国际先进经验等方面树立了典范。学习 Michael Page、Robert Walters 等跨国公司的先进方法，发挥国内公司的文化特点和创业激情，将是我们胜出的机会。

　　未来的路很长、很远，让我们一起走过。最后的胜利必然属于坚持和执着的人。

第9篇

成功猎头生意的八大特质

【（英）Tony Seager　宁　晋】

■主编推荐■

Tony Seager 30 多年的猎头经验构成很有意思：来自伦敦这个猎头行业中首屈一指的城市（据说那里有 15000 多家猎头公司），在 Michael Page、MRI 这些很有特点的猎头公司工作过，自己开过猎头公司，在全球 38 个国家开过培训课程。这样的经历使他对猎头行业的见解既有深度也有广度。

在他看来，尽管中国的猎头市场有其与众不同的特点，但它也与国际猎头市场存在着共性。在这篇文章中，Tony 将和大家分享全球适用的"成功猎头生意的八大特质"。

　　我在猎头以及与猎头咨询培训相关的领域工作已超过30年，在此期间，我曾与享誉全球的猎头公司的管理层及老板共事过，他们来自38个国家中的不同行业和领域，我通过培训与发展规划帮助他们实现业务增长。

　　补充一点，我的猎头职业生涯的开端是加入米高蒲志（Michael Page）公司。在1996年，我成立了自己的猎头公司。它作为MRI的加盟公司之一，曾经荣获多个奖项。

　　目前，国际猎头市场面临着来自各方的压力和挑战。西方经济正持续忍受着负增长之痛，出现招聘流程外包及业务流程外包的方式，这使猎头行业经受着与日俱增地降低服务费的压力和更多竞争对手、更少职位委托的竞逐压力。更严峻的挑战还来自客户对精准的自动求职跟踪系统的使用以及对LinkedIn的日趋依赖。

　　中国的猎头市场则可能相对稚嫩，但它正被一群充满雄心壮志和竞争力的人推动着。以我的经验来看，他们正如饥似渴地从他人的成功中吸取经验。尽管中国经济处于长期增长中，但对猎头公司来说，这里却是一片竞争非常激烈的沃土。它们不仅要逐渐面临国外的猎头公司同样在应对着的挑战，还要遭受来自本土新兴招聘服务公司爆炸性的增长所带来的冲击（公司数量已从5年前的12000家一跃而至现在的20000家）。所以，尽管中国的猎头市场有其与众不同的特点，但它也与国际猎头市场存在着共性。

　　我曾有幸与猎头业界非常杰出的组织、高效的顾问及一些极富创造力的领导者共事并向他们学习。这类组织用业绩展示出，无论市场环境充满多少挑战，世界各地的猎头公司仍然有足够的机会去建立和发展成功的猎头组织。在未来，它们的这种制胜能力将会更加突显。

　　那么，这类杰出的猎头公司有哪些共同的特质呢？从它们的成功经验中，我辨识出以下8种特质：

　　• 超凡的品牌（Super Brand）；

　　• 科学性和系统性（Scientific & Systematic）；

- 专注（Specialist）；

- 销售优先（Sales First）；

- 精于挑选（Selective）；

- 接班人计划（Succession Plan）；

- 聪明（Smart）；

- 简单（Simple）。

▽ 超凡的品牌（Super Brand）

无论规模是大还是小，最成功的猎头公司都具有强烈的自我意识——一种持久的愿景，这种愿景从上至下串联着整个组织，以一整套价值观作为基石，驱动着组织的文化和行为。

那些专注于建立超凡品牌的企业，知道不是要将自己打造成全球规模或世界一流的企业，而是确实怀有一个宏大的愿景以及一个清晰的自我认知：我是谁？我能做什么？

设定愿景，并在企业内部与外部不厌其烦地传播，最好的猎头顾问和猎头公司能够让它们的客户和候选人准确地说出他们的独特之处及附加值。（是什么让我们与众不同？是什么让我们超越同行？）

▽ 科学性和系统性（Scientific & Systematic）

最成功的猎头公司从来不靠运气。它们意识到，一个结构良好、稳健并且系统的招聘流程能为客户、候选人及猎头顾问带来专业且持续稳定的结果。

世界顶级的猎头公司会将稳健、科学的流程应用在方方面面。

招聘流程：一套标准化环环相扣的方法，不断地持续产出业绩。

招入与留用：确保以相同的方式对有潜质的猎头顾问进行面试、第一通电话的沟通、入职指引。

科技： 对科技最好的应用方法，就是将它作为一种辅助工具植入招聘流程，但不要反客为主。

培训： 将入职培训及在职培训体系规范化，这样能使顾问获益良多——确保他们能尽早成功并持续这种状态。

量化成功： 各种容易衡量的关键绩效指标是所有顶级猎头公司的基石，被视作管理工具。鼓励猎头顾问针对关键绩效指标开展工作，但佣金、奖励和薪酬待遇不能仅与关键绩效指标挂钩。

专注（Specialist）

在西方，过去几年来 LinkedIn 的发展和贸易环境的恶化加速了企业对成本的压缩，催生了内部招聘团队、招聘流程外包以及业务流程外包模式。在艰难的市场条件下，这些冲击让那些做"低成本大批量"模式的猎头公司雪上加霜。通常，这类猎头公司依赖于用科技手段获取招聘信息和寻找候选人，而现在它们需要与利润率更低的同样依靠"网络 + 鼠标"的猎头大军比拼速度。

客户，尤其是用人部门的经理逐渐意识到一个事实：用"网络 + 鼠标"的招聘渠道可以找到一些简单的职位，但对于那些时间紧急的、管理层级的以及专业性强的职位，这种方式则不管用。

经济复苏及回暖也为"人才争夺战"带来了额外的压力，导致有专长及市场所需能力的候选人供不应求，这为那些有专注行业和细分市场的猎头公司创造了理想的发展环境。

中国市场已经具备了更成熟的猎头环境，阻碍其发展的因素之一是如何找到具备技能熟练与高素质的候选人。

无论在怎样的竞争环境下，总有专注于某个领域的猎头顾问，我们习惯称其为"挪不走的砖头"。如果猎头公司拥有那些训练有素的、掌握着"过时"招聘技能的猎头顾问和知识型员工以及能将 10% ~ 15% 的时间投入职位找寻中的猎头顾问，它们将永远不会被那些低成本的大量供应商所取代。

⚙ 销售优先（Sales First）

中国和境外的猎头市场领导者都是那些一心只想着拓展业务的公司——销售是每天的首要工作任务。在这些组织里，销售文化引以为傲，客户的开发工作不得低于每日工作用时的一半。

我看过太多本末倒置的猎头公司，那些具有客户开发能力的猎头顾问或360°顾问只占很小的比例，这导致业绩产出只能依赖极少的客户。这为猎头生意带来了极大的（甚至可能是致命的）风险，尤其是在市场发展放缓或手头的大客户"冻结"的时候。

在中国，我目睹了许多猎头公司的领导不太敢对猎头顾问施加压力，或者害怕猎头顾问会因为被逼着开发客户而离开。更糟糕的是，如果是360°顾问，他们还可能带走客户。在所有我培训过的地方都存在类似的情形。

领先的猎头公司向来对销售及客户开发都非常重视，他们聘用猎头顾问的第一个标准就是销售背景。在成功的猎头公司中，绝大部分顾问为360°顾问，公司还为他们提供良好的培训和支持，以确保生意的发展。

这些猎头顾问通过与客户建立生意关系，而不是建立个人关系来维护生意。他们与每位客户见面时，唯有构建整个组织的思想版图，才能真正为客户带来优质的解决方案，这让客户意识到这些都是与他们接触的顾问背后的资源、团队及品牌的力量。

⚙ 精于挑选（Selective）

成功的猎头公司是"销售第一"且心无旁骛地专注于持续的业务拓展，这样它们就可以有选择性地挑选客户。这些公司及它们的猎头顾问不会在不尊重他们、资质不佳或者对职位抱有不切实际需求的客户身上浪费时间。

最好的猎头顾问会挑选与他们合作的候选者——为那些能彼此尊重、积极配合、对未来的期望切合实际并且具有市场竞争力的候选人代言。

他们认为，如果不经挑选，相当于在浪费他们宝贵的时间。行业领先的猎头公司在招聘时也很挑剔，敢于去除"害群之马"，解雇那些不支持公司品牌、能力较差、不愿意把销售放在第一位或不认可他们愿景及目标的人。

◇ 接班人计划（Succession Plan）

无论规模是大还是小，最好的猎头公司都能正视猎头的成长需求并在他们的培训和发展上投资——尤其乐于为第二梯队的领导的培养投资，并且以强有力的管理系统支持他们。

在很多地方，我总是能看到优秀的猎头"晋升"为团队领导，却没有为客户顺利过渡给予足够多的支持——老实说，顶级猎头顾问通常不会是一名优秀的领导者。

虽然难以识别出那些能同时平衡好业绩与管理的人，但是借助健全的、科学的、系统的流程来复制成功的习惯是非常容易实现的，并且这有助于留住优秀的猎头顾问——顶级猎头公司都知道这一点。

◇ 聪明（Smart）

聪明的猎头公司老板将利润而不是规模作为成功的标准，他们懂得规模大并不代表好，他们选择聪明地工作而不是埋头苦干，他们有清晰的愿景，愿意在品牌与系统上投资，尤其愿意在人身上投资。

他们将追求成功的计划作为生意的核心，授意猎头顾问在日常工作中专注于建立超凡的品牌，更加科学系统地进行业务操作。他们知道那些把销售放在第一位、拥有专业知识且在工作中懂得如何"挑剔"的猎头顾问，能更聪明地工作。

◇ 简单（Simple）

世界上最成功的猎头公司是那些简单得无情又优雅的公司。

这些成功的猎头公司和猎头顾问坚持的原则非常简单：菱形架构，能随时根据市场环境做出反应，全神贯注地追求成功。

第10篇

优秀猎头顾问从哪里来

【宁 晋】

■主编推荐■

　　猎头公司找不到自己公司需要的人，听起来匪夷所思，但这的确是多数猎头公司共同的痛点。关于客户企业招聘的文章有很多，却极少有人系统地总结如何招聘猎头顾问。在这篇文章中，宁晋从猎头顾问的来源、猎头公司的招聘机制、哪些人适合做猎头、如何测评等多个角度，非常有洞见地回答了"优秀猎头顾问从哪里来"的问题。

如果问全世界的猎头公司老板"什么是猎头生意中最困难的事情"？90% 以上的答案会是"招聘优秀的猎头顾问"，这也是斯程国际在与国内外上千名猎头公司的老板打交道的过程中总结出来的。

通过在招聘猎头顾问工作中的实践以及近几年对猎头行业的深入观察，我希望在"提升猎头公司自身的招聘能力""发掘优秀猎头顾问的来源""了解评估筛选优秀猎头顾问的工具""塑造自身的雇主形象" 4 个招聘优秀猎头顾问的难题上谈谈自己的看法。

♡ 提升猎头公司自身的招聘能力

中国猎头市场的人才竞争激烈，要塑造自身的独特性

猎头在中国还属于新兴行业，公司单体规模偏小，因此现存人才总量稀少。而近年来新创办的猎头公司如雨后春笋般涌现，招聘到优秀的猎头顾问就相当于引进了最先进的设备，是公司的头等大事。但在行业内沉淀了几年的优秀顾问很多会选择创业或转到企业做人力资源顾问。

要吸引优秀的猎头，就要在自身的吸引力上多下功夫，建立自己的特色标签

我曾在不同的场合让猎头公司的老板介绍其公司的特色、优势。结果发现大家的阐述没有太多不同，很难体现彼此的差异与优势，似乎除了薪资，很难让候选人判断猎头公司之间的差别。

设置具有吸引力的薪酬机制

大部分猎头公司为入门级别的猎头开出的底薪在 3000 ~ 4000 元，这种底薪能吸引的只是非优质人才；而我们看到优秀的跨国猎头公司能支付的入门薪资在 5000 ~ 8000 元，对优秀的顾问更是毫不吝啬，甚至可以开出 20000 ~ 30000 元的月薪，中小猎头公司考虑到聘用失败的风险，不敢在一开始就给出高底薪，以至于吸引不到有优秀技能的人才。随着猎头市场对顾问需求的迫切程度的提高，猎头顾问的薪酬水涨船高，漫天要价的情况越来

越普遍，这给一些中小猎头公司的招聘增加了难度。当然，也有一些国内猎头公司认识到人才对公司的重要性，设置了优厚的薪资条件和可以预见的晋升机制，甚至是合伙人机制、内部创业机制等，吸引优秀人才。

老板加大在招聘猎头顾问上的精力投入

斯程国际了解到，大部分中小猎头公司没有专人负责内部招聘，而是由前台或行政负责人兼做，团队领导基本上很少参与公司招聘的人才搜寻和初步沟通，老板用在招聘上的平均时间只有 10% 左右，如只参与面试顾问的环节。而具有优秀潜质的猎头顾问本来就不缺机会，被普通人力资源顾问的电话吸引来的概率就少之又少了。

建议 100 人以内的猎头公司的老板应该担当公司第一招聘顾问的角色。例如，Mango 的老板陈亮在公司的高速发展期把自己 90% 的时间花在招聘内部顾问上，他每天最重要的任务就是见中国市场上最优秀的猎头顾问，哪怕对方不想加入他的公司，他都要争取能够面对面地与其沟通，并保持长期联系和跟进，不断寻找合适的合作契机。没人能比一个猎头公司的老板更能生动地阐释公司的美好前景以及为一些优秀人才定制的发展条件和发展规划了。

招聘有能力的内部招聘人员

猎头公司负责招聘的人力资源顾问多半没有做猎头和专业招聘的经验，并且基本上没有人给他们培训过如何与猎头候选人沟通，如何通过电话吸引和评估潜在的猎头候选人。

合格的猎头公司招聘人员需要具备的能力素质

合格的猎头公司招聘人员应该具备的基本能力素质，如图 1 所示。

建立内部招聘奖惩激励机制

多数猎头公司对负责内部招聘的人员没有清晰的考核和激励机制，招聘做得好与不好一个样，对不胜任的内部招聘人员也没有明确的淘汰机制。

猎头公司应该对内部招聘建立激励体系，让招聘人员把为公司招聘当成

为客户服务，甚至完成后的奖励标准不亚于完成客户的案子，这样才能招聘到优秀的内部招聘人员，帮助企业做好人才引进。有些重视招聘顾问的公司，负责内部招聘的人力资源顾问的底薪在 10000 元以上，还有人才入职和在公司长期工作的相应奖金激励，体现了公司对人才的重视。也有一些公司一个季度就换了几任负责内部招聘的人力资源顾问，最终找到了最能代表公司且有很强招聘能力的人才，可见猎头公司的老板对内部招聘的重视。

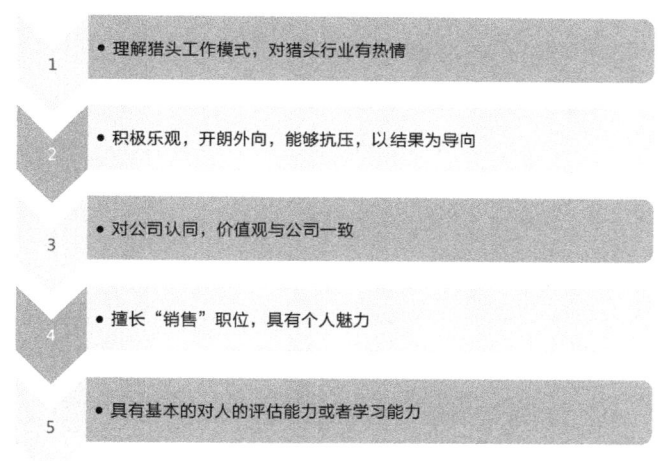

图 1　合格的猎头公司招聘人员需要具备的能力素质

调动全员对招聘的重视，设置丰厚的内部推荐奖励

有些公司是全员招聘，从领导者到团队成员都知道要创造更高的业绩就要找到优秀的伙伴，公司的每个人都在为公司物色好的人才。每个顾问都在帮助公司关注和吸引业界的优秀人才，尤其是领导者会把招聘顾问当成自己的一项重要的关键绩效指标。

举例来说，全球知名的猎头公司华德士，每个月会利用专门的时间从候选人中挖掘潜在的猎头顾问，成功率非常高。华德士的大多数猎头顾问是没有猎头从业经验的，但发展下来猎头顾问均业绩骄人。同时，华德士给予内部推荐 2 万元的重金奖励。从中长期看，这是一件投资回报率非常高的事情。

再举一个中国猎头公司的案例，近期在国内发展非常迅猛的锐仕方达公司，在短短 5 年内扩张到 500 多人，也是因为全员招聘的力量。CEO 以及 30 多个分公司的负责人每天至少花 30% 的精力在招聘上，再加上内部招聘通过员工推荐的比例也很高。其推荐有多重奖励：被推荐人成功度过试用期、第一次出单、成为优秀顾问或者优秀助理，推荐人都有相应的奖励。当然，该公司的黄小平总经理也谈道：公司制度和文化被现有员工认同，大家才会自愿地发自内心地推荐朋友进来。

树立公司在行业内的雇主品牌

优秀猎头顾问都是被争抢的对象，猎头公司要塑造自身独特的吸引力和发展前景。一个大家都没听说过的猎头公司与一个在行业中有知名度的公司相比，后者更能获得候选人的信任。

有些公司担心自己的公司有名气了被其他对手"挖墙脚"。任何行业的优秀公司在成为行业榜样的同时，它们的人才也会被全行业追捧，但是这并不妨碍它们不断打响自己的品牌，只有这样才能不断吸收新鲜"血液"。同时，公司品牌强大了才能吸引优秀顾问，使其以公司为荣并长期留在公司。

◯ 发掘优秀猎头顾问的来源

到哪里去找优秀的猎头顾问是很多猎头公司的老板面临的难题，但身处猎头行业，这个问题其实不难回答，所有为客户搜寻人才的方法都可以用在为自身搜寻人才中，如何评估什么样的人是有潜质的优秀猎头顾问，才是大家需要关注的。虽然大家阅读过很多培训猎头顾问的文章并参加过很多培训，但是如果选错了苗，给再多的养料也结不出你想要的果实来。

来源一：猎取有经验的顾问

大家希望付出尽可能低的培养成本，所以都倾向于招聘有经验的顾问。有些猎头公司会请"RTOR"（Recruitment TO Recruitment）公司帮助公司挖猎头顾问，收取猎头服务费，猎取每个顾问的服务费在 30000 ～ 50000 元甚至更高，可见大家争夺有经验的猎头顾问的激烈程度。

猎取有经验的顾问和我们大家为客户猎取人才的方法并无差别，关键在于如何在猎头市场塑造自己的独特之处，在客户端和候选人端树立良好的服务口碑。因此，雇主品牌建设在竞争激烈的市场环境中尤为重要，需要老板和员工一起集思广益总结自己公司的特色以及加入公司的好处。

来源二：对有潜力的无经验人才进行培养

根据斯程国际的统计，很多优秀猎头顾问是从其他行业转行做猎头顾问的。中国目前顶尖的猎头公司老板 90% 以上在从事猎头顾问的工作之前是做其他工作的。外行如果本身能力符合，经过系统化的猎头培训后比成熟的猎头顾问更有发展潜力，并且更具有忠实度，之后一直从事猎头行业的概率远大于从毕业就做猎头的顾问。据统计，没有经验的人做猎头顾问后的业绩超过 100 万元的概率要远超有猎头经验的顾问。

• 有时候你的候选人或客户很可能适合做猎头顾问。他们在职业晋升或行业发展中面临瓶颈，或者由于家庭变故希望有更多的收入，或者自身希望做有挑战性的事情。

• 具有 2 ~ 3 次工作经历，对猎头工作有兴趣，如技术人员觉得自己的工作很枯燥，但喜欢与人打交道。

• 选择有销售背景的人而非人力资源顾问。猎头顾问的工作性质更倾向于销售而非招聘。而人力资源顾问习惯按照流程做事，相对缺乏挑战精神和抗压能力，猎头顾问则更偏商业，需要具备更多生意人的思维。

• 能够阐述猎头顾问是如何工作的，具备一个优秀顾问需要具备的能力，可以阐明自己适合这份工作的优势。

• 深知自己为什么要从事猎头顾问的工作并且理由充分，例如，有明确的赚钱欲望，并且愿意从事专业服务行业。

• 通过简历看能力。在简历中明确描述自己在上一份工作中所取得的销售业绩金额或排名，这可以表明一个人以目标结果和成就感为导向。

来源三：从应届毕业生中挑选培养

招聘应届毕业生的筛选标准如下所述。

• 成就动机。是否在学校担任过学生干部，这是有责任心、成就动机并且能力被认可的体现。

• 是否从事过"主动销售"等工作。这需要自己主动找寻客户并且策划销售过程，而非站在原地进行被动的促销类工作。询问其销售业绩以及在过程中的体会，看对方是否享受那个过程，是否擅长总结。

• 是否取得过奖励。优秀是可以延续的。

• 实习经验。有电话销售等与猎头工作流程相似的实习经验，并且有成功的销售记录。

需要注意的是，招聘的各个人才来源都有其优势和劣势，大家要结合公司的资源情况选择适合自身发展的猎头顾问，搭配一个稳定的人才发展梯队，见表1。

表1　不同招聘来源的人才优劣势对比

	优势	弊端	选拔关键点	需要的资源
有猎头经验	• 业绩产出快 • 培养成本低	• 成本高 • 稳定性弱 • 忠诚度低 • 固执己见	• 心态是否开放 • 工作热情 • 过往业绩的真实性 • 组织文化认同	• 资金支持 • 晋升空间
无猎头经验	• 有创新性 • 综合能力强 • 潜力大	• 经验缺乏 • 行业归属感低 • 培训成本高	• 电销、主动销售背景 • 目标、结果导向强	• 培训体系及流程资金支持
应届毕业生	• 招聘成本低 • 学习意愿强 • 忠诚度高	• 培养成本高 • 容易放弃	• 积极心态 • 自我驱动 • 有销售实习经历 • 沟通能力 • 计划和总结能力	• 培训体系及流程 • 有经验的中层管理人员

其实无论有没有猎头经验，具备以下5种关键素质的人才，都具有被培养成优秀猎头顾问的潜质，如图2所示。

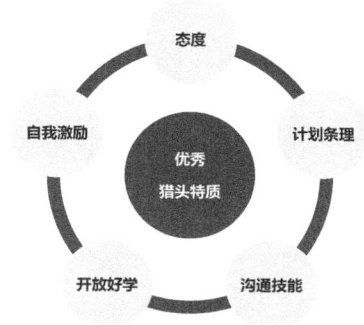

图 2　成为优秀顾问必备的 5 种潜质

图 2 所示的这些素质都是与生俱来的，后天很难改变，对优秀猎头顾问的养成起着决定性作用。例如，这里的"态度"能够影响一个人对行动的选择以及对挑战的反应。如果顾问是为了达成目标，能不屈不挠的人，那么这个人就是以解决问题为导向的顾问。

◆ 了解评估筛选优秀猎头顾问的工具

职业倾向测评

斯程国际运用"职业锚"测试为近千名猎头顾问进行了样本采集和分析，数据显示了优秀猎头顾问的职业锚倾向，如图 3 所示。

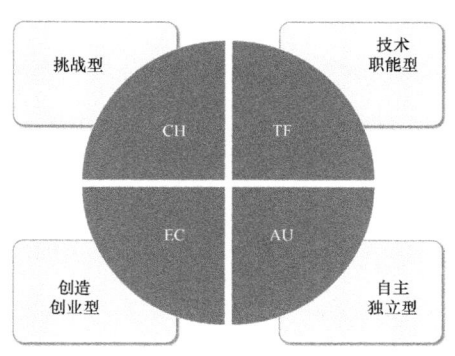

图 3　优秀猎头顾问的职业锚倾向

▽ 塑造自身的雇主形象

现在的人才本身有很多选择，他们不喜欢被推销，而是喜欢选择自己觉得好的公司。因此，如何在没有想要招聘对方的时候就让对方注意到你的公司，并且让行业内的同行为你的公司做口碑宣传很关键，这里列举 3 种方法。

• 设置有针对性、突出特色的招聘广告。很多猎头公司的招聘广告就是职位信息，而且还是在网上摘抄的同行公司的，内容枯燥乏味。而有些公司会在众多的行业贴吧和人才聚集地发送专业文章，阐述公司的专业观点或对猎头行业的解读，让潜在候选人（猎头顾问）对公司产生具有专业度的认可。

• 在专业的猎头行业论坛上演讲，展示并分享自己对行业问题的洞见。通常参加这类活动的人是爱学习、思想开放、有成就动机的人。当他们有机会在活动现场看到某公司的专业分享，就会有英雄惜英雄和相见恨晚的感觉。

• 维护老板或者公司的专业微信或社交网站账号，不断地分享公司的动态和成就，让潜在候选人（猎头顾问）记住公司在哪个领域擅长什么，便于传播。

综上所述，招聘优秀猎头顾问虽然很难，但是如果大家运用上述招聘体系和方法，并在顾问招聘上多"投入"精力，就一定会吸引更多优秀的人才，在猎头行业的竞争中拔得头筹。

第 **11** 篇

赢在起跑线
—— 支持新进顾问快速成长

【孟凡超（Vincent）】

■ **主编推荐** ■

任何生意归根结底都是人的生意，在"生意跟着顾问走"的猎头行业里尤其如此。"能挖到有资源的顾问，就能挖到业绩"，也许很多人都持有这样的看法。

我于 1997 年进入猎头行业，见证过很多猎头公司的沉浮，大致发现这样一个规律：能够长期繁荣的公司多是能够持续发展新人的公司。靠简单挖人持续成功的猎头公司其实很少！

Vincent 的这篇关于新人入行的文章，值得有志于培养新人的猎头公司老板与猎头新人一读。

在猎头行业中，除了业务模式，猎头公司的老板最关心的问题还是人才的问题！

⚬ 人才的问题其实就是领导者自身的问题

人才的测评在古代被称为"知人"。老子认为"知人者智"，把善于知人看作智慧的象征。韩信在项羽那里只能做个执仗郎中，其实就跟现在看守大门的保安一样；但通过萧何的力荐，他在刘邦那里可统帅三军。所以说，任何一家企业的所谓人才问题必然是两个方面的问题：**一方面是，企业的人力资源顾问能否知人善任，把合适的人放到合适的岗位上；另一方面是，一个人是否真的是人才，或者说能否快速地被培养成一个人才，是否有一套体系支撑这项任务。**

在现实中，由于精力、人力及专业能力的不均衡或者分工的不同，企业需要广泛借助第三方机构的专业水平和视野，也就是猎头公司的力量。一家猎头公司的专业能力其实体现在一个个猎头顾问身上，如果一个猎头顾问的综合素质很"软"，那么他如何能为企业招到一个强有力的人才？所以识人先要识己，律己方能律人。**作为一家猎头公司的老板，你首先要考虑的是你的公司文化、理念是否已真正地"落地"**，那些"空、假、形"的所谓公司核心文化倘若无法落地，就会被员工视作"虚伪、无能"的代名词。这是要从根本上解决的问题，它看似无形却是至关重要的，就如同人的灵魂一样。

前不久，作为分享嘉宾，我参加了一家猎头软件公司组织的上海猎头公司老板分享会，主题也是谈 PS 模式转型。当时有一位老板问了在场的所有老板一个问题："猎头公司的老板最大的挑战是什么？"参加活动的近 20 位老板的答案是极其一致的：人才的问题是最大的挑战。这种状况不难理解，猎头公司属于轻资产的行业，客户、候选人和猎头顾问是猎头公司的三大资源，而猎头顾问是三大资源的核心。还记得刚入行时行业里流传的一句话："一个好的顾问，只要有一支笔、一张纸、一部电话，就可以工作了。"简而言之之是：有顾问就有业绩，顾问＝业绩。

"顾问＝业绩"吗

在现实的市场环境中，这个公式很多时候是行不通的。因为很多公司基于这个简单的公式得到的结果是"顾问＝负业绩"。如何让"顾问＝业绩"这个公式成立呢？

方案一：老板想到的第一步是招一个有经验的顾问，直接上手，最好能带来客户，会找人，会做单。能招到是福气，接下来还有考验，就是如何支持这些在其他环境中定型过的顾问在新环境中持续获得成功。

方案二：如果招不到有经验的顾问，老板想到的第二步就是招没有经验的新人，自己培养。但如何培养新人，如何支持新人在行业里留存下来并成长为高效能顾问呢？这始终是个课题。

不难看出，不管是新老顾问，他们产生业绩的过程都需要添加一个元素，这个元素我们一般叫做管理。于是公式变成"顾问＋管理＝业绩"。当然，这必须是正确及有效率的管理才行。

管理也需要"感染力"

一名新进顾问就像早秋的雏菊一样，有阳光雨露就会傲然绽放；倘若环境不佳、营养失当，则只能给猎头公司留下一地鸡毛。德国学者霍斯特有两个著名的论点：下属的悲剧总是领导一手造成的；下属觉得最没劲儿的事，是跟着一位呆板、僵硬的领导。日本著名企业管理顾问酒井正敬说过："在招人时用尽浑身解数，使出各种方法，不如让自己的公司成为一个好公司，这样人才自然会纷至沓来。"如果一家企业不能吸引新的人才，那么已有的人才也留不住，猎头公司也不例外。奥格尔维法则告诉我们，如果我们雇用的每个人都比我们自己强，我们就能成为"巨头"公司。但这里忽略了一个前提，就是"我们自己"也必须强，否则即使有诸葛亮亲传的姜维忠心辅佐，刘禅也终是个"此间乐，不思蜀"的人物罢了。

不论是内部管理的沟通，还是猎头顾问与客户、候选人的沟通，情绪和状态永远是极其重要的。马云当年为什么能让 18 个人不拿工资和他一起创业？"感染力"虽然无形，却相当有力量。法国社会心理学家托利得认为，测验一个人的情商和智力是否属于上乘，要看他的脑子里能否同时容纳两种相反的思想，而无碍于其处世行事。作为一名新进的猎头顾问，他手托客户与候选人两家，如何辩证地发现问题、沟通问题，这需要结合具体的案例进行系统的培训。

◎ 吸引更多更优秀的人加入猎头行业

在上海的一个猎头创业群里发生过一场"关于行业互相挖角"的讨论。让我深受触动的是，Robert Walters 前 CEO 杨璇波（Carter）先生分享了一段话："今天你挖了别人的顾问，有一天你会遭遇同样的事情。这样的事情在我们这个行业里发生得还少吗？如果我们要做大做强这个行业，每个猎头公司的老板都有责任去吸引更多更优秀的人才加入我们这个行业，而不是相互挖角。相互挖角的结果是整个蛋糕没有变大，还是同样的顾问体量。简单说，就是没有支持这个行业发展，而是在消耗这个行业。"

当我采访 FMC 公司上海办公室的合伙人傅威（Jerry）时，他跟我分享了自己作为培训生 10 年来的成长历程，也同时分享了 FMC 公司新人培养的成果。他认为，招聘无经验的新人非常值得尝试，但对公司的管理和培训要求很高，公司要有严格的考核制度和淘汰机制。

我非常认同并极力支持吸引更多更优秀的人才加入猎头行业，最近一年也在北京、上海开展了多个关于"新人训练"的工作坊，为一些公司提供"新人 90 天"成长计划的规划方案。不得不说，对于新人的训练让我充满兴趣，我对新人给予极大的信任。10 年前，我进入世界 500 强的外资保险公司 ING，就一直担任新人训练项目的负责人，看着一个个新人经过专业的培训后蜕变成一个个销售高手，兴奋之情难以言喻。

▽ 新人需要一套能让其成功的系统

经过销售训练咨询公司的研究，新人 90 天管理所持的理念源于这样的看法：新人说他们要自由、要独立，但通常无法做到适度节制。猎头顾问说想要自己管理自己，也就是要独立自主。如果我们仔细检视自己和他人的人生经验，就会发现很多人在进入猎头行业之前其实是一直有人督导的。究竟要到什么时候我们才能具备"不需要别人督导"就能自备的能力呢？

事实上，在实地辅导的过程中我做了很多访谈，很多猎头顾问承认，他们也很希望得到一些帮助、辅导或指导，同时也能独立自主。据我观察，在猎头市场中，主管给了新人太多的自由选择方式，无论是活动量还是业务技能等。而权威的销售训练大师坚持的观点是：我们让新人一开始走一条笔直且狭窄的通道，直到他们成为资深的业务人员为止。还记得我在一本书中读到的一句话，大意是如果一个业务人员最终会失败，也要通过我们的方式而非业务人员自己的方式失败。因为无数的案例表明，销售管理优秀的公司有一条深信不疑且被验证有效的系统。如果新人进来之后自行建立一套系统，例如，公司要求一周发送 20 份简历，但我们容许某个新人一周只发送 10 份简历，那就等于在间接地伤害他。给新人提供的教练计划也要简单直接，选择越少越有效。

这个系统指的就是在明确的时间内，按照明确的规划做明确的事情。举例说明：顾问在一周之内打 30 个电话。这套系统就是关键绩效指标，原理是我们无法管理结果，我们只能管理活动。作为主管，你很难控制一个猎头顾问一个月内帮候选人拿到多少份聘书或做出多少业绩。但主管可以做的是督促猎头顾问找到多少候选人，见多少候选人，发送多少份简历等。

▽ 新人成功八字箴言："简单、相信、听话、照做"

每次培训都有人问到如何快速成功，我总是回答那句我最喜欢的八字箴言："简单、相信、听话、照做！"简单说，就是不管玩什么游戏，都要玩得特别认真！玩得不认真，在我看来，可以归结为两点：一是不想赢，二是不相信。很多人是因为不相信。常人的哲学是：看到才能相信，眼见为实。而成功的人有不同的哲学：相信才能看到，他们愿意先相信。

在销售领域，前人已经为我们总结了顶尖销售的四大相信，套用在猎头行业就是：**第一，相信猎头行业的前景与价值；第二，相信公司和主管；第三，相信自律并坚守承诺；第四，相信做业务是个数字游戏。** 简单地说，如果一个猎头顾问相信猎头行业很好，也很有意义，又来到了一家非常好的公司，有不错的主管，那么他就会产生好好做的意愿。如果他又能说到做到，那么他就会有行动。即使没有结果，他也相信没有结果是行动不够导致的，就会继续做，做到有结果为止。这样的猎头顾问不可能不成功。

所谓新人培训，技能不是关键，让猎头顾问相信才是关键。新人的培训时间为两天、一周甚至一个月，唯一需要达到的目的就是让新人可以做到四大相信。他们一旦发自内心地相信了，自然就会有行动。公式：**结果 = 数量 × 有效性**。但对于新人来说，没有有效性可言，提高有效性的唯一方式就是多实践，增加数量。于是公式可以演变为：**结果 = 数量 × 数量**。也就是说，对新人而言，听话、照做是最容易成功的方式。

◆ 领导力或许是猎头领导者面临的最大挑战

猎头顾问是人，会跑偏，有时也会不在轨道上。华盛顿大学心理学教授 Barry Alberstein 的观点我很赞同。他认为，管理业务团队最难的地方是，领导者必须同时具备管理技能与领导力。**管理技能相对容易获得，而领导力的实现却是挑战。管理技能包括将很多工作区分、分析和排列，而领导力是激励和影响猎头顾问遵循领导者的指令完成工作。具体来说，领导者必须向顾问示范：What——做些什么？ How——怎么做？ How Many——该做多少？ When——什么时候做？优先顺序如何？**

　　领导者必须了解：猎头顾问为什么想做这份工作？哪些事情是他真正在乎的？他为什么会进入猎头行业？他要的是什么？他个人的梦想蓝图、使命、价值观、长期目标是什么？

　　对于猎头领导者来说，除了单向地把任务扔给猎头顾问，还必须不断地让猎头顾问清晰，以创造结果为发展基础的猎头事业会有怎样的愿景，并发自内心地关怀、在乎猎头顾问。如果和猎头顾问之间的关系是建立在"我要你做单出业绩"的现实基础上，那么永远也不会有相互的尊重，更不用奢望建立长远发展的伙伴关系了。

◎ 猎头领导者的主要教练工具就是关怀、在乎并拿到协议

　　杰克·韦尔奇说过，每个好的猎头领导者都应该是一个教练。问题是猎头领导者已经习惯了用技巧，但他们的主要教练工具不应该是技巧，而是关怀、在乎，即透过师徒传承关系与新人做以下沟通并达成共识："我是你的支持者。我怎么可以帮到你？我不仅希望你可以赚到钱，我也在乎你的事业能否得到长远发展，我甚至关心你的家庭、生活等。""我与你之间的辅导关系其实很简单，但我们要有个协议。如果你肯做而且努力做，我也会尽最大的努力支持你。反言之，如果你不肯或不努力去做，我们的协议就会被打破，而我也不需要半夜思考该怎么帮你成功。"只有双方达成这样的共识，才能创造出良性的伙伴支持关系。

　　这套教练协议包括一套能让新人清楚了解的活动量期望标准：**一周要打多少个电话，见几个候选人，见几个客户，推荐几个候选人等**。这就是"你肯做而且努力做"的内容。

　　在这份协议中也要声明，如果新人按照约定去做，猎头领导者就必须负责监督和促使他们获得成功。猎头领导者要做到定期协助新人达成既定标准和活动量。所以，不难理解，这套协议建立的是一个"父爱"的管理模式，"有

爱 + 严格"，有爱源于在乎，严格也源于在乎。这样才能获得高产能和彼此的尊重。猎头领导者也可以寻找各种鼓励机会和猎头顾问建立关系。我见过有的猎头领导者做了一些举手之劳的"小事"，发一条微信或留一张纸条，鼓励猎头顾问的活动或业绩表现，庆祝猎头顾问的生日，邀请猎头顾问的家人参加聚会等，这些都是效果不错的能表达关怀和在乎的方式。

知名的橄榄球教练 Lou Holtz 曾说，每个人在与别人相处时，心中都会有 3 个疑问：**我能信任你吗？你是不是有追求卓越的决心？你关心、在乎我吗？**

同样，猎头顾问也会经常在心里问猎头领导者这 3 个问题。如果答案是肯定的，就能建立"父爱"模式的师徒传承关系。

衷心祝福，更多更优秀的人才可以被猎头行业吸引。

第**12**篇

"生态培训体系"
——未来猎头赢家的利器

【陈 功（Victor）】

■ 主编推荐 ■

公司成员之间因为从业时间长短和自身能力的不同，一定会存在知识与技能上的差异。对于猎头业务的技能而言，无论专注于哪个行业、哪些职能，80%的技能要点是类似的。

"把公司成员在知识与技能上存在的差异转化为优质培训资源"，如果一个培训系统能够帮助我们实现这个梦想，这不仅会成为最经济、最具有可持续性的培训体系，而且毫无疑问的是，猎头公司的创业者与猎头顾问的生存环境一定会因此更加美好。

在本文中，Victor将与我们分享如何一步一步地把这个梦想变为现实。

很多人说 2014 年是猎头行业的改革之年，猎头培训也逐渐成为一个热门话题。在这里，我将和大家分享关于猎头培训的心得体会。

我在培训咨询的过程中，看到不少猎头公司面临很多人才管理上的问题和痛点，造成这种情况的原因有很多。但在我看来，培训能力的缺失，在很大程度上是导致目前这种状况的诱因之一。如果说未来猎头行业的人才竞争越发激烈的话，那么培训一定不会缺席，而传统的培训已无法完全支撑起当前的发展需求。所以，在这里我想与大家分享一个全新的、专为猎头公司量身打造的培训概念 ——"生态培训体系"。

◎ 猎头行业的痛点和挑战

要谈猎头培训，首先要了解猎头公司面临怎样的痛点和挑战。培训是帮助猎头公司预防问题、解决困难、直面挑战和提升业绩的。开方之前要先把脉，只有知道症结在哪儿，才好对症下药。

猎头公司的痛点

找对人难

（1）能挑选的人本来就不多，以前是招成熟顾问比较难，现在连招新人都越发困难了。看得上的不肯来，肯来的总觉得差那么一点儿。

（2）猎头公司越来越多，同质化越来越严重，很多优秀顾问的手上有好几个机会。都说猎头顾问最讨厌候选人拿到聘书不去，可是在猎头行业中，猎头顾问自己这么做的也大有人在。结果就是总有那么几家客户公司要受伤。

（3）跨行业招人，人家对猎头行业倒是有兴趣，但是总要先问一句：进来后有培训吗？

发展人难

（1）既然招人不容易，那么在发展人方面就更加举步维艰了。好不容易请来了行业对口的成熟顾问，业绩不佳，团队融入度不高，公司文化不适应，

1 年内的淘汰率很高。

（2）技能跟不上，无法胜任或独立完成对接客户、业务拓展、聘书谈判等工作。看见人力资源顾问就像看见了"老虎"，遇到业务拓展任务就像要了命。客户说猎头顾问不用心，猎头顾问说公司没培训教我怎么做，精力全花在争执上了。

（3）别说发展，就是每周能完成基本的关键绩效指标都谢天谢地了，不输入数据，好几周不出单子，业绩不稳定。有时分不清谁是"老板"，谁是"员工"；也分不清谁是"团队领导"，只有"好好商量"，员工才能"给个面子"好好做一阵。让员工成长是需要不断鞭策的；老板心累，员工心里也不好受。

留人也难

"什么？我最好的顾问要去做人力资源顾问？"

"什么？我觉得最不可能走的人竟然辞职了？"

"什么？顾问说只有在大平台上才有发展空间？"

以上，哪些问题是大家遇到的呢？我们猎头公司一直是以帮助客户提供人才解决方案而立足的。但我们自己遇到的恰恰也是"人"的问题。如果我们都没法把自己公司的"人"的问题搞定——找对人、发展人、留住人，如何让客户相信我们能解决他们的人才问题？

猎头公司的挑战

猎头顾问年轻化

在过去，一个应届生成长为一名成熟的猎头顾问可能需要 3 ~ 5 年甚至更长的时间，而如今可能只需要 1 ~ 2 年。我们看到不少"90 后"顾问开始崭露头角，有些甚至已成为百万顾问。

猎头顾问专业化

由于竞争的加剧和客户要求的提升，更多顾问向着更专注、更倾向于业务拓展和按招聘结果付费的专业化趋势发展。

猎头顾问多元化

近年来，猎头行业的急速扩张导致本行业的猎头人才相对匮乏，再加上不断上升的人员成本，越来越多的猎头公司老板开始吸引其他行业有过几年工作经验的优秀人才到猎头行业来。

从上面的分析中可以看出，无论猎头公司面临的是痛点还是挑战，都绕不开一个"人"字。虽然我们是猎头公司，但光靠请来几个"猛将"就能打天下的时代已经过去了。如果光靠挖对手公司的猎头顾问而不是自己培养，我们的竞争优势在哪里？我们为此补交的"学费"还少吗？

而且，当今时代的变化日益迅猛，几乎所有行业都在求新求变。我们的客户在变，变得要求越来越高，供应商的选择越来越多；我们的猎头顾问群体也在变，变得越来越年轻，价值观越来越多元。我们该怎么办？

⬇ 赢家思路

既然所有问题都和"人"有关，那么解决方案也应当围绕着"人"进行。正如 Charles 和我在谈论中坚信的一个观点：**未来的猎头赢家一定是能够持续培养猎头人才的公司。**

相信大家能认同"'造血'而非一味地'输血'，才是基业长青之计"。未来的猎头赢家将是"以自己培养人才为主，辅之以吸引到行业中真正优秀的员工加入"。俗话说，筑巢引凤，先把自己的根基打好，才能把更多的"凤"引来。

可喜的是，现在越来越多的猎头公司真切地感受到了"造血"——培养自己的员工的重要性，很多公司把优秀的员工送出去培训，或者着手搭建内部培训体系，甚至尝试成立内部猎头训练营等。这是面对风云变幻的市场而"修内功"的应对之策，也是未雨绸缪迎接更大挑战的明智之举。

不过我常常听到猎头公司的老板说："我们公司一直很重视内部人才培养，既有内部培训，也有外部培训，可培训完也就没动静了，没有实质性的变化，怎么办？"

所以，为了持续培养自己的猎头队伍，除了依靠传统的培训支持，我们还必须系统地看待培训。如何像一个运作良好的生态系统一样实现可持续发展？这就是提出"生态培训体系"理念的灵感和初衷。

▽ 未来猎头赢家的利器 ——"生态培训体系"

那么，什么是"生态培训体系"呢？

生态培训体系结合"人，课，行"三要素，把公司成员在知识与技能上存在的差异转化为优质培训资源的可循环系统。

简单理解就是，员工间的天然差异不再是负担，而是一种宝贵的资源。例如，公司的 5 名员工在面试技能上分别是 40 分、50 分、70 分、80 分和90 分。以前可能是让 90 分的人去培训其他人，但实际上，70 分的人如果能让 40 分的伙伴提高到 60 分，这何尝不是好的结果？

我们知道太阳光是能源，但它如果无法收集、利用，就只能被白白浪费。而"人，课，行"组成的铁三角可以帮助大家有效地收集这些资源并循环使用。

为了让大家对"人，课，行"有更多的认识，从而对"生态培训体系"有更直观、清晰的了解，我将对此做比较详细的介绍，如图 1 所示。

"课"——系统课件

系统课件简单来说就是各个技能点的培训素材、学习资料，也是这个生态体系的基石。大家可以自己动手制作或者对现有的资料做因地制宜的改进。在大数据时代，有很多分享渠道可以获得相应的学习资料和素材。相信以各位猎头伙伴的搜索寻访能力，这不是问题。

"人"——"三人行"

孔子曰：三人行，必有我师焉。对于生态培训体系来说，优秀的"专题达人""课代表""学习伙伴"构成的"三人行"小组是这个系统能否成功的决定因素。下面重点介绍"三人行"小组，如图2所示。

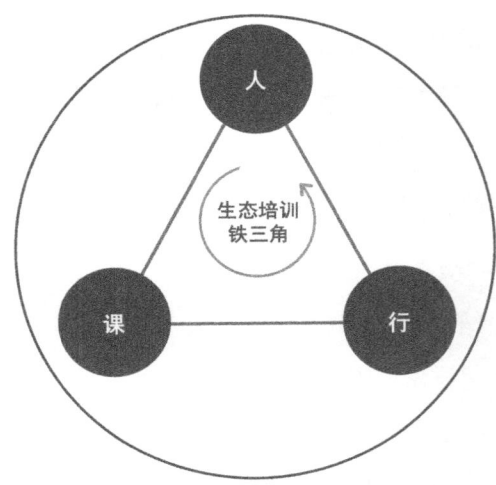

图1　生态培训铁三角

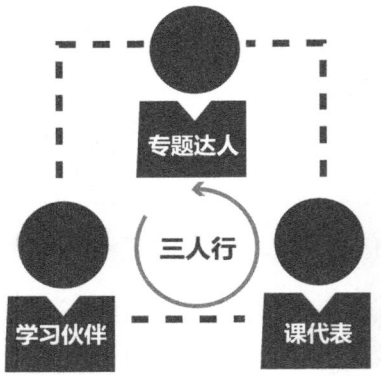

图2　三人行小组

专题达人

不要被这个名字吓到，这个"达人"并不是说在某个领域达到出类拔萃、舍我其谁的程度，而是具有以下4个特点：

• 对特定的课程有丰富的实操经验（例如，面试、业务拓展、薪资谈判等）；

- 自学过基础的训练培训师（Train The Trainer，TTT）的技能；

- 愿意做"课代表"；

- 乐于当众分享并且有持续的热情。

专题达人可以身兼多职，一个公司也可以有多个专题达人。例如，某公司有 A、B、C、D、E 5 位达人，那么让大家自由选择相应的主题后可能有以下组合，见表1。

表1 不同达人组合的擅长任务

课程	专题达人（主要）	专题达人（备选）
候选人电话	A、B	C
面试技能	D、E	A
BD 电话	C、D	B
客户拜访	B、E	D

如果有相应的课堂培训，达人就可以轮流出场了，如果谁正好没空，还可以有候补人选。同时，这样的安排可以让每个人讲自己最有兴趣、最擅长的课题，而不用每次都准备不同的内容。

课代表

课代表，顾名思义就是对某些专题有兴趣并愿意帮助大家的员工。课代表的主要作用是从专题达人那里学到一个或多个技能的深度用法。如果说达人是老师级别，那么课代表的目标就是有所提升并成为同级别的人中在该领域的佼佼者，甚至有一天成为专题达人。

如果小明做了 1 年猎头顾问，对候选人面试很有兴趣，那么他可以：

- 在专题达人教授面试课时成为助教；

- 定期组织关于面试技巧的分享与交流；

- 回答其他小伙伴提出的关于面试的问题（可以向达人请教、达人教你、你教别人）。

学习伙伴

学习伙伴有时是"师哥""师姐"，有时也是"搭档"。

•师哥／师姐：通常对同组的新同事进行入门辅导（1～3个月），例如，数据库管理、公司政策、做单技巧等，帮助新同事平稳过渡。

•搭档：在平时的分享交流、竞赛活动中，和相应的同事"结对子"组成学习小组。骏马一起跑的时候才会跑得更快，跑得更开心。而且，只有在同伴的鼓励和督促下，艰难的路才能一起走下去。

关于"三人行"小组的快速问答

Q：我想加入"三人行"小组，但我现在真的很忙！做业务都没有时间，哪里有时间分享？

A：时间都去哪儿了呢——不停地反复搜索简历？还有没有空看微信或者聊QQ，"忙"是"心"＋"亡"，是不是正因为这样，所以你要向身边比你高效的同事请教如何提升效率？例如，用科学的方法花更少的时间获得更多的候选人信息，设置日历提醒，提醒自己做每天的工作，或者每天留出整块的时间专注地做一些事情。你学习到了也可以分享给别人。

Q：我做了额外的培训工作，是不是可以要求老板加薪？

A：我希望大家觉得我问了一个愚蠢的问题，因为培训真的不是"额外"的工作。如果你有这样的想法，也完全可以理解，我想说：付出已经是我们最好的回报。施比受有福，就像我们的力气，越用越有；我们的脑筋，越用越灵光。从我的培训经历和与众多"三人行"朋友的交流来看，教导别人是最佳的第二次学习（Training is the best way of the second learning）。当你可以把之前学过的内容重新组织起来，用自己的语言和方法让别人理解的时候，你的收获可能比对方更大。因为自己在思维的碰撞和挑战中可以快速成长，同时从别人的进步中获得成就感。教学相长说得一点儿也没错。

Q：我愿意帮助新人，但目前我是公司这个领域中能力最强的，我教会了同事后会不会失去优势呢？

A：你是希望身边布满"优秀队友"相互背靠背，还是一群"不可靠的队友"大家自顾自呢？想想高中时代，一开始班级中的第一名防着第二名，第二名防着第三名，笔记和参考书都被当作宝贝一样很少分享，结果临到高考模拟考时看到本校、外校各路人马黑压压一大片，突然意识到并不是赢过自己班里的同学就能上好大学了。于是大家开始大力分享：兄弟姐妹们，需要什么随便拿，我们是战友，希望大家一起取得好成绩。结果就是每个人的总分都比之前提高了很多。你看，纵使你目前是公司中的第一名，如果跳出来看看整个猎头界呢？

"行"——有效执行

无论什么理论和想法，如果没有被有效地执行，就依然停留在纸上谈兵的层面。如果说培训的目标是真实持久地改变，那么有效执行是唯一能达成目标的方法。

尝试

从平时的真实观察中体会到："要知道梨子的滋味，最好的办法就是自己尝尝。"很多人会说："啊，这个方法真不错，我也要试试。"一个月之后问其尝试得怎样了，答曰"从来没试过"。有多少次你想要行动，想去改变，然后就没有然后了？

坚持

就像没有客户会录用没见过面的候选人一样，我们也无法改变没有付诸行动的事情。内心的改变是用行动来投票的，行动的改变会转化为习惯。

跟进

相信每个参加过培训的人都有类似的体会，就是"培训时深有触动，培训后尝试变动，两周后不再行动"。培训不跟踪，万事一场空。当初投入的时间和精力到最后都打了水漂。久而久之，公司和员工都会对培训的效果产生怀疑。

希望以上的说明能让大家对"生态培训体系"这个概念有更直观的了解。

大家今后在公司中都能看到这样一个生动的画面，如图 3 所示。**"三人行"** 的小伙伴基于**"系统课件"**这个坚实的基础，用**"有效执行"**这个环绕彼此的纽带，一起协力托举起作为**"猎头赢家"**的公司品牌，结果是小伙伴在这种教学相长的环境中已经成为人才了。

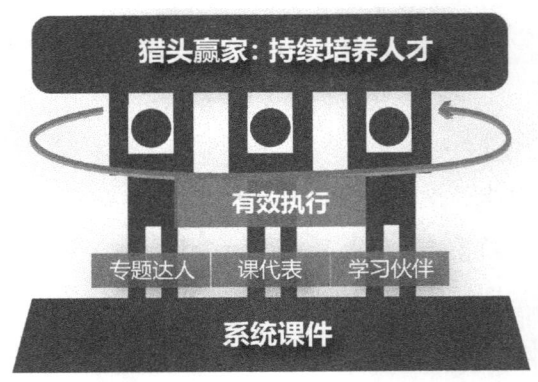

图 3　猎头赢家的生态培训体系

⬡ 谁适合做生态培训体系

写了这么多，大家是不是有跃跃欲试的冲动呢？同时是不是也疑惑自己是否真的能做到呢？我的答案是：几乎所有猎头公司都可以做到，主要基于以下两个原因：

- 猎头公司的员工之间天然存在知识和技能上的差异；
- 猎头公司有着传统行业无法比拟的知识和技能相似性的天然优势。

无论你从事哪个行业，你和你的同事可能有 80% 以上的技能要点是类似的，如电话技巧、面试技巧、客户拜访技巧、候选人聘书谈判技巧等。

⬡ 生态培训体系有效性评估

当搭建好培训体系之后，如何知道整个培训体系的运行是否正常呢？以下几个"里程碑"可以作为评估的参考点：

- 是否有系统的课件可供专题达人第二天讲课时使用？
- 每门课是否至少有两位以上的达人？
- 在关键课程上（电话、面试、业务拓展）是否有课代表？
- 新人入职后是否都有相应的学习伙伴？
- 是否有定期的授课和经验分享活动？
- 培训后学员的行为是否能改变？
- 是否有培训后的跟进？
- 大家是否能自发主动地参加各类活动、竞赛？
- 大家是否会说"我们公司的培训和学习环境还真不错"？

◉ "生态培训体系"如何改善痛点、迎接挑战

现在再看本文开头提及的猎头公司的三大"痛点"，不知道大家是否已经有了新的视角？接下来，让我们一起看看"生态培训体系"能起到怎样的作用。

找对人——不再"昨夜西风凋碧树，独上网站，望尽简历库"

建立"生态培训体系"的公司更具有吸引力和核心竞争力，能帮助公司吸引到更多的潜在候选人前来面试。

在面试阶段，公司可以把职位的挑战和困难与候选人悉数分享甚至略微放大，但也要说清楚公司有培训的支持，让候选人好好思考（这点对于没有猎头经验的跨行业人才尤为重要），想清楚了再加入。我发现，越是把话说得透明，说清楚"公司考核严格"，甚至"如果没通过内部的培训就要被淘汰""猎头顾问不是你想做就能做的"等提示语，候选人的入职比例反而越高且初期的心态相当好。这样做才能在猎头公司同质化严重的今天具备招聘优势。

发展人——不再"衣带渐宽终不悔，为伊消得人憔悴"

"生态培训体系"能让差异化变成内部的巨大财富。员工不再是一个人在战斗，不再单纯地依靠老板的力量，而是通过生态培训体系的"众筹"方

式，分享和传播每个人的智慧、经验。从单点的模式向多维度的方式转变。

人在什么时候力量最大？答案是在被需要的时候。猎头本身就是一个充满挑战的工作，当猎头顾问只是一味地接受或者看不到其他小伙伴的付出时，再好的"骏马"也会疲倦和失落。因此，我们要更多地运用"课代表""学习伙伴"的方式，让大家手拉手，每个人都是学员，每个人又都是培训师，形成良好的学习氛围和战斗情。只有背靠背共进退，才能在猎头风云变化的市场中乘风破浪、抢占先机。

留住人——希望"众里寻他千百度，随时回首，那人依然在灯火阑珊处"

是的，没有比自己辛苦培养出的好顾问离职更伤感的事情了。我曾经和很多猎头顾问聊过离职的原因，很多人是觉得"在这里走到头了"，技能和业绩都没法提升。一旦一两个季度的业绩不稳定，就很容易萌生去意。

其实生态培训体系可以给予这些成熟的猎头顾问更多的职责和挑战。那些让猎头顾问参与到公司的培训、招聘、培养新人的过程中，尽到一个员工责任的公司反而凝聚力强，猎头顾问不舍得离开。因为在这里他们不仅做单，也为公司浇灌了心血，会更有归属感。让员工多去承担专题达人、课代表或者学习伙伴的职能反而会让他们更有热情，也让公司更有学习氛围。

大家可以观察到，有效转化这部分培训资源可以使公司在人员发展、潜力挖掘、业绩提升、文化建设等多个关键环节形成良性互动，使公司基业长青、健康发展，员工能力和满意度都大幅提升。不要抱怨今天的猎头公司难做，今后的猎头公司可能更难做，但我们真正的价值一定会被认可。希望以上的分享能帮助大家飞得更高更远，打造由专业的猎头顾问组成的更受客户、候选人尊敬的猎头公司。

任何一个体系都是由"骨、肉、血"搭建起来的。这里更多地跟大家分享了"生态培训体系"的"骨"（框架的部分）。另外，在"生态培训体系"的具体实施过程中还有很多细节、工具、技术、规则等"肉"和"血"的部分，有机会可以跟大家进一步探讨。

第**13**篇

68 猎头成长操作系统
—— 如何避免掉入"工龄长，资历浅"的陷阱

【陈　勇（Charles）】

■ 主编推荐 ■

　　Charles 是我非常敬佩的一位"教授级"猎头创业企业家，他在本文中谈到的"工龄长、资历浅"其实反映了猎头行业最近十多年的普遍现象。这个行业很容易被"短视"和"利益驱动"，衡量一个猎头顾问优秀与否的最直接的标准是关单，并没有围绕顾问价值做深度思考，很少探讨除了关单，猎头顾问的价值到底在哪里？该怎样在不同阶段发挥自己不同的能效？Charles 在本文中提倡的"68 成长系统"给那些打算把猎头职业做成一生事业的猎头顾问做了一个清晰的梳理，不同的发展阶段对应不同的技能，非常值得一读！

——《大猎论道》第二任主编　庄华（Pierre）

2019 年年初，在北京，我谢绝了一位肯定能够为 FMC 赚钱的猎头顾问！

这位猎头顾问有 13 年的猎头行业经验，经历过 4 家猎头公司——两家中国本土猎头公司，两家外资猎头公司，大体上算经验丰富；能够独立进行业务拓展，对接客户，也能带来客户；2017 年的个人业绩在 70 万元左右；是由公司内部同事推荐的，对 FMC 的文化也比较认同，甚至暗示愿意降薪加入……

面谈了 90 分钟之后，我建议北京的同事放弃。

大家可能会疑惑：为什么我会放弃一个看起来有文化认同，也肯定能为公司赚钱的猎头顾问？原因很多，但核心的原因只有一点：从事了 10 多年的猎头行业，只是把价值 2 ～ 3 年的经验重复了几遍。

我 1997 年开始从事猎头行业，20 年里我见过很多猎头顾问，但没有见过任何一个猎头顾问主观上愿意干 10 年猎头，只是把价值 2 ～ 3 年的经验重复几遍！因为每个人都有渴望成长的内在驱动力。然而，现实情况往往是：在刚入行的前两年，很多猎头顾问觉得自己进步很快；两年之后，进步越来越缓慢，很多时候只是每年服务的客户不同，见的候选人不同，做的单子不同，而自己的业务能力与上一年相比并没有太大的变化，不知不觉就掉入了"工龄长，资历浅"的陷阱！

◉ "工龄长，资历浅"这个坑是怎么掉进去的

对于这个问题，应该很多人都有过不同程度的思考。从不同的角度看，大家也许会将其归结为不同的原因。就我个人的体验、观察、思考而言，我会将这个问题的核心原因归结为以下两点：一是成长环境的营养浓度不够，二是成长操作系统的版本太低！

在一个营养浓度高的环境里，即使你没有主动去思考，规划如何成长，环境也会自然地推着你向前。尽管我们可以努力"跳槽"到成长营养更多的地方，但机遇往往是可遇而不可求的。所以今天，我们分享成长操作系统。因为有一个高效的成长操作系统，无论你处于什么环境、什么状况中，你都

可以获得成长！

什么是猎头成长操作系统

　　简而言之，猎头成长操作系统包括 3 个要素：做猎头顾问究竟需要什么能力？猎头顾问的成长需要经历哪些层次？猎头顾问的能力与成长层次之间有何联系？这样听起来还是很抽象，不妨借用一个图书管理员的例子，大家会更容易懂得这个操作系统是如何发挥作用的。

图书管理极限的启发

　　猎头业务的基本动作是两个：一是从客户那里拿到单子；二是找到合适的候选人介绍给客户。这其实很像图书管理员管理书籍的动作：把客户要的书从书架上找出来给客户，把客户还的书收回放到书架上。

　　如果怎么方便、怎么顺手就怎么放，刚开始时，你的效率会挺高；但按照这样的方法，即使你天赋再高，3000 本或 5000 本可能就是你能有效管理的上限了。超过这个数字，情况就是你只熟悉一些新的、当下热门的书，而忘记一些之前管理过的书；即使你将这份工作做上 10 年，你也往往只是工龄资深，不见得有太多的成长！

　　但如果我们改变一下方法，花点时间建立一个图书分类的目录，并在每个书架上贴上标签，我们坚持把每一本书放到相应的位置，尽管刚开始的时候会费点事，但我们能够有效管理的书籍将很容易成千上万。

　　刚开始时，无须设置一个非常繁杂的目录，关键是要有框架系统的意识，尽快开始。例如，刚开始时，只是把文学粗略地分为一个大类，多了之后，你可以将其分为古典文学、当代小说、英国诗歌、美国小说等，而且随着你分类的细致程度越来越高，你能为客户提供的支持服务也会越来越有价值，而非仅仅把客户还的书收好，把客户需要的书找出来……

　　同样的道理，如果你想长期做猎头顾问的话，你应该认真梳理一下：做猎头顾问究竟需要一些什么能力？就我个人的经验与研究来看，我把猎头顾问这个职业所需的能力归纳为 8 个能力框架！

◯ 猎头顾问所需的8个能力框架

这 8 个能力框架分别是猎头基本技能、猎头基础知识、猎头顾问知识、猎头基本资源、成熟猎头顾问、团队管理、业务深耕、猎头生意原理。猎头顾问所需的 8 个能力框架如图 1 所示。

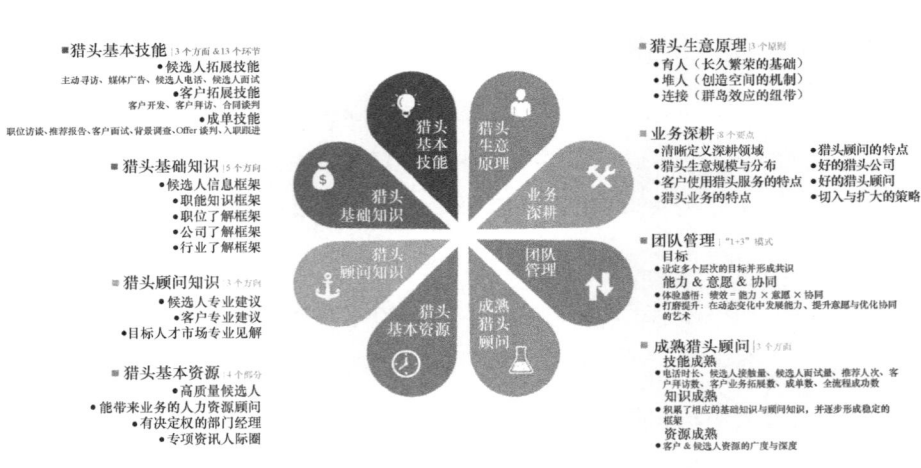

图 1　猎头顾问所需的 8 个能力框架

如同刚才讲到的图书管理员的例子，刚入行的时候，把猎头技能泛泛地总结为业务拓展、找人、做单 3 个维度，这有利于你很快建立一个基本概念，快速入行。如果你想持续成长，就不能简单停留在这个层次上，你需要进行更深入的细分。如图 1 提到的，把这 3 个维度进一步分解为 13 个业务环节；而且这 13 个环节还有更深入的战术点，值得你深入探讨。例如"背景调查"，除了搞清楚做背景调查时需要问哪些问题外，你还需要进一步琢磨如何把背景调查人变成你的候选人或业务拓展的对象。不停地深入细分的过程，就是不断成长、更加专业的过程。

同时，持续的细分还可以让很多概念性的东西具有更强的可操作性。例如，我们知道猎头顾问需要学习很多知识，掌握多种资源，这只是一个泛泛的观念。我们把猎头知识归纳为基础知识与猎头顾问知识两种类型。其中，基础知识涉及 5 个知识框架：了解候选人信息的框架，了解一个职能知识的框架，了解一个职位的框架，了解一家公司的框架，了解一个行业的框架。顾问知识涉及 3 个方面：你能给候选人哪些专业建议？你能给客户哪些专业建议？你对你所专注的目标人才市场有哪些专业的见解？而猎头顾问需要的资源大体上可以分为 4 个类型：高质量的候选人，能带来业务的人力资源顾问，有决定权的部门经理，专项资讯人际圈（例如，了解百度、阿里巴巴、腾讯这种大型公司的内部关系）！这样细分之后，积累这些知识与资源就会变得更容易操作。

这些能力框架的第一层内容基本上是常识；如果你想比别人更优秀，在竞争中胜出，你需要搞清楚第二层、第三层更深入的问题。例如，在竞争越来越激烈的背景下，"业务深耕"才是出路，这是大家的共识；就"业务深耕"而言，即使很有经验的猎头顾问也未必能够清晰、精准地回答以下 8 个关键问题：

- 如何清晰定义你深耕的领域？
- 在这个领域，猎头生意的规模与分布是怎样的？
- 在这个领域，客户招聘及猎头服务都有些什么特点？
- 这个领域的猎头从业人员都有什么特点？
- 管理这个领域的猎头业务的要点是什么？
- 在这个领域，有哪些做得好的猎头公司？
- 在这个领域，有哪些做得好的猎头顾问？
- 你切入和扩大这个领域的猎头生意的策略是什么？

有些业绩很好的猎头顾问曾经告诉我：他们从未想过这些框架，但一样做得很好！我相信他们说的是真的，并且符合实际的情况！就像我之前提到的，在成长营养浓度高的环境里，即使你不用过多地去思考个人发展之类的问题，环境也会推着你向前。我见过很多猎头顾问，就概率而言，基本的规律是，对这些基本问题越有清晰答案的猎头顾问，业务往往会越好，同时业绩也越稳定。

对于猎头能力框架的总结，不同的人会有不同的版本，关键在于你的框架需要合理、清晰且稳定。就像盖楼，没有框架，只靠不停地搬砖、砌墙，你可能会收获一堆砖、一堵墙，但肯定是盖不高的；三天两头不停地调整自己的结构框架，同样也是盖不高的。形成一个适合自己的合理且能长期稳定的框架，需要时间与经历的沉淀；在刚开始的阶段，一个简洁可行的方法就是模仿，套用别人的框架，然后逐步改进！我总结的 8 个能力框架，权当给大家抛砖引玉。

随着能力的不断提升，你自然会成为不同层次的猎头顾问。我把猎头顾问的成长大体上归纳为 6 个层次。

◎ 猎头成长的6个层次

这 6 个层次分别是：地基树根层（Consultant Trainee）、成熟独立层（Mature Consultant）、团队建设层（Team Leader）、利润基业层（P&L Runner）、创业成长层（Business Owner）和平台土壤层（Platform Builder）。猎头顾问成长的 6 个层次如图 2 所示。

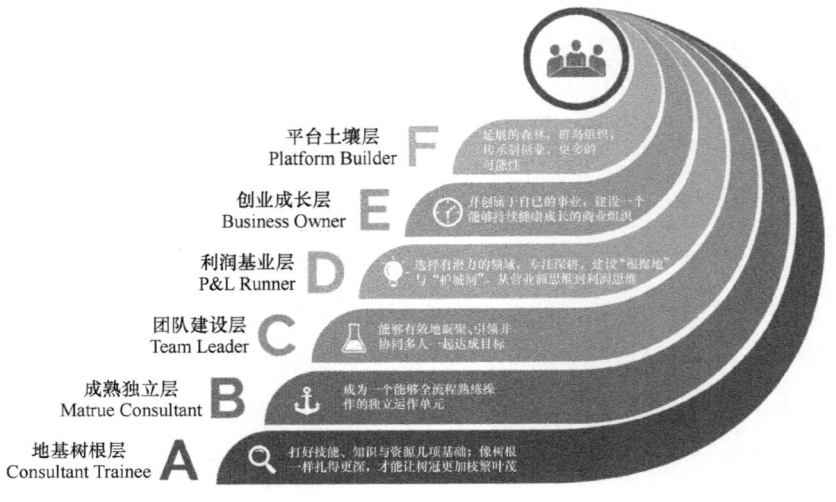

图 2　猎头成长的 6 个层次

每个层次都有不同的焦点！

地基树根层的焦点在于：掌握猎头技能、猎头知识及猎头资源。

成熟独立层的焦点在于：熟悉业务流程的各个环节，成为能够独立运作的业务单元。

团队建设层的焦点在于：能够有效地凝聚、引领并协同多人一起达成目标。

利润基业层的焦点在于：选择进入一个适合自己的领域去深耕！

猎头这个行业是个业绩年年清零、重新来过的行业；如果只是简单地重新来过，年资长的猎头顾问不比年资短的猎头顾问有优势。而在一个你赖以生存的职业上，不能随着时间的推移而逐步积累竞争的优势，实在是可惜甚至有点悲哀的！所以你要考虑如何打造一块值得长期耕耘的"根据地"，同时尽可能地修好"护城河"！更为重要的是，在这个层级上，你的思维要从营业额思维调整为利润思维！

当你能够独立运作，也能有效地管理一个团队，并有了稳定的"地盘"及利润思维之后，很多猎头同行会自然地过渡到创业成长层！

创业成长层的焦点在于：开始自己的事业，并摸索出适合自己的公司持续成长的方法。

关于猎头创业，2013年，我与我的同事FMC上海的总经理潘丽华（Lisa）女士合写过一篇文章，标题是《猎头顾问的职业归属在何处》，这篇文章的基本观点是：如果把猎头作为长期的职业，最终的归属基本上都会是不同形式的创业！

我把这个层次命名为"创业成长层"而非简单的"创业层"，确实是想强调"成长"！猎头行业是生意跟人走的行业，是个极易分裂的行业，这个行业有数万家公司，很多公司只是有经验的猎头顾问开个公司方便自己做单，自己开发票，"蛋糕"的比例多分一点而已。刚做老板的时候，可能很爽；但如果你不能持续成长，其实你只是在提前透支自己将来职业发展的空间而已！因为不能成长，即使公司100%都是你自己的，时间长了，也会心生倦怠；

但做了老板后，放下姿态，重新打工的难度就高了；而且就算你能够放下姿态，别人也未必敢要你！我几年前写过一篇文章，叫《当猎头公司的老板可能是天下最郁闷的事》，它讲的就是这个道理。

所以，不管是被逼的，还是想通了，抑或是出于情怀，很多想长久发展的猎头公司老板，最终都会进入平台土壤层，创建一个支持大家创业的平台，培植一片能够支持更多创业者的土壤！

平台土壤层的焦点在于：清晰定义并实现平台能够为创业者提供的价值体系！

平台提供的往往不是某种单一的价值，而是多种价值有机组合后形成的成长土壤。不同的平台会形成不同的土壤，孵化出不同的创业者。在这个层面，如果你有足够的想象力，就会衍生出很多种可能……

梳理清楚做猎头顾问所需的 8 个能力框架以及猎头顾问成长的 6 个成长层次后，把它们关联起来，就形成了我们所讲的"68 猎头成长操作系统"。（注：你把它叫做"86 猎头成长操作系统"也是可以的，因为我的生日是 6 月 8 日，命名为"68 猎头成长操作系统"对我而言更顺口一些而已！）

◉ 68猎头成长操作系统

68 猎头成长操作系统中的 6 个层次与 8 个框架如图 3 所示。

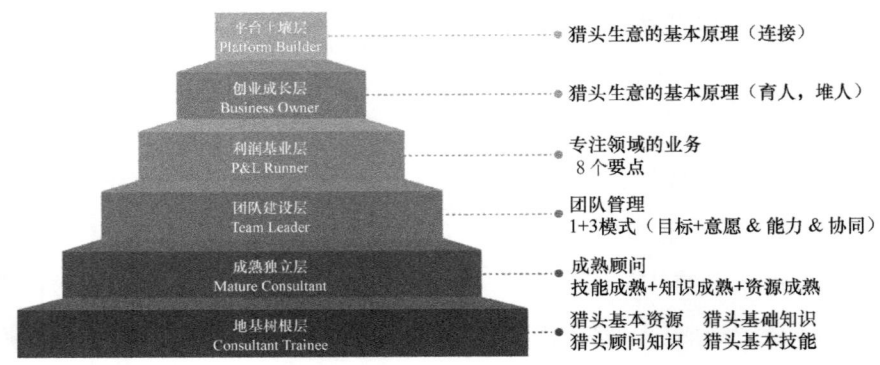

图 3　6 个层次与 8 个框架

借助这样一个系统，有助于我们搞清楚每个发展层次与能力之间的对应关系。

地基树根层：需要强化的是猎头顾问的基本技能，如基础知识、顾问知识，要积累基本的资源。

成熟独立层：强调的是成为在"技能、知识、资源"3个维度都能达到一定标准的成熟猎头顾问。

针对这3个维度设定一系列能够量化的清晰的标准，既可以作为公司构建培训体系的依据，也可以作为新人入行的成长地图。在FMC，我们甚至在系统上专门开发了一个成熟猎头顾问模块。每个新人入行时，我们都会根据其技能成熟度、知识成熟度、资源程度的不同标准，为之设定一个严谨的成熟顾问计划，定期跟进进展，毕业时还需要答辩。这不仅是新人获得晋升的核心标准之一，而且我们会为通过答辩的同事定制一个非常精美的奖杯，很有仪式感地纪念一下他们的猎头职业里程碑。很多时候，我们培训时很兴奋，但培训后的行为改变却不明显。用前面我们提到的这个方法，能够有效地把突击性的培训活动转化为日常工作中的自然且持续的成长。

团队建设层：你需要在清晰的框架思路支持下，去摸索适合自己的团队建设模式。

团队建设涉及很多内容，我通常把它归结为4个核心要素构成的"1+3"模式。"1"指的是"目标"，在团队中设立多层次的目标并与大家达成共识。"3"指的是"意愿，能力，协同"，发展团队的核心也就是发展大家做事的意愿、做事的能力，以及大家一起做事的协同效率，因为最终达成目标的绩效程度＝意愿 × 能力 × 协同。

利润基业层：在这个层面，你需要去搞明白我们前面提到的"业务深耕"的8个问题。

创业成长层：对于猎头创业的生意原理，我简单地将其归结为"育人，堆人，连接"3个原则。在创业成长层，核心是需要关注如何育人、如何堆人的能力。从事猎头行业20年，我没见过任何一家猎头公司靠"挖人"实现了长久繁荣；同时，猎头生意是个"堆人"的游戏，大体上，你能把人员的规模"堆"上去，尽管单产、利润率可能低，而利润的总量则可能很高。

平台土壤层：关键点则在于如何用价值去"连接"的能力。

猎头是个很容分裂的行业，这有点像堆沙的游戏。玩过堆沙的人可能都有体会，从平地铲沙、堆沙，速度可能很快；但堆到一定高度后，堆上去的沙很快就会滑下来，持续堆高的难度会越来越大。猎头公司也是如此，从 0 到 500 万元，再到 1000 万元，可能速度很快；过了 500 万元、1000 万元，往往团队就开始分裂了，堆不上去了。平台的意义在于，我们可以换个方法来堆，例如，做一家业绩 5000 万元的公司可能难度很大，做 5 家业绩 1000 万元的公司却相对容易，也能达到同样的效果。而这里的关键问题是用什么样的价值，如何"连接"，才能让彼此成为一个整体，成为群岛，而不是分裂出去的"孤岛"！

花了很多篇幅，我们大体搞清楚了猎头顾问所需的 8 个能力框架及猎头顾问成长的 6 个层次，构建了这个"68 猎头成长操作系统"。这个系统有什么实际用处呢？其主要有以下 3 个作用。

• 体检作用：利用猎头顾问的 8 个能力框架了解自己的能力状况，知道自己在哪里。

• 定位作用：根据猎头顾问成长的 6 个层次，知道自己要去哪里。

• 导航作用：成长层次与能力框架相结合，知道自己如何去。

◗ 猎头职业，猎头趋势与猎头成长操作系统

在与猎头同行分享"68 猎头成长操作系统"时，我经常被问到这样一个问题：猎头成长操作系统与猎头职业及猎头行业的发展趋势之间的关系是怎样的？

对于猎头职业及猎头发展的趋势，我基本的看法是：总体来看，猎头这样的行业赚不了大钱，但日子过得滋润不难，并且是个非常有意义的工作，因为

这个工作可以跟人建立很多关系（在我看来，处理好各种关系，尤其是跟人的关系，是人生幸福的关键）。同时，猎头工作跟人连接的深度与广度都够。更进一步，在"互联网＋大数据＋人工智能"对未来职业冲击的背景下，中高端猎头算是"护城河"很宽也很深的职业之一。中低端的招聘会日益成为数据型生意，而中高端的猎头业务是关系型生意的本质，暂时还难以从根本上改变。这是因为中高端的候选人是非标准的，客户的中高端招聘需求往往也是非标准的，中高端的猎头顾问也是非标准的，而且在中高端职位上，决定招聘与决定"跳槽"涉及的因素很多、很复杂，比较难以量化和标准化……

　　所以，总体来说，中高端猎头是值得长期从事的行业，但必须要找到方法，避免掉入"工龄长，资历浅"的陷阱。像我之前谢绝的那位猎头顾问，10多年后才勉强做到成熟猎头顾问这个层次，而FMC有相同年龄、资历的猎头顾问基本都在创业成长层了。虽然她有10年以上的经验，工资成本比只有2～3年的猎头顾问高，业绩却未必能够竞争得过只有2～3年的年轻顾问，职场竞争力自然就会越来越低了！

　　所以，如果你打算长期从事猎头行业，你值得投资时间精力，去打造一个适合你的、高效的猎头成长操作系统！

第 **14** 篇

测测你的猎头功力

【陈　功（Victor）】

■ 主编推荐 ■

作为一名猎头顾问，你的功力究竟有几分？这是一个大家都想知道但又很难回答的问题。Victor 的这篇文章提出了一个既简单又可靠的方法，非常有创造性。不仅如此，这个测试方法还能帮你构建一个完整的猎头技能框架，并从技能的角度搞清楚不同的业务模式究竟有何不同。

🔻 两种模式，一种内容

最近很多猎头公司的老板问我："我们最近的业务遇到了很大的压力，是不是只有改变模式才有出路呢？"对于这个问题，我们可以先从图 1 所示的流程说起。

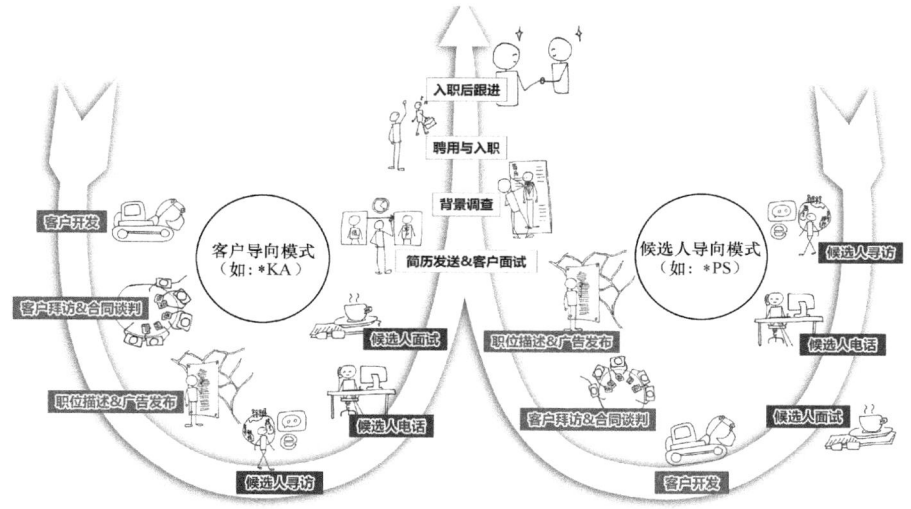

图 1   猎头行业业务流程

*KA：Key Account，大客户模式。
*PS：Proactive Specialization，主动专注模式，由FMC的创始人Charles提出。

大家是否发现，以关键客户为代表的客户导向模式和以 PS 为代表的候选人导向模式有以下异同：

• 10 个环节相同；

• 指向的结果一致；

• 区别是源头以候选人还是以客户为主要切入点。

我经历过这两种模式的历练和熏陶，也通过专注的培训咨询接触过大量的客户和猎头顾问，个人心得如下所述：

• 模式固然重要，但根据自身所处的不同阶段和不同行业，选择合适的才是最好的；

• 每个模式都存在合理性和优缺点，或许不是非此即彼，而是两者有机结合才是王道；

• 不同模式之间，至少有 85% 以上的环节和技能是相通的，与其学"形"，不如练"神"，业务技能（内功）是核心竞争力。

内功才是核心竞争力

其实，从猎头存在的第一天起，猎头工作就是"人"的工作。重要的是回归"人"这个核心理念，无论是对候选人还是对客户。无论你现在用什么模式，或者将来想转变成什么模式，培养自己的内功——与"人"打交道的能力是万变不离其宗的。就像无论你学习少林拳还是武当拳，空手道还是跆拳道，马步都要扎、体能还要练是一样的道理，以免练拳不练功，到老一场空。

说到练内功，因为专做猎头培训的关系，经常有猎头朋友问我："Victor，你有没有什么让我们能够快速提升功力的办法？"其实大家都理解，世界上没有什么"灵丹妙药"可以让人一步登天。即使你是一颗好种子，也需要充分的时间和阳光雨水，方可长成一棵真正的参天大树。在我看来，做猎头顾问和从事其他行业一样，练内功其实是没有所谓的"捷径"的；如果说有，那就是"科学的方法 + 勤奋的练习"。

科学的方法——羽毛球的故事

说到科学的方法，我想起了自己的经历，我是个羽毛球爱好者，虽说没有经过科学培训，但从小学到现在打了差不多 20 年的羽毛球，在小圈子中一直能"称王称霸"，也算是"三脚猫中的超级喵"了。当接触了更大的圈子，很多球友虽然一开始不是我的对手，但按照系统的方法练习握拍、走位和手势，很快就能给我造成极大的威胁，而我还是仗着老资格不服气。直到一天，当我被一个球龄只有 1 年，但是按照正规方法训练了大半年的球友打败的时候，大家可以想象我心里的酸楚滋味。

这件事对我的触动很大，也引发了我对猎头培训的思考。我发现在平时的培训中，很多猎头顾问是"自然生长"型的：学习热情很高，特别喜欢那些所谓的"干货"，学完就能操作的那种。当然，这是很积极的。但实际上，猎头这份工作是"马拉松"而不是"百米冲刺"。除了那些招式以外，我们的基本功和标准化的动作是否到位，决定着我们能够走多远。很多人做了多年的猎头顾问，却因为缺乏科学的方法，很容易遇到以下问题：

- 业绩上不去，每年都维持在一个不让人满意的水平；
- 业绩不稳定，每个季度乃至每个月都忽上忽下；
- 觉得业绩不行换个模式可能就会好，结果却不尽如人意；
- 过早遭遇能力瓶颈，卡在某个环节无法打通；
- 过多的时间在搜索、搜索、搜索，但是总抱怨不知贵人在何处；
- 每个人看上去都很有个性，但成单率偏低且掉单率偏高。

结果就是很多人像我打羽毛球一样，被刚做了一两年的猎头新人全面赶超。

俗话说"选择比努力重要"，类似的就是"方法比苦干重要"。如果大家希望每年都能看到自己有明显的进步，可能光靠"自然生长"是不够的，是不是还需要科学的方法——猎头的标准化业务流程助自己一臂之力呢？

就像我们的身体每年都需要体检一样，我们的猎头能力也需要"体检"。不然，我怎么知道自己是否在用科学的方法做单呢？

大家可能注意到了，图1中的10个环节相互依存、缺一不可，像一个生态链，每个环节的细节都会影响整个大局，包括签约率、推荐面试率、成单率、回款率等。

我首次把这10个环节按照流程列出技术要点，供大家自我测评，从而帮助你更了解自己目前在不同业务环节的水平，发现盲点，提升潜能。

猎头公司百花齐放，不可能有一个完全统一的标准。相信大家会发现，这些题目本身就是被优化了的业务流程步骤，可以在一定程度上支持大家进行内部培训、进阶考评，帮助公司或团队完善"生态培训体系"。不足之处欢迎大家批评指正，希望大家的力量能让更多的猎头顾问和猎头公司少走弯路。

⬙ 如何自测

360°顾问可以依次进行这10个环节。如果目前你还没有成为360°顾问，也不妨只做相应的某些环节；如果你是团队负责人，也可以根据对于组员的了解互评，或者让组员之间自测后分享和讨论。

如下所述的很简单的三步，其整个过程可能只需要5～15分钟：

• 准备纸、笔、计算器；

• 每个技能要点选择"是"或"否"，只有你完全做到或者至少在超过85%的情况下都会这样做时，此题才选"是"；

• 在每个环节中，把选择"是"的题目数量除以该环节的总题目数量，得出百分比，即分数。（例如，候选人寻访环节总共有9个要点，我获得了6个"是"，那么这个环节的百分比是67%，所以我的分数是67分。）

至于你的所得分数代表什么水平，本文末尾有一些参考数据，可以帮助你了解自己在猎头行业中的能力水平和薪资水平。360°顾问要做的10个环节技能要点分解见表1。

表1　360°顾问要做的10个环节技能要点分解

候选人寻访	技能要点	是/否
	了解行业地图 A~Z	
	列好了目标/竞争公司	
	了解客户的通用和特殊标准	
	了解你的候选人是谁，他/她所在的地域、薪酬水平、职位高低	
候选人寻访	有清晰的搜寻地图，如线上线下的各种混合渠道	
	对于数据库中历年的相似简历做过筛选	
	对于什么是好的简历有相对固定的标准	
	具有熟练的在线搜索、关键字搜索等技能	
	询问过同事的相关资源	

续表

候选人电话	技能要点	是 / 否
电话前	阅读候选人的简历	
	查阅数据库记录	
	已经明确电话目的	
电话中	微笑	
	声音饱满有张力	
	清晰介绍公司名和自己	
	询问是否有空	
	语句简明扼要，维持候选人的兴趣	
	避免口头禅	
	有进一步的具体行动方案（如下午 4 点整准时再打给您）	
	收集到候选人的基本信息，包括薪资情况	
	明确候选人的求职意向，即使不看机会，也了解相应的原因	
	在电话最后总结讨论内容，并确认双方的理解无误	
电话后	发送短信（以对方姓名开头）	
	按约定回复或跟进事宜	
	无论结果如何都及时给予反馈	
	更新信息至数据库	
面试前	阅读并在简历中标注关键问题	
	预定会议室，检查面试房间	
	检查仪容仪表	
面试中	寒暄并致谢	
	介绍公司 / 团队 / 自己	
	介绍面试安排	
	有完整的结构化面试	
	有胜任力面试	
	在上述环节之后再深入了解候选人的动机并介绍职位	
	获取相应的市场信息	
	给予候选人面谈反馈和建议，并告知其下一步的行动安排	
	给候选人留有问答的时间	

续表

候选人电话	技能要点	是 / 否
面试后	将面试结果在系统中输入	
	及时跟进并告知候选人的职位情况	
	尝试将市场信息转化为业务机会	

客户开发	技能要点	是 / 否
开发前	检查过数据库中该客户的情况	
	清楚客户可能招聘的职位	
	准备相应的参考简历	
	先从熟悉的客户开始	
	准备好相应的客户名单一起打印	
开发中	明确电话的目的	
	举止礼貌、面带微笑	
	询问基本的职位情况	
	即使没有招聘需求也能了解进一步的情况	
	不使用"对抗性谈判"应对客户的拒绝和挑战	
	有明确的下一步约定	
开发后	邮件和短信跟进	
	更新系统内的信息	
	执行对客户的承诺并及时给予反馈	

客户拜访 & 合同谈判	技能要点	是 / 否
客户拜访前	与客户提前一天确认时间，包括最终的出席人员	
	准备好相应的资料	
	准备好合适的简历	
	做好客户调研	
	查阅之前所有关于该客户的合作记录	
客户拜访中	寒暄过并把名片放在合适的位置	
	待客户落座后再落座	
	向客户正式介绍公司、团队及个人	
	前 3 分钟不谈职位	

续表

客户拜访 & 合同谈判	技能要点	是 / 否
客户拜访中	理解并倾听客户的困扰	
	围绕客户的"痛点"提出可视化方案	
	对于客户的挑战不做对抗性谈判	
	总结客户的要求，让双方理解一致	
	获取客户的承诺并明确下一步的行动	
	和客户审视简历并理解客户的真实需要	
客户拜访后	写感谢信给客户以及其他参与人员	
	更新系统内的信息	
	执行对客户的承诺并及时给予反馈	
合作谈判	把合同从头到尾看过一遍并理解	
	尽量使用自己公司版本的合同	
	不了解客户需求时不报价	
	准备多种方案以满足客户需求	
	运用不同的谈判技巧	

职位描述 & 广告发布	技能要点	是 / 否
职位描述	在职位描述前做好相应的调研和搜索，避免问客户无关的问题	
	了解该职位产生的原因	
	清楚公司的相关信息	
	清楚该部门的相关信息，包括老板、队员等	
	清楚该职位的相关信息，包括预算、挑战、要求等	
	了解是否有内部人选	
	清楚职位招聘的进行流程	
	获得客户的承诺，如会在多久后面试第一批候选人	
广告发布	每次会浓缩改写客户的职位描述	
	在各种渠道发布职位信息	
	公司的职位有统一的格式和编码	
	使广告充满吸引力的同时保护客户的信息	

续表

简历发送 & 客户面试	技能要点	是 / 否
简历发送	简历报告是否正确完整，格式是否统一	
	报告中是否有职位架构、薪资、离职原因 / 动机、推荐原因等必要信息	
	推荐邮件是否标题清晰	
	推荐邮件正文是否有对候选人的一句话介绍，让客户不用打开附件就能对候选人有大致的了解	
	会在邮件发出 1 小时内做电话跟进	
	通过电话沟通让首轮面试的概率大于 80%	
客户面试	每次都有 2 ～ 3 个备选时间让双方不用反复调整	
	每次确定面试时间后要提前与客户约定	
	面试前告知候选人客户公司的面试官情况、行车路线等	
	对候选人做礼仪、面试及其他注意事项的基本辅导	
	面试后及时获取双方的反馈并及时跟进	
	获得人力资源顾问对每个候选人的评价及满意程度	
	了解下一步的具体安排并跟进	
背景调查	**技能要点**	**是 / 否**
背景调查前	取得候选人的同意	
	让候选人力资源顾问先和相应背景的调查人做沟通，确定时间	
	准备了背景调查表	
	把能填写的相关信息先填好	
	检查数据库，了解背景调查人曾经是候选人还是客户	
	重新回顾候选人简历，明确重点问题	
背景调查中	自我介绍，询问是否有空	
	介绍这通电话的原因	
	强调保密性	

续表

背景调查	技能要点	是 / 否
背景调查中	告知此次背景调查可能需要的时间 （如 15 分钟左右）	
	询问调查表 / 或客户要求的特定 问题并得到数据支持	
	敏锐地把握业务机会，询问被访者的公司现状， 并寻求面谈 / 合作的机会	
背景调查后	向被访者发送感谢信，并附上自己的联络方式	
	将背景调查结果在系统中输入或更新	
	通知候选人背景调查已完成以及下一步行动方案	

聘用与入职	技能要点	是 / 否
签约前	清楚候选人的真实意愿度	
	计算清楚候选人的各项薪酬福利及潜在损失	
	了解候选人的顾虑点	
	了解候选人被留在原公司的概率	
	得到候选人的承诺后再行动	
	不说原公司和其他提供聘书的公司的坏话	
	问清楚候选人的最低薪水期望和理想值	
	重申候选人当初应聘的理由	
	必要时请用人部门经理和人力资源顾问出面和候选人沟通	
	始终连线双方并主导进程	
签约中	如在同城，一定当面签聘书	
	当面签聘书时详细地为候选人解释每项条款	
	签聘书前再次告知候选人这份工作的风险和挑战	
	帮助候选人做辞职辅导	
签约后	候选人和原公司每轮谈话后都给你打电话协商	
	跟进候选人离职的流程	
	和候选人见面祝贺	
	尽快帮助候选人明确最后工作日	
	候选人上班前一天双方打电话确认	

续表

入职后跟进	技能要点	是/否
入职1个月内	入职第一天有电话沟通	
	入职一个月有电话沟通	
	和人力资源顾问反馈候选人的情况	
	和候选人反馈公司的情况	
	如果在同一个城市，有和候选人再次见面吗	
入职3个月内	入职3个月有电话沟通吗	
	和人力资源顾问反馈候选人的情况	
	询问是否可以帮忙建立人才梯队	
入职6个月内	入职6个月有电话沟通吗	
客户端	及时跟进回款	

非360°顾问参考标准

恭喜你，想必你已经计算出各个环节的分数了。看一下自己每个环节的分数在什么区间及其参考标准（如果你的"候选人寻访"的成绩是70分，那么你就是"候选人寻访"环节的强者；如果你的"候选人面试"的环节是55分，那么你在"候选人面试"环节还有待提高）。成绩高不一定是高产顾问，但是高产顾问的成绩一定不低。

360°顾问看这里

每个环节都是必不可少的，但是否每个环节的重要性都是一样的呢？我相信大家会觉得有差异，但具体怎么分很让人头疼，因为公司和行业的情况千差万别。

我根据自己做猎头顾问和培训猎头的经验，倾向于将候选人导向模式的业务权重按照图2做个简单的划分（每个环节的比例加起来是100%）。这些数字可能不够精准，但请大家不妨思考一下这些数字背后的逻辑，对于你打通猎头的"任督二脉"可能会有很大的帮助。

同时，为了让你的测评更有效，作为360°顾问可以把相应环节的分数再乘以如图 2 所示的百分比，加起来的总分更精确（例如，之前"背景调查"
的分数是 80 分，那么 80×10%=8 分。依此类推，把每个分数都乘以相应的
权重，然后相加，就是你的总成绩，满分为 100 分）。

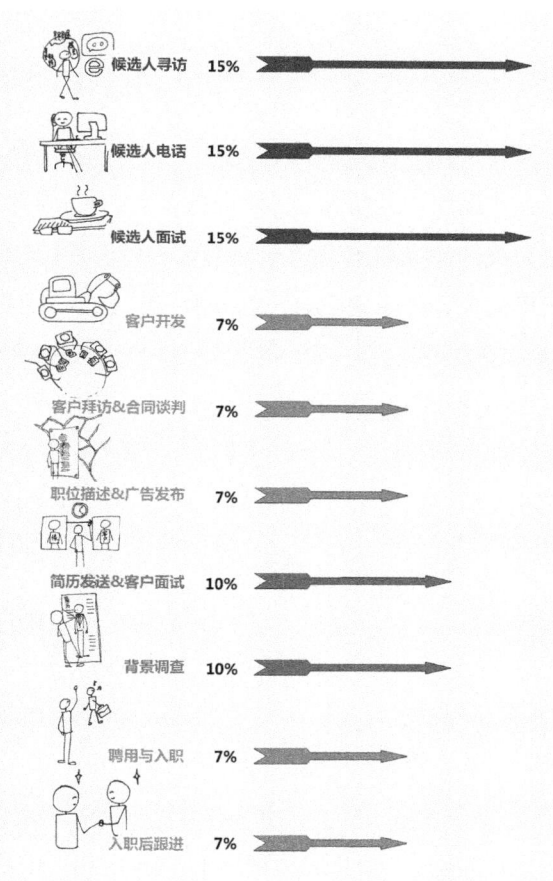

候选人寻访　15%

候选人电话　15%

候选人面试　15%

客户开发　7%

客户拜访&合同谈判　7%

职位描述&广告发布　7%

简历发送&客户面试　10%

背景调查　10%

聘用与入职　7%

入职后跟进　7%

图 2　对候选人导向模式的业务权重进行划分

做完之后，来看看你的成绩和对应的预估业绩，见表 2。

表 2　成绩和对应的预估业绩

分数	类别	预估年度业绩
280 分	猎头达人	150 万元以上

分数	类别	预估年度业绩
60～80 分	猎头强者	80 万～50 万元
40～59 分	猎头新人	30 万～79 万元
<40 分	猎头能力低者	30 万元以下

还是那句话，成绩不等于业绩，但是业绩离不开成绩。

这个自测分数其实是为了让大家更了解自己。当然，公司的老板和团队负责人也可以了解目前团队中的情况。了解业务盲点，能让大家进一步优化，更上一层楼。这个自测分数也是体现公司业绩及其所处水平的佐证。

同时希望大家不妨在评论中晒晒自己的分数，给自己一个鼓励或鞭策。

最后，希望越来越多的猎头朋友回归"人"这个根本核心。练好自己的"马步"，培养自己与人交流的良好心态和深厚内功。不管在哪里，不管用什么模式，你都可以用自己的专业度和高效率给候选人和客户带来更高的满意度和更多的惊喜。

第 **15** 篇

猎头薪酬面面观

【陈 亮（Kevin）】

■ 主编推荐 ■

据我所知，Kevin面试过非常多的猎头顾问，因此对于猎头行业的各种薪酬机制也了然于心。在这篇关于猎头顾问薪酬的文章中，Kevin不仅梳理了猎头行业薪酬的各种模式，而且通过薪酬原理阐明了猎头公司内部的管理机制和猎头公司组织形式的发展趋势。本文无论是对刚入行的猎头新人而言，还是对资深的猎头公司领导者来说，都值得一读。

对于任何一家猎头公司而言，一线员工的薪酬体系都是最重要的政策之一：一方面，一线员工的人力成本一般占整个公司运营成本的七成以上；另一方面，吸引顾问团队的能力是猎头公司的核心竞争力，而薪酬体系又是其中最重要的一环。

一般来讲，平时猎头顾问讨论薪酬时会更侧重于个别领域。相信这两个视角的结合可以更好地帮助普通顾问理解不同薪酬体系对他们的意义，以便做出最佳选择。在文章最后，我会和大家一起讨论薪酬比例的演变趋势与猎头模式在互联网环境中的关系。

▽ 概念

一线员工薪酬是指直接或间接发生在一线员工身上的成本，包括现金薪酬、社会福利、相关的招募、培训和团队建设成本，也包括这些员工在与市场人士交流时发生的一些交际费用。在这里，一线员工是一个整体概念，既包括直接背负个人业绩指标的顾问和一些经理（一线战斗连队），也包括只为团队业绩负责的中高级业务管理层（一线指挥官），但不包括总部的各个支持部门。

▽ 问题的提出及讨论

一线员工的总成本占比应该是多少

在任何行业，当所有成本项加起来上升到一定比例时，这个行业在趋于饱和的同时就会趋于稳定，因为在找到新的业务模式前，不会有太多新的竞争对手急于加入这个行业。

在中国，这个比例还没有达到，但上升速度非常快。在英国，我认为行业已经饱和了。有人调侃道："在伦敦，你往窗外扔一粒石子，一定会砸到一位银行家、会计师、律师或者猎头顾问。"

我们来看一下米高蒲志（Michael Page）的数据：一线员工总成本占到总营业额的 65%，支持后台占 20%，税前利润大概在 15%。这是几十年来市场竞争的结果，我们可以认为这就是前互联网时代的极限情况。

在中国一些具有长远眼光的公司里，一线员工的成本已经达到 60%。

各个薪酬组成部分的占比是多少

观察一：并非所有人都是现金导向

你更愿意公司奖励你 10000 元还是按公式多挣 20000 元？你更喜欢公司组织你去欧洲游玩，还是按公式多挣 50000 元？你更喜欢少拿一点儿钱，在一幢五星级写字楼里上班，还是宁愿在一个一般的写字楼里上班但多拿些钱？

其实，这些问题的答案是五花八门的。所以，不同的薪酬组成比例迎合了不同的需求。你会发现，公司顾问群体越年轻，现金比例一般越低。这主要是因为年轻人的经济压力不大，需求比较多元化。很多小公司的年轻人留在公司的重要原因是老板和他们玩在一起。

观察二：大公司给现金小气，建品牌大方

公司与员工博弈的本质是长期利益和短期利益的冲突。公司愿意做长期投资，员工则倾向于做短期打算。所以，在有议价能力的时候，公司一般不愿意给员工太多的现金，而更愿意把尽量多的现金投入品牌建设中。

观察三：小公司给不出太多非现金价值

小公司比较“年轻”，系统性、流程性积淀不多，所以给现金是最直接和省心的。培训体系的建立和多元向上氛围的形成都是需要时间的，这也是为什么小公司招聘强调创业精神，吸引来的人更趋于现金导向。这里要说明的是现金导向不等于短期利益导向，现金导向往往是目标明确的反映。

一般而言，大公司里的非现金开支（不包括强制性的社保开支）至少要占一线团队开支的三成以上。小公司的相关开支可能只有两成不到。

连队与指挥官之间的薪酬划分比例关系应该如何决定

俗话说："铁打的营盘流水的兵。"但是，"铁"很贵啊！

回到 Michael Page 的情况，我估计他们大概花了 30% 的销售额买"铁"。看来，在互联网再造猎头模式之前，规模化经营的最佳办法就是花大价钱买很多"铁"。事实上，Michael Page 的员工流失率一点儿也不低。但是由于有了"铁打的营盘"，生意的延续性并没有受到太大的影响。

互联网再造猎头模式的关键是，如何在降低一线管理成本的同时，还能提升客户的满意度。

市场上主要流行的（现金）薪酬体系有哪几类

市场上有两大类薪酬体系：奖金制和佣金制。

奖金制的主要特点

（1）高底薪（底薪占总现金薪酬的比例高）。

（2）奖金由经理分配，不与个人业绩直接挂钩。

奖金制的优点

（1）可以吸引素质相对较高的年轻人加入。在建立信心前，年轻人主要看底薪。

（2）可以避免人们自私的天性在解读佣金计算公式时的不合理倾向，从而促进团队达成合作。

（3）对公司而言，只有整个团队达标才发放奖金，财务上比较安全，不会出现表现好的个人拿大笔奖金，而表现不好的个人即使不拿奖金公司也赔本的情况。

奖金制的缺点

（1）需要一位比较公平公正的经理，这比想象中要难很多。

（2）表现好的个人一定会贴补团队，时间一长便会产生不公平感。

（3）体制上排除了坚持做最佳顾问也算过得去的可能性。因为管理级别的晋升是收入上升的唯一通道，在大公司的环境里，晋升会变得越来越难。

（4）由于工资给得比较高，这就要求公司具备迅速培训新员工的能力。不然财务上是无法承受的。换句话说，精细化管理能力是奖金制的前提。

佣金制的主要特点

（1）工资占总现金收入的比重低。一般目标比例在 50% 甚至更低。

（2）交易型内部合作关系。主要的几项工作（客户开发、项目执行、数据库贡献等）都被赋予了清晰的价值比例，当一个项目由不同顾问合作完成时，大家按照规定各自记取贡献价值作为最终业绩完成情况的计算依据。

佣金制的优点

（1）顾问收入的可计算性给顾问带来一种公平和可控制的感觉。

（2）由于有制度认可其他人的贡献，团队中和团队间的合作有一定的动力。

（3）从公司角度来说，由于顾问工资不高，公司在财务压力不大的情况下可以给新顾问更多的时间证明自己。

（4）由于工资这项最主要的固定成本不是很高，对公司的精细化运营能力要求不是太高。

佣金制的缺点

（1）吸引的初级员工整体素质不如奖金制公司。

（2）在中间管理层高度不够的情况下，顾问容易曲解各项工作价值比例的分配，从而抵制合作。

（3）在自私心的驱使下，公共数据库建设比较困难。

说明

在细节上，有的公司采取所谓的底薪（Baseline）制度，有的采取业绩达标率制度，这在本质上没有什么区别。顾问只需要判断自己的实际业绩完成区间，并对比不同佣金制度下的年度总收入即可。

现在的趋势是佣金制公司的底薪越来越高，这是竞争的必然结果。换句话说，公司的精细化运营水平在被逼着提高。

总体上看，顾问在佣金制公司得到的现金收入占业绩的比例更高一些，在奖金制公司得到的非现金项目更多一些。

奖金制公司留不住最优秀的那批顾问，佣金制公司无法批量生产优秀的顾问。

先去奖金制公司再去佣金制公司？90% 的人无法接受降薪的现实，其他方面的适应也就可想而知了。目前，最成功的奖金制公司对市场的贡献主要在于培育奖金制竞争对手，因为这些对手可以给他们提供其他条件不变但晋升一级的机会。

几个直观的数字

25%——不论什么情况，顾问的税前现金收入不应低于个人业绩的 25%。个人业绩是指按照公司业绩分配政策调整之后的净值。

40%——不论什么情况，顾问税前现金收入不应高于个人业绩的 40%，不然公司没有资源鼓励优秀的人成为铁打的营盘并与公司的长期利益保持一致。

60%——在佣金制中，顾问长期现金固定收入超过现金总收入的 60% 意味着底薪过高，导致佣金制的优势大打折扣。

20%——在凭结果收费的中端猎头市场，开发客户的业绩分配比例不宜过高。像 50% 这样的高比例不一定能起到鼓励大家开拓新客户的作用，反而会促使高级顾问霸占现有客户，阻碍初级顾问的成长。

10%——一线团队管理人员的团队现金业绩提成不宜低于 10%，不然大家都不愿意转向管理，这样公司就无法形成铁打的营盘。

10%——流动率造成的一线成本起码在 10% 以上。在总体一线成本的提升空间有限时，这将是最大的成本压缩空间，而这对公司的运营水平会提出较高的要求，同时低业绩顾问的流动空间将被大幅压缩。

几种常见的佣金制——底薪是关键

底薪制度：先定底薪，再定底薪倍率，业绩超过底薪的部分才计算提成。

此方法可简单可复杂，但对个别顾问而言，理解起来虽然简单，但较难描绘出整条曲线。

工资预支制： 先定业绩指标，再定工资，根据实际业绩或完成率核定总现金收入，扣除已发放工资，得出奖金。此方法的逻辑最简单、最透明，但顾问不喜欢"扣"这个词。

工资加提成： 先定底薪，再定阶梯式提成比例，提成不扣底薪。此方法的曲线最不光滑，但最灵活，不强调逻辑。

说明： 在底薪接近的前提下，本质上这 3 种佣金制并没有什么区别，只是与顾问沟通的侧重点不同罢了。喜欢全局观的顾问喜欢预支制，特别喜欢领奖金的顾问喜欢底薪制度，不愿意动脑筋的顾问喜欢工资加提成制度。真正有意义的区别在于底薪的高低。一个底薪很高从而失去独特优势的佣金制有巨大的内在动力转为奖金制。在国际市场上，这种趋势的形成用事实证明了人们的创业精神是很不足的。中国会是例外吗？

结论： 在前互联网时代，业务成功的关键点是保持一个"铁打的营盘"。奖金制公司由于在"铁打的营盘"中投入巨大而具备大量生产初级顾问的能力，看起来相对领先。在互联网介入的过程中，这种成本极高的"铁打的营盘"可能会成为被"革命"的对象。

逻辑可能如下所述。

前大航海时期——50 年前，佣金制公司出现，中端猎头的原始期开始。猎头资源分散，社会组织能力不高，竞争主要表现在客情关系层面和顾问的培养 / 获取能力上。

大航海时期——20 年前，奖金制公司以流程的先进性崭露头角，借助资本市场放大了相对优势。这时，一线高管理成本的模式基本确立。猎头公司进入"帝国"时代。

信息化全球化时期——现在，随着互联网技术不断削弱封闭式内部资源的价值并使协同成本大幅下降，维持"帝国"制度的昂贵成本终于超过其价值，使分布协调式的资源组织形式成本更低、效率更高。"帝国"开始瓦解成或独立或联合的"岛国"，每个"岛国"的规模也会越来越小。在任何一个时间节点，"岛国"的规模等于最小有效作战单元。我们可以想象，若干年后，整个猎头市场的生态系统就是无数个具有明确市场竞争力的最小战斗单元，经过与一些平台的合作而处于一种动态竞合状态。在这个体系中，不参与直接战斗的一线管理成本被降到最低，实现效率最大化。这意味着在一线员工的成本中，管理成本将被降到最低，而连队收益将实现最大化。

在上述 3 个阶段中，每次进入下一个阶段的瓶颈在于：定位明确的战斗单元的普遍化和人们的自信及创业精神，能很好地服务于这些战斗单元，使之形成具有良性竞合关系的平台。

让我们拭目以待！

第**16**篇

猎头业务拓展中的"独孤九剑"

【闫培杰（Amos）】

■ 主编推荐 ■

　　猎头公司可以通过哪些途径拓展业务？这个问题凭常识就可以说出不少。这篇文章很朴实，难得之处在于对猎头公司拓展业务的途径做了全面而系统的梳理。不管是刚入行的新人，还是久经沙场的老顾问，相信都能从中得到启发。

对猎头公司来说，业务量是一个非常关键的指标。如何把控好这个指标，保证公司的所有顾问有单子做且能产生好的业绩，也不至于单子过多，顾问疲于应付，结果却很一般？另外，我们也不希望为了业务拓展而拓展：即拿来了很多新业务，但是与公司的资源匹配度不高，也不是顾问擅长做的单子，最后出现客户和公司"双输"的局面。

因此，公司在决定引入新业务时，首先要确定行业和客户的定位以及新业务拓展的时机，然后再充分利用具体的业务拓展途径和方法拓展新的客户和业务。在这里分享一些常用的新业务拓展的途径和方法，请同仁补充指正。

猎头公司新业务拓展的方法各有不同，可谓"八仙过海，各显神通"。在这里和大家分享一下我的招式。如果把它比作武功，那么我称它为"独孤九剑"，一共有"九式"，具体招式如下所述。

▽ 第一式：熟人介绍

熟人介绍是比较传统的业务来源。例如，候选人、以前合作过的人力资源顾问、业务总监、同学、前同事、老乡等。

熟人介绍的优势在于容易获得客户的信任，比较容易拿到职位，沟通起来也会比较顺畅。

熟人介绍的问题在于一旦职位寻访的结果达不到客户的期望值，客户与公司合作得不愉快时，还会连累介绍人，做熟人介绍的业务顾问往往压力比较大。

在任何一个行业，人际关系都非常重要，尤其在做"人"的生意的猎头行业更是如此。如果你有关系比较好的朋友或者同学做了招聘负责人或者某个业务部门的负责人，他们又可以使用猎头公司做招聘，这样的客户如果一年有 3 ~ 5 家，就可以给你提供比较稳定的业务来源了。通过这个渠道获得的客户，同样要注意与你的人才储备和顾问专注方向匹配。

第二式：品牌效应

在猎头行业，有些人认为品牌效应没有那么大，因为客户经常会说"我不在乎你是哪家猎头公司的，我更愿意与能力强的顾问合作"，这句话很有道理。

我们再深入了解一下，什么样的平台会培养出或吸引到能力强的顾问呢？还是那些有好品牌、好口碑的猎头公司才会受到客户和顾问的欢迎。如果你服务的客户非常满意，他们也会把你介绍给公司的其他业务部门或者同行。另外，如果你懂得推广，还可以利用百度的竞价排名，让你的公司搜索排名靠前，很多第一次使用猎头的客户与猎头合作时，会先到百度上搜一下猎头公司，看看公司的介绍、排名、口碑等，所以这也是猎头公司获得新业务的一个重要来源。

第三式：候选人

平时猎头顾问接触最多的是候选人，所以顾问一定要定期给以前面试过的所有候选人和曾经推荐成功的候选人打电话沟通交流！

顾问给每个候选人打电话时，都要带着新业务拓展的意识，让每通电话都成为业务拓展电话，即 Any call is BD call（打出的任何电话都是业务拓展电话）。

例如：

您好，请问您是张先生吗？

张先生，您好！我是 ××× 顾问，来自一家专业的猎头公司 ××× 公司。请问您现在讲话方便吗？

我是专注于 ××× 方向的猎头顾问。

我今天给您打电话是想看看您还在 ××× 公司吗？

您现在会考虑一些外面的机会吗？

可能性一：看机会

您主动看过哪些机会啊？哪家公司、哪个职位、汇报给谁、见过谁？

可能性二：不看机会

我能了解一下你们公司是否在招聘吗？哪个部门、哪个职位、汇报给谁、招了多久了？

没在招啊，那么多久以后你们可能会有招聘？

可能性三：刚换了工作

我能了解一下您现在在哪家公司吗？去了多久？怎么去的？

顺便问一下，您之前的公司招到人了吗？

另外，通过约候选人过来面试获取业务拓展信息也是一个非常重要的方式。约见候选人可以了解到市场职位的空缺情况，其目前所在的公司已经或者即将出现的招聘职位、招聘联系人的信息等。

▼ 第四式：背景调查

在给候选人做背景调查时，可以顺便问问他们所在公司的业务情况，如担任的职务、目前公司是否有招聘需求、是否有猎头在合作、效果如何等。这样既可以比较自然地切入业务拓展，又能为以后的业务拓展和合作做好铺垫。

具体步骤如下所述：

• 调查目标公司，调查目标决策人，了解候选人；

• 准备替补者的推荐报告；

• 联系决策人做背景调查，除了询问有关候选人的问题外，还可有意询问一些与业务相关的问题，将话题引到生意上；

• 和决策者聊候选人的优缺点，询问决策者对该职位的更多期望；

• 根据决策者的要求，描述目前手头上的候选人情况；

• 表示希望建立合作关系，询问更多的招聘需求；

• 约见拜访，展开合作。

▽ 第五式：广告追寻

广告追寻就是寻找并跟踪目标网站、行业协会、报纸等上面的职位广告。通过广告追寻，我们可以获得职位的相关信息，因为企业经常委托不同的猎头公司操作同一个职位，因此同一个职位会出现在不同的网站、社区或者论坛里。有些职位甚至是企业的人力资源顾问发布的。这些信息拼凑在一起，不难判断是哪家公司在招人了。然后找到这家公司的联系电话，就可以直接打电话过去进行业务拓展了。

▽ 第六式：网络渠道

知名招聘网站

一些知名的招聘网站上常常有许多公司的职位招聘信息，如果看到你想应聘的职位，可以直接拨打这些公司的总机，让前台转到人力资源部找人力资源顾问经理或者负责招聘的人力资源顾问。目前知名的招聘网站有51.job、智联招聘、中华英才网、猎聘、拉勾网、Linkedin 等。

新媒体

目前，比较盛行的新媒体如微信、微博，移动社交软件如脉脉、微人脉等，都可以在上面发现适合自己的职位信息和相关负责人的联系方式。同时还可以定期在这些新媒体上发布公司现有的职位，让更多的人知道你擅长的领域和职位机会，这样也会有人主动联系你做业务。例如，微信朋友圈的 Hot Jobs List（热门工作清单），你可以通过这个工具给候选人发送邀请，如下所示。

FMC 是在中国市场上有着超过 15 年历史的专业猎头公司，我们专注于 IT 和互联网职位，主要服务行业内的一线品牌和市场领先公司。

您是该领域中无论从能力还是技能角度都非常优秀的专业人士。我们真诚地希望与您保持长期的合作关系。表1是现在我们正在招聘的热门职位，很荣幸能定期与您分享。

表1 正在招聘的热门职位

职位	公司	年薪资范围
领导力发展总监	国内民营能源企业前100强	30万～50万元
学习与发展总监	知名上市能源公司	40万～50万元
人力资源总经理	知名地产公司	50万元

如果您有兴趣或者有合适的推荐人选，欢迎随时联系我们。您的关注和帮助是对我们最大的支持。

如果有任何我们能提供帮助的地方，请随时来电！或直接扫描以下二维码，联系我们的顾问×××，邮箱：××××××，电话：×××××××。

最后，可以附上顾问的微信二维码。

▽ 第七式：社交活动

根据公司的业务方向或者顾问专注的方向，参加一些相关主题的论坛、峰会、沙龙等社交活动，让更多的人知道你擅长的领域和猎头业务，这种方式会让你有不错的收获，但是要注意紧密跟踪和推动在活动中获取的有效业务拓展信息，否则效果不会很明显。

▽ 第八式：陌生电话拜访

在资源不多的情况下，打陌生电话（Cold Call）也是一种非常直接和有效的业务拓展渠道。利用这个渠道要做好以下准备：

• 企业通信名录（如美商会和欧商会的企业名录）；

• 关键人员的名单（人力资源顾问、候选人、业务负责人都可以）；

• 猎头业务和公司介绍以及擅长的职位和行业；

• 做好以上准备后，就可以开始逐个打电话了。

联系公司人力资源部（原则：自上而下）

联系人力资源顾问总监

顾问：你好，请问是人力资源顾问总监吗？

人力资源顾问总监：我是，您是哪位？

顾问：我是 ××× 猎头公司的 ××× 顾问，听说贵公司目前在招聘产品经理的职位，请问这个职位是您在负责吗？

人力资源顾问总监：这个事情我不负责。我们公司的招聘经理在负责。

顾问：具体找哪位呢？

人力资源顾问总监：您可以联系 ×××，她负责所有职位的招聘。你直接找她好了。

顾问：特别感谢您帮我介绍了 ×××，谢谢！我之前以为您全权负责，所以联系了您。我会按您的建议联系 ×××。我想到时候约 ××× 见个面，如果您那天在，我想当面谢谢您，跟您换张名片，您看可以吗？

联系招聘经理

顾问：您好，请问是 ××× 吗？

招聘经理：我是，哪位？

顾问：我是 ××× 猎头公司的 ××× 顾问，人力资源顾问总监 ×××（说名字即可）让我来找您，说您是全权负责招聘的，说所有事情跟您沟通就可以了！我听说您在招产品经理，我有这个荣幸过来跟您见一面吗？因为 ×××（人力资源顾问总监）说跟您约好之后，如果有时间她也会一起参加。

打回给人力资源顾问总监

顾问：谢谢您的推荐。××× 做事果然雷厉风行，您的团队果然很不一样！我已经跟她约好明天见面了，特地来感谢您的介绍。明天您在公司吗？我能有幸跟您换张名片当面谢谢您吗？我希望如果有机会，您也一起参加这个会议，您看可以吗？

  再打回给招聘经理

  顾问：×××您好，明天我们约了四点钟，时间确认。而且我也给人力资源顾问总监打了电话，她说有时间会一起参加。我会带两个人过来，我们一起来聊一下，谢谢您，明天见！

联系业务负责人

  顾问：您好！请问是 Victor 吗？您讲话方便吗？

  Victor，您好！我是×××，来自一家专业的猎头公司×××，我是专门负责××行业××职位的顾问。

  今天给您打电话是因为，我在面试几位来自 A、B、C 三家公司的产品经理候选人时，他们分别跟我谈到对你们公司产品经理的职位很感兴趣。同时提及您的口碑非常好，所以也很有兴趣和您一起共事。请问 Victor，您目前有适合他们的职位吗？

  好的。请问您的邮箱是多少？我现在就发给您。

  另外，Victor，因为我是专门服务××这个行业的，不知道是否方便约您见个面，喝杯咖啡认识一下？

  Victor，您阅览简历需要时间，您看我什么时候再给您打个电话沟通一下呢？周四上午 10 点还是周四下午 2 点比较方便？

客户拜访要点（基于多名顾问的拜访情景）

客户拜访要点如下所述。

•销售套装：统一笔、本、拜访表格等。

•提前到场后通知前台，可以先不通知人力资源顾问，到点后再通知；这段时间可以去洗手间整理着装、坐在前台周边观察公司情况等，如公司规模、人员性别比例、衣着打扮、走路速度等细节。

•注意尊卑位置，将尊位留给客户。

•主导顾问位置要与对方多名人力资源顾问、业务经理等距，必要时可以通过移动座椅来暗示对方位置。

• 把靠近人力资源顾问的位置留给新人顾问。

• 人力资源顾问未到时，多名顾问应站着等，可以聊一些轻松的话题。

• 人力资源顾问到来，主导顾问上前握手迎接时，要留意和门口之间的距离，不要把后面的人堵在门外。

• 下属顾问可以根据时机上前与其他人寒暄、交换名片等，不一定非要等到主导顾问一一介绍后再交换名片。

• 入座时让客户先坐。

• 开场 5 ~ 10 分钟不要直接进入主题，可以聊些轻松的话题缓冲一下，如天气、交通、会议室装修、装饰、公司介绍等。

• 同事在进行陈述时，其他人适当点头表示同意认可。

• 每位同事发言时，先谦虚一翻，再感谢客户，引出下一位同事发言时，言语中适当夸一下同事，如"技术男""Java 哥""电商女神"等。

• 注意：一定要多带几份候选人的推荐报告，根据具体推荐报告沟通了解客户的招聘需求！

▽ 第九式：服务好现有的客户，并不断获得衍生的新业务

有时候花大量的时间拓展新客户，不如踏踏实实地服务好现有的客户。提高服务质量，加强与客户合作的广度和深度，往往比新拓展来的客户更靠谱。

这里介绍的九种招式并非什么创新的招式，许多公司和顾问应该都在用。然而，大家通常会缺乏一种有效的机制，把以上所说的方法转变成可考核、可衡量、可持续的标准流程和动作。在"独孤九剑"的剑法心诀中，有一句"无招胜有招"，而施行这一心诀的前提在于了解自己和对手的情况，相机而动。与此类似，我们在实际应用于新业务拓展时，可以根据顾问自己及行业、客户的实际情况，将"九式"转变为日常工作中的一种习惯，灵活地组合应变，这样才能促进公司业务的发展和优化。

第**17**篇

高效高产顾问的 10 张图表

【施润春（Kevin）】

■ 主编推荐 ■

在前几篇文章中，多位作者从不同的角度论述了同一个问题：在中端招聘市场，反应式搜寻（Reactive Search, RS）模式将逐步被主动专注（Proactive Specialization, PS）模式所取代。施润春（Kevin）先生将在本文中和大家一起分享 PS 模式落地实操的具体思路、方法和细节。

在翔实细致的表格、数据的基础上，Kevin 栩栩如生地演示：即使一个资质普通的顾问循着正确的方法去努力，也可以毫无悬念地成为高效高产的百万顾问。对于猎头顾问一线操作的实战总结，在我所知道的文章中，本文无出其右者。

带着对效率的极致追求，Kevin 创立了谷露软件（Gllue Software）。他期望把自己对效率的理解融入软件系统中，通过技术与创新让招聘者工作得更高效、更有价值。

近年来，猎头行业已发生巨变，不管业务是否转型，大家都在寻求更高效的工作方式以提升自己的竞争力，猎头顾问也在这样的变革中寻求更适合自己的职业发展。

我梳理了自己的猎头从业经验，以理论结合实践，总结出以下 10 张图表，分享自己对高效高产顾问的探索，以供各位同行借鉴，见表 1。

表 1　百万业绩要素逻辑表

要素	数据
顾问应当维护好的候选人数量	500 人
为了维护好关系，平均每个候选人每年电话联系的次数（根据重要 / 紧急程度安排联系频率，平均每个候选人每月电话联系 1 次，一年则是 12 次）	12 次
每年电话总数	6000 次（500 人 ×12 次 / 人）
每日电话数（1 年按 250 个工作日计算）	24 次 / 天（6000 次 /250 天）
一年内换工作的人数（假设候选人平均 2～3 年换一次工作，一年内会有 40% 的候选人换工作）	200 人（500 人 ×40%）
通过你换工作的转化率（要达成 100 万元的业绩，以单笔业绩 5 万元算，需要 20 份聘书，所以顾问至少需要 10% 的转化率）	10%
聘书的数量	20 个
平均单笔业绩	50000 元
顾问一年的总业绩	1000000 元

我在 2007 年第一次听到有关猎头业务本质分析的培训。当时华德士（Robert Walters）收购了我所在的本土公司（Talent Spotter），前期做了多场颠覆我原有观念的培训。

培训的中心思想是如何使公司的平均业绩翻 3 倍。之后我结合自己的体会总结出了上述的要素逻辑表。下面逐一分析表格中的各项数据。

应当维护好的 500 个候选人应当满足以下标准。

• 候选人需要集中于某个细分领域（可通过行业、职能、地域、级别等条件交叉组合来细分），集中的目的在于加强候选人之间的关联性。

• 候选人只有经过面试（面对面）、质量过关并且与顾问有长期合作意向才能列入。

• 需要不断进行末位淘汰，补充更优质的最容易被客户录用的候选人（Most Placeable Candidates，MPCs）。

为了巩固好与候选人的关系，首次面试后需要合理安排后续的电话跟进。

• 合理的电话跟进频率。例如，对目前正在积极寻找机会的候选人需要3天或1周联系一次，直到其定下工作为止；对于现状稳定的候选人需要3个月或6个月联系一次；如果有些候选人半年或一年以上都不需要再联系，可以将其从这500人的名单中剔除。

• 有针对性地电话跟进内容。每次联系完要安排好下一次电话跟进的时间及内容，没有人会喜欢被漫无目的地叨扰。

• 电话跟进的目的是巩固关系，相互分享市场信息，及时获取候选人的动向等，后文中会详细图解一次电话跟进的流程。

这张百万业绩要素逻辑表从结果逆推可以得出，不同资质的顾问实现百万业绩所付出的成本是不同的。

一般天赋型：我的周围有很多猎头顾问可以在一次面试后和候选人称兄道弟，他们的转化率可以轻易超过上述表格中的10%而达到20%以上，因此只需要巩固200～300位候选人就可以轻易实现100万元的业绩。

高度天赋型：有些猎头顾问除了善于交际，可达20%的转化率之外，平均单笔业绩可在10万元以上。对他们而言，只要巩固好100～200名候选人就能轻易实现100万元的业绩。如果这类顾问又非常勤奋，愿意巩固人际关系，那么他们的业绩就会让人望尘莫及。

资质普通型：我刚做猎头顾问的时候性格内向、不善交际，所以我把自己定位成资质最普通的那类顾问。在短期内无法提高转化率，也无法掌控大

单，只能通过维护好规模 500 人左右的候选人才能实现 100 万元的业绩。

"百万顾问"这个名词并不指代同一类人，他们中有的人天资卓越得让人仰慕，但他们的成功很难复制；还有一类顾问通过勤奋及合理的战术打法也能达成一样的结果，这类顾问的成功方式可能更适合大多数同行借鉴和效仿。

与此同时，表 2 也从侧面勾画出了一条猎头顾问的职业发展道路：顾问应从信马由缰地四处寻找（Sourcing）候选人转向清晰地自我定位（某一类细分专注市场），并且有意识地巩固并扩大自己的人际交往来达成业绩。这样的工作方式和业务模式并无太大的关系，传统模式下的顾问同样可以效仿，但传统模式下的招聘需求只能跟着客户走，候选人的重复利用率较低。

表 2　猎头顾问的职业发展道路

核心竞争力	2006 年	2007 年	2008 年及以后
寻找（Sourcing）的权重	70%	10%	0
候选人关系管理的权重	10%	50%	40%
客户关系管理的权重	10%	20%	20%
匹配（Match）的权重	10%	20%	20%
开发新客户（BD）的权重	0	0	20%
业务模式	传统模式	传统模式转 PS	PS 结合传统模式
效率评价	勤奋、低效、低产	勤奋、高效、低产	勤奋、高效、高产

注：业界在描述以 Michael Page、Robert Walters 为代表的新模式时，使用更多的术语是"候选人驱动"（Candidate-Driven）。我个人认为，Candidate-Driven 可能不太准确，而 FMC 创始人陈勇先生总结的"主动专注"（Proactive Specialization，PS）则更加简洁，并且全面、深刻地抓住了新模式的本质（主动销售 + 细分专注）。所以，在此表及下文中，我将采用"PS"这个术语来描述这种新模式。

表格中的 5 项猎头核心竞争力如下所述。

• 寻找（Sourcing）：通过各种渠道搜集候选人，如在线招聘网站、打陌生电话（Cold Call）等。

- 候选人关系管理：与搜集到的候选人建立信任及合作关系。

- 客户关系管理：与现有及潜在的客户建立并巩固合作关系。

- 匹配（Match）：动态匹配候选人的求职意向及客户的招聘需求。

- 开发新客户（BD）：业务拓展。

上述表格中的各项数字指代了对各项核心竞争力的重视程度及每天的时间分配比例。例如，2006年，我作为寻访专员（Researcher），把70%的时间分配在了寻找（Sourcing）上。

我在转型过程中不断地降低寻找的权重，因为寻找是个体力活，而且是可替代性极高的体力活。工作5年以上的资深顾问在一个陌生领域拼寻找，未必敌得过刚入行的新人。

其他4项核心竞争力都是与人打交道的能力，他们的价值会随着顾问自己的职业发展年限递增。工作习惯其实可以看作顾问投资自己的方式，除了埋头勤奋工作之外，顾问更需要抬头看看自己努力的方向是否正确，只有将宝贵的时间成本投到可持续发展的能力上，才能让我们的工作越做越轻松。

未来，中国市场需要的是在某个细分、专注领域自给自足的高效顾问。而这类顾问需要掌握的是规模化细分专注型的战术打法，或者说是高效的工作习惯。

如果希望成为某个细分专注领域自给自足的高效顾问，最需要的是高效并且有计划地利用好每次电话沟通及面试的机会，持续从候选人端获取饼图中的市场信息，如图1所示。

除了打听出这些信息以外，还要对信息进行系统的梳理和分类。信息梳理的时间成本初期会较高，而且在短期内可能难以产生直接效益，但如果为了图方便不梳理，表1（百万业绩要素逻辑表）中提及的每年6000个高质量的跟进电话和随之产生的近10000个信息点（假设从1个电话中可以获取1～2个有价值的信息点）将慢慢消散，这就因小失大了。

高效的团队合作是快速针对某个细分专注领域内市场信息的重要条件。如果每天早上能在晨会中和团队内部组员相互分享各自在昨天获取的市场信息，每个顾问的有效信息就可以成倍扩大。如果能利用午餐或其他空余时间和其他团队的成员相互分享市场信息，有效信息又可以进一步扩大。这些合作及分享机制的养成非常考验公司的管理及文化氛围。

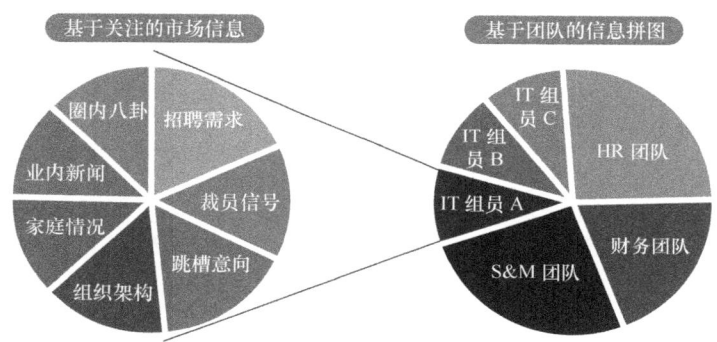

图 1　规模化细分专注型战术打法的根基

梳理信息→通过团队内部及团队之间的分享多次放大→再次梳理→最后及时地针对有效信息安排行动。例如，将信息反馈给需要的候选人巩固关系；又如，安排客户拜访获取合作机会等。以此循环的最终结果是，顾问将成长为该细分专注市场内的信息中枢，丰富且及时的信息量是赢得候选人的尊敬及客户合作的必备条件。

从传统模式转型至 PS 模式，我根据自己的经历归纳出一套培训流程，共 9 个阶段，跨度 12 周，见表 3。

表 3　规模化细分专注型战术打法的培训要点

阶段	时间 / 周	培训内容	培训目标
1		电话沟通（约面试）	掌握高效的电话沟通流程
2	第 1 周～第 2 周	顾问面试	掌握高效的面试流程
3		候选人评审（晨会）	掌握高效的晨会流程

续表

阶段	时间/周	培训内容	培训目标
4	第2周~第5周	面试（面谈）50个有质量的候选人	将50个候选人录入系统，信息须完整（有简历、推荐报告、评语）
5		选出热门候选人（将候选人推荐给潜在客户）	从面试的50个候选人中，选出6个最有可能成功推荐给潜在客户的候选人
6	第5周~第7周	客户沟通培训	创造客户拜访，在拜访时建立信任感：提供专业服务、收费费率谈判、协调聘书、进行背景调查等
7		和经理一同拜访客户	每周拜访5个客户
8	第7周~第12周	开始独立操作所有业务流程	关键绩效指标达标；2份聘书；15个进展中的项目
9	第12周	培训结束后，关键绩效指标不达标或聘书数量不达标的顾问被淘汰	

针对这张表，我们可以从以下两个角度进行分析：

• 成为一名合格的规模化细分、专注型战术打法的顾问，需要具备哪些方面的能力；

• 公司可以参考此流程制定或优化现有的新员工入职培训。

在这9个阶段中，每个阶段都需要将培训与实战紧密结合，流程如下所述。

• 培训师讲解并亲自示范。

• 顾问通过实战巩固培训内容。

• 培训师打分，不合格者被淘汰。

其中选出热门候选人是指将候选人推荐给潜在客户，以此赢得客户拜访的机会。该技能是 PS 模式中主动（Proactive）环节的重要组成部分，有以下几点基本要求：

• 推荐的对象是顾问细分、专注市场内的优质候选人；

• 需要和候选人面谈沟通，了解需求并征得其同意后，再以这种方式进行推荐；

•推荐的目标公司是候选人有求职意向的公司；

•推荐之前最好和目标公司的人力资源顾问或业务部门的直属经理沟通，并确认他们愿意以此方式接收候选人推荐；

•推荐之后要及时与目标公司的联系人电话跟进，争取一次客户拜访。

在这张培训流程表中，电话、面试及晨会是通用性非常大的 3 个环节，也是顾问每天工作的主要内容，在下面的篇章中会展开细述，希望能给大家提高效率带来一些启发。

从培训环节和内容上看，该战术打法需要的是全能型选手，这样才能真正在自己的细分专注领域做到自给自足。非全能型选手则需要能力互补的队友。目标分解及每周需要达到的关键绩效指标见表 4。

表 4　目标分解及每周需要达到的关键绩效指标

周期	客户拜访（次）	新职位（个）	顾问面试（次）	简历推荐（份）	面试轮次（次）	聘书（份）	业绩（元）
一年	240	80	510	1020	340	20	1000000
半年	120	40	255	510	170	10	500000
季度	60	20	128	255	85	5	250000
月	20	7	43	85	28	2	80000
两周	10	3.5	20	40	14	1	40000
周	5	1.7	10	20	7	0.4	20000
日	1	0.34	2	4	1.4	0.08	4000
小时	0.12	0.04	0.26	0.51	0.17	0.01	500

注：该图表是逆推平均单笔收费在 50000 元的顾问完成 1000000 元业绩需要付出的各个环节的成本，其中的各项权重仅适用于 PS 模式，传统模式下的各项权重是完全不同的。

表格中的数据假设的条件如下所述。

•每拜访 3 个客户可以拿到 1 个新的职位（1 次客户拜访的时候如果能见到 3 个客户联系人，则算 3 个客户拜访）。

• 每 4 个新职位可以成功完成 1 个。

• 每个面试过的候选人可以推荐两次。

• 每推荐 3 个人次可以获得 1 次客户面试。

• 客户面试 17 轮次（所有候选人的面试次数累加）可以定下 1 份聘书。

• 每份聘书的平均收费是 50000 元。

在这样的假设条件下，顾问需要做到的每周关键绩效指标如下所述。

• 顾问面试：10 次（面谈）。

• 简历推荐：20 份。

• 客户面试：7 次。

• 客户拜访：5 次。

据观察，顾问差不多要经历半年左右的适应期才能逐项完成上述的关键绩效指标，这样的工作总量是传统模式下的 3 倍左右。以此看来，业绩能增长 3 倍的目标也变得合情合理了。

普通的顾问可以在这样的关键绩效指标下完成 100 万元的业绩，有天赋的顾问则能完成 200 万元甚至更高的业绩，或者关键绩效指标减半也能轻松完成 100 万元的业绩。在这么高的关键绩效指标下，公司采用传统模式还是 PS 模式已经不重要了，只要不是关键绩效指标的数据有水分，顾问都能完成百万业绩的目标。但是从长远来看，这两种业务模式的差异还是非常大的。

第一，传统模式下的候选人的重复利用率较低，积累的优质候选人推荐一次后可能再也用不上了，每年要在新的领域重新开拓。

第二，PS 模式下的候选人的重复利用率较高，顾问能随着在细分专注领域内人际关系的巩固越做越轻松。

第三，业务模式并不是原本就存在的，而是在顾问不断追求高效的过程中慢慢形成的，它内在的所有流程环节都可以看成将高效极致化的结果。顾问为了追求高效而选择相应的最佳业务模式，如现在谈及的 PS 模式。反过来说，低效的顾问在 PS 模式下如果不做改变，依然是低效低产的。

不是业务模式导致高效，而是高效选择了相应的业务模式。PS 模式开荒第一年标准的一天见表 5。

表 5　PS 模式开荒第一年标准的一天

上午	08:15 ～ 08:30	进公司（西装、领带、皮鞋）
	08:30 ～ 09:30	候选人评审（晨会）
	09:30 ～ 11:30	完成系统内的待办事项（10 ～ 20 个电话）
	11:30 ～ 12:00	顾问面试
中午	12:00 ～ 12:30	和候选人吃工作餐
		和其他团队一起吃工作餐，市场信息拼图
下午	13:30 ～ 14:00	顾问面试
	14:30 ～ 18:30	和候选人约顾问面试（20 ～ 40 个电话）
晚上	18:30 ～ 19:00	晚餐
	19:00 ～ 20:30	电话跟进面试过的候选人（10 ～ 20 个电话）
	下班后	梳理当天获取的各类信息

转型第一年的初期，公司暂时搁置了不适合 PS 模式的客户，同时也舍弃了细分专注领域以外的候选人，从一片空白开始一点点耕耘市场，这个起点已经极低了。

以猎头行业的新人为例，前期的 50 个 MPCs 基本源于在线的简历库，缺乏前期积累的情况下只能以诚动人地将候选人约过来面谈，往往需要 10 个左右的电话才能约到一个人。

为了尽快建立起规模在 500 人左右的候选人圈，每天需要面试 2 ～ 3 个候选人。若一年以 250 个工作日计算，则可以面试 500 ～ 750 人，加上一定的淘汰率，勉强能在一年内攒满 500 人。

随着 MPCs 的增加，后续电话跟进的时间成本会极速上升，所以只能安排 19:00 ～ 20:30 处理跟进电话，这时候选人一般都下班了，也比较方便聊天。

开荒第一年算是白手起家，过得比较辛苦。

大猎论道
——真实世界的猎头艺术（修订版）

第二年开始有起色，随着与圈内候选人关系的日益加深，有些候选人会通过朋友的推荐慕名而来，口碑效应逐渐显现，寻求推荐也开始得心应手。资质普通的顾问能通过长期、有效的服务赢得候选人的信任，因此不再依赖打电话等寻访手段，原先用来约面试的时间可以用来打跟进电话，加班的频率也随之降低。

第三年开始能针对部分招聘职位做到在半小时内推荐 2 ~ 3 名候选人，甚至能赶在客户写出职位需求前就推荐合适的人选，力图比竞争对手棋高一着。能做到高效推荐的前提条件是全面地了解细分专注市场内的信息：

• 细分市场内候选人的性格、能力、职业发展方向、薪资期望等；

• 细分市场内各类公司的招聘需求、组织架构的划分、关键决策人员的性格喜好等。

如果把巩固 500 人左右的候选人规模目标放宽到 2 ~ 3 年内完成，每天的工作就会轻松很多。

高效的顾问面试见表 6。

表 6　高效的顾问面试

面试目的		筛选可以长期合作的 MPCs
		与 MPCs 建立初步的信任基础
面试流程	阶段一	招呼、握手、递水等基本礼仪
		确认面试目的
		交流市场信息、初步建立顾问的口碑
	阶段二	核实简历中的疑点
		确认候选人的基本信息
		确认是否对现有的职位感兴趣
	阶段三	捕捉候选人的兴趣点，为长期跟进做准备
		选出最有意向的公司（100 家适合候选人发展的目标公司）
		选择性地点评几家候选人最有意向的公司
高效面试的基础		持续的市场信息拼图

一般的猎头顾问很难做到在面试后就和候选人称兄道弟，往往需要一次面试辅以多次具有针对性的电话跟进后，才能与候选人建立信任关系。

前面提到过市场拼图这个概念，在市场拼图有一定规模之后，可以逐步列出细分市场内的优秀公司。例如，列出 100 家上海本地适合 IT 领导者发展的外资公司，其中有已签约的客户，有开发中的客户，有愿意接受推荐服务的公司，还有一些没开始合作的公司。列表应包括公司名称、基本介绍、组织架构、负责招聘的决策人员情况等，这张列表需要持续更新。

在表 6 所示的面试流程的 3 个阶段中，可以让候选人勾选其最有意向的公司，猎头顾问可以选择性地点评若干公司及部门的现状，实现以下效果：

• 通过展现自己对行业的熟悉程度，在候选人面前树立自己的口碑；

• 从侧面证明自己有能力帮助候选人把握市场机会，这样在后续电话跟进时，候选人会更愿意分享信息；

• 候选人勾选的目标公司就是最适合他的推荐列表，面试后便可开始有针对性的行动；

• 候选人感兴趣的公司会成为顾问后续与其电话跟进时的聊天内容，以此不断拉近与候选人的距离。

如图 2 所示，高效的电话跟进需要做到以下几点。

• 预约安排。提前安排好时间及沟通内容，如初次面试时发现候选人对医药行业的 IT 管理工作有较大的兴趣，而且打算 3 个月后考虑市场机会，那就记录该信息，在恰当的时机电话跟进。

• 市场信息的分享原则是给予 > 索取。对长期联系且相对熟识的候选人可问"是否正在面试其他职位"这类敏感问题。

• 在电话沟通过程中，利用系统同时完成一系列操作。例如，记录电话内容、邮件跟进、安排下一次电话跟进的时间、谈话内容等。

• 如果获悉潜在的市场机会，应列入次日晨会内容并及时转化为客户拜访。

• 高效顾问其实是一个个高效电话累积起来的，如果每年的 6000 个跟进电话都能达到以上要求，一年后将会极大地提高自己的市场口碑和竞争优势。

晨会只要能形成有效的市场信息分享氛围即可，不要拘泥于形式。前面提及的基于团队的信息拼图，现在看就更容易理解了，规模化细分专注型打法的根基就是市场信息，晨会的目的就是用团队成员的合作提高自己的信息量，见表 7。

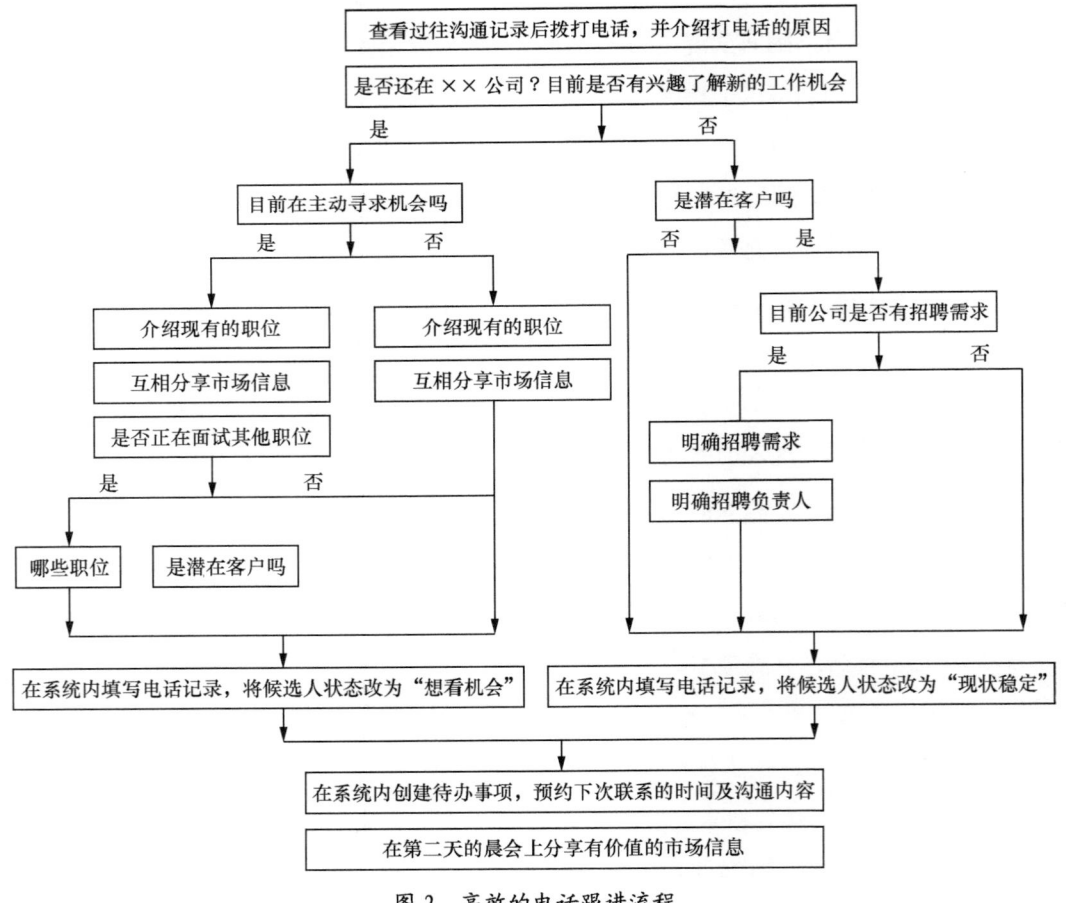

图 2　高效的电话跟进流程

表 7　高效的晨会流程

晨会目的	团队内部的市场信息拼图
	市场信息基本来自候选人，所以晨会的流程是围绕不同类型的候选人进行的
晨会内容	昨天顾问面试过的候选人
	已经被客户面试过的候选人
	目前想看机会的候选人（这类候选人是"市场雷达"，需要紧密联系直到其找到工作或放弃"跳槽"为止）
	资深的候选人（这类候选人是大单来源及直线经理）
	分享其他市场动态信息（如从其他团队获悉的招聘信息）
晨会要点	顾问分享的内容需要对团队内的大部分成员有益
	有价值的市场信息需要立即转化为可执行的方案

主动销售、保持高效、分解目标这 3 点是高效顾问应该具备的工作意识，见表 8。

表 8　新顾问如何快速成单

主动销售	理解自己的工作本质是销售	向候选人"销售"合适的工作机会
		向客户"销售"合适的候选人
	不断加强自己的销售能力	马上行动比思考更重要
		优秀的运动员是通过不断的练习变得更优秀，而不是通过思考
保持高效	能管理的只有自己的效率	时间无法被管理
		每个人每天拥有的时间都是 24 小时
	清楚自己的高效时间段	合理安排自己每天的工作节奏
		在高效的时间段做最有价值的事情
	清楚自己最想逃避的工作	用行动舒缓压力
		如果抗拒业务拓展，则在这段时间内进行几个顾问面试
		如果抗拒顾问面试，则在这段时间内打几个销售电话
		如果有事情拖到最后也不想做，则及时寻求他人的帮助

续表

分解目标	分解业绩目标
	根据自己的平均单笔业绩，设定自己每周的顾问面试数及简历推荐量
	根据自己的项目完成率，设定自己每周的客户拜访量

　　文中的 10 张图表是我猎头工作的实战总结，希望能给大家带来帮助和启发，优化业务思路及战术打法，缩小与外资猎头公司的差距。

第**18**篇

从财务分析的角度看猎头

【傅立科（Kin）】

■ 主编推荐 ■

　　很多人认为猎头行业是一个暴利行业，因为在大多数情况下，猎头服务费的费率在候选人年薪的 20% 以上，而且其主要的成本就是人工与房租。我在创业之初，甚至以为谁要是把猎头这个生意做亏了，还真的有点本事。但现在，我想大多数有经验的猎头创业者能体会到猎头生意不但并非暴利，而且还有不少风险。

　　在这篇文章中，作者将以严谨的方法，让你从财务的角度更深刻地理解猎头这项业务。

　　猎头行业进入中国已有 20 余年，随着社会分工愈加细化，越来越多的专业人士加入这个服务领域，整个行业变得更加专业和规范，前景更加广阔。作为一个有志于在这个行业长期发展的从业者，我基于个人过去几年从事的细分领域，想从财务预算和财务分析的角度上，看看猎头行业的一些内在逻辑和趋势。

　　首先，从全球来看，这个行业发展到现在已有几十年的历史（一种说法是，1946 年 Kelly Services 的创始人 William Russell Kelly 开创了招聘服务行业，但无从考证）。到目前为止，在全球范围内以猎头为主营业务上市的公司也有多家，那么到底如何定义猎头呢？我们尝试按照全球领先的招聘服务机构 ——英国上市公司 Hays 的定义区分猎头与其他招聘服务模式，如图 1 所示。

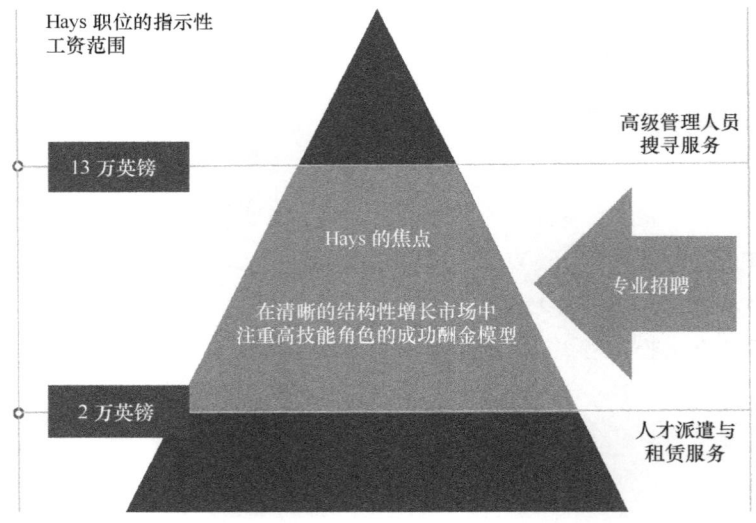

图 1　Hays 招聘服务的 3 个层次
资料来源：Hays Annual Report and Financial Statement 2014

　　Hays 按照候选人年薪的差异把直接招聘服务分为 3 个层次：

•0 ~ 2 万英镑：Generalist Staffing，人才派遣与租赁服务。

•2 万 ~ 13 万英镑：Specialist Recruitment，行业（职能）专业招聘（俗

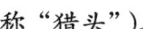

称"猎头")。

•13万英镑以上：Executive Search，高级管理人员搜寻服务。

我个人认为这是全球招聘领域一个公认的分类方法，尽管薪水的数值没有固定或者很清晰的标准，但是分类的逻辑还是清晰、准确的。

从各个细分领域的公司来讲，高级管理人员搜寻服务主要以"五大"为代表——光辉国际（Korn Ferry）、海德思哲（Heidrick & Struggles）、亿康先达（Egon Zehnder）、罗盛（Russell Reynolds）以及史宾沙（Spencer Stuart）。这些公司的服务模式从全球来看是按照过程收费的，整个服务流程类似于咨询公司。

行业（职能）专业招聘机构提供中高端招聘服务，即我们俗称的猎头服务。这些公司在中国活跃的也有很多，外资公司有以 Michael Page、Robert Walters 为代表的奖金制和以 Hudson、Hays 为代表的佣金制两大类，国内规模比较大的有科锐、Mango 等。

人才派遣与租赁服务让招聘服务行业诞生了全球五百强企业，如 Adecco、Randstad 以及 Manpower。在国内，科锐以及易才都有相关的业务。这种服务模式更像劳务中介（Workforce Agency），按照派遣及配置候选人的数量和工资总额收取一定的管理费与服务费。

本文关于猎头的定义就围绕着 Specialist Recruitment（行业专业招聘）这个中高端招聘服务领域来展开。我们要讨论的出发点是从财务分析的角度来看猎头。那么先来看看行业内部分上市公司的财务报表关键数据，见表1。

表1　行业内部分上市公司的财务报表关键数据

财务审查	2014年上半年集团财务大事记		
	2014年上半年	相比2013年上半年	CER*
收入	5.12亿英镑	↑1.8%	↑8.3%
总收益	2.637亿英镑	↑0.7%	↑7.9%
营业利润	3570万英镑	↑11.0%	↑21.4%

续表

财务审查	2014 年上半年集团财务大事记		
	2014 年上半年	相比 2013 年上半年	CER*
税前利润	3560 万英镑	↑ 11.1%	—
基本股息	7.60p	↑ 8.6%	—
中期股息	3.42p	↑ 5.2%	—
现金净额	4290 万英镑	↓ 470 万英镑	—

＊：CER是Constant Exchange Rates，固定汇率。
资料来源：Page Group Interims-Presentation- 2014

从表 1 中我们可以得到以下数据。

• 2014 年上半年的销售额：5.12 亿英镑。

• 毛利润：2.637 亿英镑。

• 营业利润：3570 万英镑。

• 税前利润：3560 万英镑。

在猎头行业，我们可以简单地定义一下上述的财务名词，并做一些简单的财务分析。

• 毛利润 ＝ 销售额 － 直接成本（猎头行业主要是人工成本）。

• 营业利润 ＝ 销售额 － 直接成本 － 间接成本（租赁费、差旅费、IT、市场销售、行政等）。

• 毛利率 ＝ 毛利润 ÷ 销售额 ＝ 263.7 ÷ 512.2＝ 51.5.%。

• 息税前利润率 ＝ 营业利润 ÷ 销售额 ＝ 35.6 ÷ 512.2＝ 7.0%。

不知道这个财务分析得出的结果是不是和大家对传统概念中的猎头业务的理解一致。全球领先的猎头公司的毛利率为 51.5%，利润率才 7%？是不是颠覆了很多人认为猎头公司利润率很高、成本相当低的观念？猎头公司的成本到底有哪些？什么样的成本结构才是合理的？

笔者根据自己掌握的基础财务知识以及 10 多年的猎头行业从业经验，做了一个财务管理和预测模型（见表 2），通过解读猎头公司的成本构成，

表 2　猎头行业财务管理和预测模型

利润和损失预测								
项目	百分比	总额（元）	一月（元）	二月（元）	三月（元）	四月（元）	五月（元）	六月（元）
销售额	—	6000000	1000000	1000000	1000000	1000000	1000000	1000000
商业税	6.0%	360000	60000	60000	60000	60000	60000	60000
运营成本	—	—						
工资	32%	1917000	304500	304500	304500	334500	334500	334500
佣金	12.9%	776000	—	—	388000	—		388000
保险	8.0%	480000	80000	80000	80000	80000	80000	80000
租赁和折旧	8.0%	480000	80000	80000	80000	80000	80000	80000
行政	1.0%	60000	10000	10000	10000	10000	10000	10000
IT	1.7%	100000	10000	10000	10000	10000	10000	30000
销售	2.5%	150000	25000	25000	25000	25000	25000	25000
市场	1.0%	60000	—	—	—	60000	—	—
培训	1.6%	96000	—	—	48000	—		48000
其他	0.3%	20000						
息税前利润	25.0%	1501000	430500	430500	-25500	340500	400500	-55500
人数统计（人）	—	—	16+4	16+4	16+4	20+4	20+4	20+4

进一步解读猎头行业。

在解读上表之前，首先确认这个财务模型的 4 个设定标准。

• 整个财务模型是基于一个中等规模且追求美誉度和成长性的猎头公司而设定的。

• 薪酬体系按照佣金体制下人均 50 万元的产能确定工资和佣金比例。

• 整个财务预算按照息税前利润达到 25% 来确定（事实上，全球公司的目标利润率是 20%）。

• 息税前利润 ＝ 销售额 － 运营成本 － 商业税 － 其他成本。

◎ 影响财务预算和分析的几个关键指标

企业愿景：按照中国猎头市场目前的状况来看，我们可以简单地把年销售额 1000 万元以下的公司划归为小公司，将 1000 万 ~ 5000 万元的归为中型公司，将 5000 万元以上的归为大公司。每家公司的目标不同就会产生不同的投入：是期望做成一个服务大众的沃尔玛，还是想做一个精品超市？是想招募到市场上顶级的顾问，还是想以初级员工为主？是想在高大上的写字楼群中占据一席之地，还是希望更加经济实惠地选择一个普通的写字楼？

发展阶段：按照基本的发展逻辑划分，公司可以分初创阶段（Start-up Phase）、发展阶段（Growth Phase）和成熟阶段（Development Phase）。在这 3 个阶段中，初创阶段和成熟阶段的财务预算与实际支出相对比较好管理，利润率也相对较高。在发展阶段的财务预算和分析是最难做的，因为不确定因素太多，人员的变动比较频繁，办公室的变迁也比较频繁，游戏规则不太明确导致支出不均衡的现象比较多。

业务模式：在整个财务支出中，薪酬会占很大的比例，所以采用什么样的业务模式会在很大程度上影响财务预算，目前市场上主流的薪酬体系可以分为奖金制和佣金制两大类。两类薪酬体系的不同会造成人员选择的不同和月支出的不同。

◎ 财务模型的分析和解读

从表 1 所示的财务模型中可以看到，整个成本可以分为运营成本、销售及其他成本，其中人工成本（包含工资、奖金、社会保险）占了整个销售额的 52.9%。在实际运营中，这个成本还会更高，有些甚至超过 60%。我们对以下条目逐一进行解读。

销售额：这个不用多讲，只是各家公司开发票的时间略有不同，最强势

的猎头公司在候选人接到录用通知后就要出具发票，然后客户在约定时间内付款；一般的猎头公司在候选人上班后的几个工作日内出具发票，然后客户在约定时间内付款；还有一些客户在候选人上班 3 个月后才允许猎头公司开发票。所以销售额需要按照发票金额确定。

商业税：在中国目前营改增的大环境下，按照纳税人销售额的不同，分为小规模纳税人和一般纳税人，实际税率在 3% ～ 6%。

人工成本：猎头公司的人工成本是整个成本中最重要的部分，也是整个成本控制中最值得研究的部分，因为我们一直在讲，猎头公司是与人打交道的，有什么样的团队就能做出什么样的事情，而薪酬体系是团队搭建的基础，只有搭建一个有吸引力的薪酬架构体系，才能吸引足够多的优秀人才加入这个公司。在人员固定的情况下，工资和社保基本是固定的，如果全部按数缴纳，社保需要占基本工资的 44% 左右，奖金部分按照目前市场上主流的薪酬架构体系大概可以分为佣金制和奖金制。总体而言，猎头公司的人工成本不应也不宜低于整个销售额的 50%，否则很难建立有吸引力的薪酬架构体系。

租赁费：北京、上海、深圳等一线城市，A 级写字楼的费用大约是 10 元 /（平方米 / 天）。按照一般财务预算的标准，像猎头行业这样轻资产、重人工的行业，办公室的租赁费用大约是销售额的 6% ～ 10%，每个工位的费用为1500 ～ 2000 元，影响这个比例的因素有以下几个。

发展程度——公司在扩张期很难达到 90% 以上的工位利用率，所以会影响这个比例。

品牌度——有品牌或不需要品牌的公司可以选择办公楼稍差、办公室租赁费相对较低的场地，而对品牌有较高追求的公司则会选择地理位置及楼宇品质更好的写字楼。

IT：IT 的费用分为硬件、软件以及日常维护的费用。

硬件属于一次性投入，按照目前的行情来看，硬件在整个成本中所占的比例较小。

在软件方面，一般有两类选择。一类是选择自己开发的独立数据库。其优点在于：第一，按照业务的实际需求量体裁衣地开发，实用性更强；第二，数据的安全性会更高。其缺点在于：第一，成本会比较高；第二，日常的升级和维护需要专门的团队负责。另一类就是使用通用的猎头软件。从费用上看，使用通用猎头软件的成本低于自主研发的数据库软件的成本。

对于工厂费用的投入，各个公司的差异巨大：从全球的猎头公司来看，每年 IT 部分的投入都是巨大的；在国内的公司中，既有每年投入数十万元的公司，也有每年投入不超过一万元的公司。

销售费用：主要是差旅费以及维护客户、候选人的交际的费用。对全国性的公司来讲，差旅费将是其中比较大的部分。如何利用外部的差旅管理专家、降低差旅费用，将是全国性公司的下一个成本控制课题。维护客户和候选人（实际上这两类人往往是相互转化的）的费用，各个公司很难有比较明确的金额标准，但是总体而言，越来越多的公司鼓励通过喝咖啡交流。

市场费用：包含公司在市场推广、公司品牌形象建设中支出的费用。公司网站的建设和维护业务拓展新人包（BD package），这里面包含公司、行业组、顾问的基本介绍以及公司的合同标准文本等。

公司礼品：一般有台历、笔记本、小 U 盘等有特色的小礼物。

节日祝福：按照美国《反海外腐败法》的相关规定，一般而言，礼物价值在 100 美元以内的都算正常的商务礼仪。

另外，还有各类展会以及外部广告费用的支出。

培训费用：猎头行业的培训非常重要，一套完整的培训体系往往决定了其未来可持续发展的能力，市场中成熟的顾问毕竟是有限的，按照本公司的方法和工作模式培训出来的新人对公司的归属感以及忠诚度都是最高的。培训内容可以分为专业培训和行业培训，专业培训即猎头行业技巧性的培训，可以按照不同的级别，给寻访专员、顾问、团队经理以及更高级别的人确定

培训计划。在中国目前的整个行业培训中，实操性非常强的领导力培训比较少。所以，培养出百万顾问的团队经理比培养一个百万顾问更难。从预算的角度可以给出以下两种方案。

- 第一种方案：公司整体员工工资福利的 1.5% ～ 2.5%。
- 第二种方案：如果只是想定期按天数做培训，现在一天的培训费市场价在 2 万～ 4 万元，可以容纳 25 ～ 30 个员工来听课，具体到人头，每天的课程人均在 800 ～ 1000 元，可以根据自己的需求选择。

以上就是按照笔者的理解逐条解读猎头行业成本的各种构成及大致比例，因为各公司的愿景和目的有很大的差异，所以在实际操作中，构成比例的差异也会比较大，但是总体的分配逻辑大体是一致的。

管理大师彼得·德鲁克（Peter F. Drucker）对企业的目的是这样定义的："关于企业的目的，只有一个正确而有效的定义，即'创造顾客'。顾客决定了企业是什么，只有顾客愿意付钱购买商品或者服务时，经济资源才能转变成财富。"对于刚刚兴起的中国猎头公司来说更是如此，随着经济新常态的到来，作为专业服务领域的猎头行业也进入一个新的市场格局和竞争态势，中国 GDP 两位数增长的年代已经一去不复返，互联网化的浪潮不断冲击着这个底蕴不足的新兴行业。这就要求我们的企业更加规范和具备创新意识，我们更应该看重企业的客户服务能力和企业的综合生产能力，而不应该一味地追求规模效应或者成本优势，而忽视对客户服务能力的提高、对员工的培养和对品牌的建设，以及对社会的责任。

作为一个从业 10 多年的行业人士，我真切地希望这个行业能够涌现出越来越多管理规范、模式清晰、个性鲜明的好公司、大公司。

第 **19** 篇

通向胜境的阶梯
—— 从工程师到世界级猎头顾问

【陈敏儿（Michelle）/文　王忆民/译】

■ 主编推荐 ■

　　从事猎头职业之前的工作经历与人生阅历，对成为一个优秀的猎头顾问往往是至关重要的，因为猎头是一个需要理解组织需求与个人人生的职业。然而，从一个职场人士转变为一个成功的猎头顾问绝非易事，这个过程甚至可能非常痛苦。陈敏儿（Michelle）无疑是成功转换的典范：在短短几年时间里，她从一个工程师转变为一个世界级的猎头顾问。相信她的故事会启发更多想转行猎头行业并长期发展的后来者。

　　2001 年，我拒绝了某猎头公司给我的一个工程总监的入职邀请。不久之后，那个猎头公司的老总邀请我加入猎头行业。在此之前，我从来没有想过从事猎头工作。我成长在一个科学家家庭，所以很自然地走上了这条路，而且颇有建树。26 岁时，我获得了中国香港特别行政区政府颁发的发明奖；33 岁时，我成为一家原始设备制造商（Origiral Entrusted Manufacture，DEM）的亚太地区工程总监。然而，那个老总的话打动了我："如果你成为一个猎头顾问，你就可以快速和直接地改善人们的生活，能做这种工作的人并不多。"我的丈夫托尼·迪克尔（Tony Dickel）当时是 MRI 大中华区的特许经营人，我和他商量转做猎头顾问的事。Tony 觉得我这辈子从没卖过任何东西，我个性真诚、直接、讲原则，善于分析和解决问题，但从未从事过商务工作，所以他认为我不适合做猎头顾问。或许是因为不想让丈夫看轻我，我最后决定接受这个挑战。可惜当对方知道 Tony 是我的丈夫——他们的竞争对手时，决定收回入职邀请。最终或许 Tony 屈服于我的决心，2001年 8 月 1 日，我拿着之前工作 1/3 的薪水，带着"我来改善人们生活"的坚定信念加入了 MRI。

　　没过多久，新挑战带来的刺激慢慢消逝，我开始意识到猎头行业并非我想象的那样有使命感。虽然 Tony 曾不断告诫我，猎头顾问做的是销售工作，然而我一如既往地忽视他的意见，直到事态发展到几乎不可收拾的地步。作为一个工程师，我的工作是把潜在的问题告诉我的内部客户，由于我的专业权威，内部客户也自然会听取我的建议。刚开始做猎头顾问时，我依旧采用同样的方法，把候选人的潜在问题告诉客户，可能正因如此，我大大受挫。有一次，我给了客户 28 个候选人的简历，结果对方连一个面试的机会都没有给。整整 5 个月过去了，我连一个单子都没有做成，这几乎打破了 MRI所有人的最差纪录。我的优越感和自信心荡然无存，唯一让我坚持下来的是我不想让 Tony 有机会说："你看，我说过你不适合这行的。"

　　在那个时候，我开始进入"生存模式"。我放弃了所有捷径，开始了"科学阶段"。我也意识到唯有合理地计划，才有可能收集合适的信息并成为一个"知识型员工"，才有可能步入猎头工作的不同阶段，从而有机会成为把握市场的人。于是我开始合理安排每天的具体工作内容，每天下班前安排好第二天的工作。

那个时候，我的一天是这样安排的：

• 9：00 ～ 9：15，查邮件、调整计划；

• 9：15 ～ 10：15，向客户介绍候选人搜寻进展；

• 10：15 ～ 11：45，开发客户；

• 11：45 ～ 12：00，回复电话和邮件；

• 12：30 ～ 13：30，午餐；

• 13：30 ～ 14：00，回复电话和邮件，做背景调查；

• 14：00 ～ 16：45，搜寻候选人；

• 16：45 ～ 17：00，回复电话；

• 17：00 ～ 17：30，处理邮件；

• 17：30 ～ 18：00，计划（第二天的工作）。

除此之外，晚上我还会再花些时间做调研，学习行业知识。

◉ 科学阶段

在这个阶段，你或许没有很多的行业知识，对候选人的了解也不全面；你很可能会采用交易或"产品销售"的方法；你感到自己必须尽可能多地创造可供客户及候选人交流的机会，尽可能多地收集相关信息，你还会感到自己像一台机器且压力重重；你可能会感觉自己对事情的发展没有掌控力，对自己的能力不是很有信心，对自己的服务价值有所怀疑；你会感觉自己在客户和候选人之间进行来来回回的乒乓球式的对话；你可能会过度销售，在"诊断"前就"开药"，由于缺乏故事的积淀，你很难在谈话中明确自己的定位……在这个阶段，没有很好的计划就相当于正在计划着走向失败。

虽然面临上述的自我怀疑及客观的瓶颈，我仍然坚持着，终于在一个月内完成了第一单业务。我感觉这好得不得了，但是由于合同签订欠妥，一个年薪20万美元的职位，我只收到6000美元的服务费。在完成第一单的同时，我也收获了另一个教训。

对许多猎头顾问来说，如果没有行业经验，"科学阶段"是必经之路。如果你有足够的精力、灵活性、获胜的欲望、不走捷径的精神，你可以在9～12个月完成"科学阶段"的积累并进入"过渡阶段"。花9～12个月成为一个"知识型员工"，比其他任何一个职业花的时间都要短得多，但别忘了我们做的事情和其他职业一样有价值，并且收入回报巨大。

2003年是我踏入猎头行业的第三年。"非典"导致银行、金融的大腕顾问遭遇了重创。由于我专注的是工业、生产领域，所以影响并没有那么大。在我的不断努力下，加上一些运气，我成了MRI亚太区业绩排名第一的顾问，这也是亚洲人首次获得这样的成绩！我因此受邀参加了MRI在夏威夷举办的全球业绩前200名顾问大会。在夏威夷，我感到自己在行业里还是个新手。听着每年百万业绩的同僚分享窍门、技巧、策略，我觉得自己应该还能再上一层楼。

过渡阶段

在这个阶段，你会有以下感觉：

• 渴望获得更多的知识，兴趣开始转向偏专业化的行业内情，开始以一个值得信任的顾问角色与客户及候选人建立真诚的关系，在和他们交谈时，你能够很有技巧地切中很多事情的要点（不同于"生存阶段"中乒乓球式的对话）；

• 变得更有服务意识，在受到客户挑战时，你仍然能保持冷静，同时你和客户的关系已经不单单是生意往来，而是更深层次的合作关系；

• 你已经不需要预先准备说辞，相反，你心中的目标很清晰，你的交谈变得如行云流水，开始形成自己独特的风格。

当然，你始终需要准备一个电话销售计划，并把你的目标清楚地列出来。

在整个搜寻的过程中，你能了解客户和候选人的真实需求，你不会去揣测他们会怎么想。相反，在大多数情况下，你完全有能力预测他们的情绪变化或者可能出现的言行。

将时间有效地分配给众多客户，为他们提供优质的候选人。这个时候，不必花多少力气就能赚到钱的情况会开始出现。

此时，在"科学阶段"打的陌生拜访电话如果处理得体，就会变成"温暖"的拜访电话。此时，你仍然要根据个人的目标坚持有计划地工作。

我坚持着这样的工作方法，也连续 5 年名列亚太地区个人业绩前三名。在那 5 年里，我作为一个独立顾问，过着简单的生活，拿着丰厚的报酬。然而，我开始觉得少了点什么，特别是当我看到其他同事犯着和我以前相同的错误时，我开始想如何帮助他们。

正好那个时候（2007 年年底），我的一个同事从内地转到香港，两个香港地区公司的顾问因为老板被开除而面临被解雇的危险。他们 3 个人一起邀请我带领他们。于是，我接受了带团队的挑战，从 3 个人的团队开始了自己猎头领导者的生涯。现在看来，这是我在 MRI 所做的最好的决定。我开始学习成为一个能干的管理人、培训者、引导者和教练。通过我和团队成员的相互尊重与理解，我们互相学习到许多东西，我也增强了自己的领导力。就这样，这个势单力薄的团队成长为 2008 年亚太区业绩第一名的团队，我的每个队员都成了他们所在领域的领先者。我开始体会到，看到别人成长有多么快乐；我意识到，有时候给予比索取能获得更多的快乐。这个时候我也开启了身兼猎头和领导者的新阶段——艺术阶段。

◯ 艺术阶段：市场专家、领导者

在这个阶段，你会有很好的自我认知，以本色展现自己，了解自己的优势和弱势，知道如何计划各种工作内容。渴望来自各个方面（老板、同事、下属、客户、候选人）的反馈并开始建立团队。

开始懂得如何管理自我以及如何自律，从而更好地平衡你和团队的情绪。知道只要尽你所能，事情就会发展到其应有的阶段，所以你不会总是担心结果。也不再想着什么时候可以获得什么，因为你知道只要有付出，回报迟早会来的。

你可以选择专注于服务费较高或更有潜力的项目，因为你的客户和候选人希望你参与。在他们看来，你是引导项目成功的关键因素之一。

你不需要花精力争取项目分红。你知道如何将利润最大化，如何利用各种资源，积极地获取培训、教练、辅导资源，同时不断地培训、教练、辅导其他人，使团队充满凝聚力。

在你服务的领域，你是一个专家。如果把客户和候选人的利益放在自己的利益之上，那么你就是双方值得信赖的顾问，能为客户量身定制灵活的方案，让客户理解你的服务，从而达成满意的结果。

客户会在项目早期就请你参与，你也会成为客户雇主品牌的推广者甚至拥护者。

你不仅在自己的领域是个专家，你还建立团队并协助他们成长，成为一个真正的领导者。

2008 年，为了更好、更系统地支持我的团队、同事、客户和候选人，我开始学习高管教练，发展领导力和引导技能。2010 年，我成了认证的教练和引导师。在做教练时，入职教练是我擅长的领域之一。一个职场人士很需要在职业过渡期获得支持，我帮助候选人排除入职阶段时的不确定感，从而加速入职过程，这对客户、候选人、猎头公司都是一种增值服务。

在我十多年的高端猎头职业生涯里，我不止一次经历过上述 3 个阶段的循环历练。在这个飞速发展的环境下，不管你多么优秀，你都不可能长期处在"艺术阶段"，而是很有可能需要回到"过渡阶段"甚至"科学阶段"并再次达到"艺术阶段"。你需要不断地盯着你的"奶酪"，不断地自我提升。实际上，你知道的越多，就会发现自己不知道的领域越广阔。终身学习是我们需要坚持的。

如今，我热衷于支持和帮助他人成长，尤其是帮助猎头从业人员进一步提高专业度。最近，新履程和美国的一个团队合建了一个猎头培训机构：新履程学院（Next Level Institute）。这个合作方是美国单一运作点中最大、近10年来最成功的猎头公司之一。新履程学院提供的不是一个培训师的服务，也不是某个大猎头顾问的个人成功技巧，而是萃取数百家公司和数千个猎头顾问的经验中的精华，为客户提供一份能有效达到高业绩的蓝图。我们想借此为中国本土猎头公司的成长出一分力。

我不会忘记当初吸引我加入猎头行业的那句话：我们的工作正在渐渐改变人们的生活。这是一份有荣耀感的工作，没有几个行业能像猎头行业那样给人们的生活带来这么大的改变。让我们终身学习，给更多的人创造更美好的未来！

第**20**篇

给猎头顾问职业发展的 5 个建议

【王洪浩（David）】

■主编推荐■

　　王洪浩写过好几本关于猎头及用人的畅销书，对猎头及其职业发展的认识可谓既有广度又有深度。这篇文章不长，却很耐读，因为文章浓缩了他对猎头本质问题的深刻思考。对于有兴趣了解猎头这个职业的朋友，这篇文章是一个高效的途径。

我怎么看都觉得自己算不上大猎头顾问：论做猎头顾问的时间，我 2002 年从业，比我从业时间长的人太多；论规模，很多猎头公司都过千人，场面很大，我们科特杰也没法比；论专注度，我在做猎头顾问的同时还做过软件，现在也在经营着科飞特健身。我估计，猎聘之所以找我写文章，可能是因为我写过几本书，如《猎头》《别让猪上树》，又时不时地在电视上当个评委、嘉宾，貌似有点水平。还有一点，可能我这人一贯实话实说，虽然未必讨人喜欢，但实话肯定有用。

◎ 观点一：不管你将来要干什么，业绩永远是第一位的

加入这个行业，就必然面临一个问题，你需要业绩！没有哪个行业比猎头行业更容易统计一个人的业绩了，你的工作结果完全可以量化且较难推卸责任。你成功推荐了几个人？回款多少？开发了几个有质量的客户？这些都是硬性指标，无法造假。你要多赚钱，需要业绩！你要晋升，也需要业绩！你想"跳槽"，还是需要业绩！我曾面试过一个猎头顾问，她说她 2018 年一个财年只回款十几万元。我对她说：我非常感谢你的坦诚，但我不能录用你，等到你的业绩状况提升了咱们再谈吧！

◎ 观点二：猎头未必值得干一辈子，但肯定值得干一阵子

猎头这个行业，基层顾问的流动比较大，高级顾问基本稳定，而做到合伙人和高管就基本不会离开这个行业。猎头对很多顾问而言不是一个一辈子的职业，但可以是职业生涯的一个重要组成部分。我们公司的一些前同事已经在国外做招聘经理，或到其他行业做高管，这些都很正常，人各有志。猎头其实是一个非常锻炼人的行业，猎头顾问需要有很强的销售能力，否则你根本无法将候选人推荐给客户，也无法将客户推荐给候选人；猎头顾问还必须是一个信息筛选专家，要从大量的信息中挑选对自己最有用的信息；猎头顾问需要懂博弈、懂项目管理、懂专业知识、懂职场规矩……所以，做猎头

顾问很锻炼人，越往上走，要求越高。管理猎头顾问尤其困难，因为大家都是聪明人，不好管又必须管。所以，我不敢说所有的猎头顾问都适合在这个行业干一辈子，但好好干、干几年对一个人的帮助是非常大的。愿意干可以一直干下去，也可以干几年再看其他的机会。

◎ 观点三：猎头公司对猎头顾问很重要

很多人觉得猎头顾问类似于个体户，在哪里干都一样，只要是家公司就行。其实这个认知是完全错误的。人是环境的产物，能够自己创造和改变环境的人其实非常少！很多时候，我们去哪里不是因为自己想去，而是团队要到那里。对猎头顾问来说，公司氛围、公司管理层的视野和方向感都非常重要。我面试过不少猎头顾问，发现只要在一家公司工作两年的人就会有这个公司的烙印：有些公司的顾问性格孤僻，毫无团队合作意识，没有什么方法论可言；而有些公司的顾问能看到其训练有素的职业化特征。我觉得猎头顾问选择公司和老板非常重要。公司和老板不能完全助你成功，但是可以创造助你成功的环境。选择猎头公司不要一味地看这家公司的规模，而要看它是否适合你、你的上司是否能给你启发和帮助，这一点非常重要。

◎ 观点四：猎头顾问要活好，必须一专多能

猎头行业有两种倾向：一种倾向是什么单子都做，公司鼓励猎头顾问不挑单子，对行业和职能划分得不太细；另一种倾向是深度细分，现在有的猎头公司的分工越来越细，细到让顾问只做一个职能的某个分支，区域局限在一个城市。我知道我的观点可能不受人欢迎，但我坚持认为，顾问应该一专多能。为什么？很简单，如果你什么单子都做，那么你必然没有竞争力，始终很难和行业内最专业的顾问竞争，你的信息和人际关系的重复利用程度很低。但是，如果你只做一个高度细分的职能和职位，你将出现另外几个挑战：第一，你的眼界相对比较狭窄，这不利于你以后的发展；第二，如果这类职

位忽然遇到了"冬天"，你将来不及转型就直接被淘汰；第三，你的工作比较无聊，即便能赚钱，你也不愿意长期从事。所以，我觉得猎头顾问应该是某个细分领域的专家，但是也可以从事其他工作，这样就兼顾了效率、顾问的视野和公司的盈利程度。

◉ 观点五：不要轻易创办猎头公司

猎头公司现在非常多，但还是有大量新的猎头公司相继涌现。我给猎头顾问的建议是最好不要轻易创业。猎头公司创业其实非常不容易，客户要看你的品牌，新公司客户往往很难信任你；你要有团队，否则交付是空话，但新公司很难招到好的顾问；你要有足够的资金，因为猎头的收费周期比较长，你很难一开始就有正向现金流……就算活下来了，猎头也不是暴利行业。大家如果把创业的劲头用来干活，赚的基本比创业多。猎头是一个非常依赖人的行业，如果你的水平高，就不需要创立新品牌，完全可以通过工作获取足够的利益；你可以从做单和管理上获益，也可以成为一家成熟公司的真正合伙人。为什么费力不讨好地要自己创建一家公司呢？冒了大风险，下了大力气，结果最后没有多少回报。我并不是劝大家都不要创业，只是建议大家在创业前要三思。创业是手段而不是目的，大家要分析这是不是最佳选择。

我的建议就这么多，不知道对你有没有用。因为行业在变化，而且每个人的情况大相径庭，我尽可能不冒犯同行但又表达自己的观点。最后，祝愿猎头行业的兄弟姐妹们前途似锦。

第21篇

猎头顾问的职业归属在何处

【陈　勇（Charles）　潘丽华（Lisa）】

■ 主编推荐 ■

　　从理论上讲，有了较多的职业与人生历练之后再做猎头顾问会更合适，因为猎头毕竟是给人提供职业建议的工作。而中国猎头行业的现实是，绝大部分从业者在从事猎头工作前的人生历练都很浅，甚至猎头顾问是很多从业者的第一份工作。因此，猎头顾问会对自己的职业发展感到困惑，这是很自然的事。

　　如何更有效地把猎头工作当作自己职业发展的台阶？如果长期在猎头行业发展，应该从职业角度关注什么问题？本文尝试从这两个角度给大家一些建议。

⬙ 猎头顾问的职业发展困惑

作为猎头顾问，我们不同程度地扮演了候选人职业发展顾问的角色。面对候选人，我们努力把自己塑造成专业的职业发展顾问，为候选人排解疑惑，但当我们面对自己的职业发展时，往往找不到人为我们解惑。

第一，持续做猎头还是去客户端做招聘？如果往客户端转，是尽快转，还是在猎头行业积累更多的经验后再转？什么时候转比较合适？

第二，尽管客户的品牌较大，一个很有经验的猎头顾问到客户公司后，往往会把比较初级的职位作为自己在客户端的职业生涯，这究竟值不值得？

第三，我所在的猎头公司太小，空间虽然大，但船小易翻；去一些大的猎头公司，就综合的个人收益来看，是否会更好？

第四，我所在的猎头公司太大，顾问很多，分工很细，空间太小；去一些小公司虽然有更大的空间，但离开大公司的平台，自己是否真的能行？

第五，目前的公司收益分配不均，如果自己独立创业，综合收益是否更好？

第六，独立创业身心都很累，很想找些合伙人相互支持一起干，但做朋友容易，与朋友合伙做生意很难，与人合伙是否比个人单干更好？

第七，我现在30多岁，还可以再工作30年，若继续从事猎头，将来会如何？

这些问题也许实实在在地困扰着你，也许猎头的日常工作太忙，你还没来得及被这些问题困扰。大部分猎头顾问在职业发展中遇到的问题比较类似，只是在不同阶段遇到的困扰不一样而已。如果我们能够从别人的经历与思考中吸收营养，减少自己试错和付出代价的成本，那将是一件很有意义的事情。

⬙ 猎头工作其实是个很好的职业发展平台

在职业发展的早期（尤其是大学刚毕业），有过一段从事猎头工作的经

历无疑是幸运的。如果用心感悟，猎头工作能够给你的职业发展带来很多方面的价值。

• 获得一份不错的工作与收入，在这个竞争激烈的社会中开始／继续自己早期的职业生涯。

• 猎头顾问需要与大量的比自己资深的人打交道，这种与外界的广泛接触而带来的视野，有助于你尽早找到适合自己的职业发展方向。与很多工作10多年还不清楚自己职业方向的人相比，年轻的猎头顾问更有可能成为职场的幸运者。

• 猎头从业者需要积极主动、承受压力、快速学习、适应快节奏、高效率……这些职业品质的锤炼对你将来再从事任何工作都是一笔宝贵的财富。

• 快速地建立自己的人际关系，猎头工作使你有正当理由高效而深入地与更多人交朋友。可能没有一个行业能够像猎头行业一样，是公司付钱让你去建立属于自己的人际关系的。

• 猎头工作让你有机会接触更多的职业机会，学会更多找工作的技巧……让你在职业发展上更有机会近水楼台先得月。

如果你从事着猎头工作，内心却很不喜欢这份工作，请认真看看上面的5点价值。在多数情况下，无论你在什么样的猎头公司，跟着一个什么样的老板（或团队领导），只要你用对自己的职业生涯负责任的态度对待你的猎头工作，你就能收获上面提到的这些价值。

当你在猎头工作中体会不到这样的价值时，你可能需要留意以下两个职业信号。

• 自己对待工作的态度是否不那么阳光健康？

• 这种无价值感是否在暗示自己，该考虑猎头行业之外的机会了？

对于"干多久猎头顾问该转行"这个问题，其实很难有准确的答案。但以下3个标准对衡量是否转行可能会有所帮助。

• 是否清楚自己在职场上喜欢并能做什么样的工作？

• 是否在目前的猎头工作中，除了每天的重复劳动，已经感受不到进步？

• 是否有自己能够把握的机会？

如果答案都为"是"，尽快转行；如果答案都为"否"，建议再认真做一段时间的猎头顾问。

很多猎头顾问只是把猎头工作作为人生的一段初始旅程，认为自己在猎头行业中只是一个匆匆过客。过客需要思考的只是如何利用猎头工作的这个台阶向更好的职业攀登；而对于把猎头当作长期职业取向的顾问来说，猎头这份工作就会成为安身立命的基础。从这个意义来看，认真思考一下猎头顾问的职业归属就变得意义重大了。

◎ 基于职能的主动专注型顾问——猎头顾问的专业归属

如果想长期从事猎头工作，"怎样让自己越老越值钱"就变得非常重要！如果一个有 10 年经验的猎头顾问，业务能力不及一个从业 5 年的猎头顾问，很可能这个"老"猎头顾问的发展方式有点问题。遗憾的是，这样的事情经常发生。

为什么很多猎头顾问无法做到"越老越值钱"？核心原因在于，大部分猎头顾问是 RS 模式顾问而非 PS 模式顾问。

PS（Proactive Specialization）是"主动专注"的意思，PS 是相对 RS（Reactive Search，按照客户需求进行反应性搜寻）而言的。

主动（Proactive）是指"从等待客户有需求向顾问下单转变为预判客户有需求并向客户要单"，从"被动地根据客户需求搜寻候选人"到"主动向客户推销有潜在需求的候选人"。

专注（Specialization）是指：猎头顾问按照职能（Function）、行业（Industry）、地域（Location）、级别（Level）等多个维度对自己发展的领域进行精准定位。只在自己的专业领域为客户提供服务，而非"只要客户

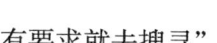

有要求就去搜寻"。

　　考虑到单个顾问的时间、精力有限，只有专注（Specialization），猎头顾问才能真正熟悉目标客户及目标候选人两个群体；考虑到客户与候选人需求的动态变化，只有主动（Proactive），猎头顾问才能抓住市场上瞬息万变的机会，精准地匹配客户与候选人的需求，把对客户及候选人的知识变成现实的收益。

　　对于如何达成专注（Specialization），可以根据顾问的实际情况，按照职能（Function）、行业（Industry）、地域（Location）、级别（Level）等多个维度进行组合。但职能（Function）无疑在这 4 个维度中处于核心地位。道理很简单，候选人"跳槽"主要是循着职能（Function）这个维度，其他 3 个维度总体上处于从属的位置。

　　猎头服务商增多，社交招聘、招聘流程外包（RPO）、内部推荐等低成本的招聘手段对猎头的冲击越来越大，我们有理由认为"客户预付费"模式的猎头服务将越来越少，而"有结果才付费"的猎头服务将成为绝对的主流。在无预付费的前提下，按客户需求进行搜寻的全职能顾问（Generalist RS Consultant）的生存空间将越来越小：一方面由于重复度较低，成单的成本太高；另一方面由于缺乏定向深度积累，顾问的从业年资无法转化为实实在在的竞争优势。

　　相反，职能主动专注型顾问（Functional PS Consultant）却可能活得越来越滋润。专注于某个具体职能，候选人重复利用的机会大幅提升，重复度高意味着成单成本会大幅降低；有结果才收费，进入客户的门槛大大降低，因为客户基本无风险，这样业务容易迅速放量；积极主动地"推销"客户有潜在需求的候选人，成单率相比反应式搜寻会大幅提升。由于专注于某个职能，随着从业时间的增长，顾问对该职能的了解与日俱增，顾问能够为客户及候选人提供服务的综合质量会大幅提升……

　　从专业服务能力的角度看，职能主动专注型顾问（Functional PS Consultant）模式可能是顾问实现"越老越值钱"的最优选择。

◎ 所有权（Ownership）——猎头顾问的收益与心理归属

对于一个长期在猎头行业发展的顾问来说，如果综合能力较强，最终的执业方式可能会是对生意拥有不同程度的所有权（Ownership）。

Ownership 的表现方式可能是在公司的业务划分上拥有一块属于自己的稳定的"地盘"，成为公司的利润分享合伙人、公司股东之一，或自己独立创业等。很难想象，一个能干的顾问会长期以一个"底薪 + 提成"的雇员身份供职于一家猎头公司。

资深的猎头顾问对 Ownership 的追求，很符合猎头业务行业特征中顾问对收益及心理上的需求。

猎头行业是典型的关系型生意。生意的核心资源表现为与客户及候选人两个群体的关系。这些关系的实际掌控者往往是具体的顾问，而非公司的品牌与数据库。所以，在猎头行业，生意往往跟着顾问走，而非跟着公司与品牌走。

客户与候选人的关系跟着顾问走的行业特点，既给了顾问很高的安全感，又让顾问感到很不安全。作为独立顾问，只要掌握了客户及候选人资源，无论公司的领导层如何变化，或在不同的公司间如何"跳槽"，都有足够的立足之地，这是顾问有安全感的根本。对于经验丰富的顾问，更大的价值往往在于通过分享知识、技能与资源发展更多的好顾问；事实上，很多资深顾问有通过发展下属获得收益与成就感的欲望；猎头行业是个急功近利而又需要长期基础建设的业务，只有真正懂业务的资深顾问参与，才能持续提升后台的业务支持系统。如果缺乏因 Ownership 带来的利益及心理安全感上的保障，很难想象一个经验丰富的一线顾问会全力投入培训、后台支持等事务；因为猎头顾问对客户与候选人关系及影响力的削弱，意味着其在猎头业务上将被逐步边缘化。甚至有时教会了徒弟，师傅没有饭吃。只有在不同方式的 Ownership 的支撑下，资深顾问才有足够的安全感去尝试通过发展人员与组织获得更高的收益与成就感。

◎ 合伙人（Partnership）——可能是适合大部分猎头顾问的组织归属

显然，最能满足猎头顾问对 Ownership 诉求的方式是独立创业。但在大多数情况下，独立创业的实际情况并非如创业者们对外宣称的那样光鲜。

尽管很多创业者怀有雄心壮志，但他们已经没有机会像他们的前辈那样在一片未开发的地盘上迅速地成长壮大，因为中国猎头市场经过 20 多年的发展，各个领域已是竞争者辈出。新创公司"麻雀虽小，五脏俱全"，从受雇的顾问到自己当老板，创业顾问的能力需要全面发展——从单纯的业务能力扩展到公司经营的各个方面：招聘、人力资源顾问、行政、财务、IT、公司策略、市场等。但是能力的全面发展很少能够转化为现实的公司业绩，相反，由于分散了关注的焦点，其结果往往是单产与利润逐步下降。尽管在创业初期，创业顾问能够低成本地利用其在前公司积累的经验而获益，但由于新公司其实并未解决前公司存在的问题，除非顾问创业时能够心安理得地把公司定位为"开个公司给自己做单"，否则很少有公司能够跨越"好景难过三年"的发展魔咒。

人是需要同伴、战友的群居动物，除非因为种种原因对人际协同缺乏信心而"被逼独立创业"。在大多数情况下，没有战友，一个人承担所有创业压力的历程其实会很孤苦。

Functional PS Consultant 的发展趋势，将使独立创业的方式从业务角度上看越来越困难。PS 模式需要多个职能的专家型猎头顾问以团队的方式服务好同一个客户，并在交叉销售、相互支持的过程中快速扩大客户基础，获得良好的客户口碑；而独立创业的顾问往往只能以全职能型的 RS 顾问魅力去维护创业前积累的客户资源及客户关系。

单纯从 Functional PS Consultant 的发展趋势角度看，大的猎头公司无疑是最优的组织方式：首先，因为大公司顾问多，可以分得很细，继而由细分带来更高的效率与推荐精准度；其次，大公司有强大的品牌效应，顾问之间能彼此推荐客户与职位，使顾问接触和稳定客户的难度降低，服务能力和口碑提升快，自然更容易成为高产顾问。

但从顾问因收益及心理需求而追求 Ownership 的角度看，大的猎头公司会处于劣势地位。

相较于中小型猎头公司，大公司猎头顾问的"收益／业绩"比例通常较低，尽管业绩可能高过相似的中小猎头公司顾问，但顾问的实际收入却可能不及后者。大公司顾问的"收益／业绩"比例较低其实很合理，因为顾问的高产是建立在公司高成本建设的平台（品牌、系统、培训等）的基础上的。尽管合理，但顾问们不一定这样看，大多数顾问会低估平台的价值而高估自己的贡献。

公司运作的重要思路之一在于减小业务对个人的依赖，以确保"组织的健康"。但没有"人"的全心投入，又何来"组织"的健康？为满足顾问出于收益、心理等需求而对 Ownership 的追求，大的猎头公司也能在一定的程度上通过调整去适应这种需求。例如，通过保障顾问有相对稳定的业务领域（地盘）及业务团队（班底），以此激励顾问深入耕耘、发展新人等。尽管在机制上很难把受雇的顾问发展为公司股东，但可以把团队领导者（Team Leader）的收益与利润挂钩，让资深顾问参与利润分享。由于机制的局限性，这些方式很快就会走到尽头。

"不挖客户的人"这一行业规则可能会对大猎头公司在中国的发展产生一定的影响。大公司在不断扩展、获得越来越多客户的同时，如何做到"不挖客户的人"将成为一个极大的难题，这个难题可能成为大公司持续扩大的瓶颈。

相比独立创业与大公司各自的优势和劣势，合伙人机制（Partnership）可以融二者之长、避二者之短。好的合伙人机制既解决了猎头顾问对 Ownership 的诉求，又有利于保持一定的规模，以适应以职能专注为核心的猎头业务模式的发展趋势。从更广阔的视野来看，工作即生活，与一群能彼此信任、彼此欣赏的合伙人一起工作，个人的综合生活质量也会更高。

从专业服务的角度看，职能专注型 PS 顾问会成为猎头业务模式的发展趋势；从猎头顾问对收益与心理需求的角度看，存在着资深顾问对 Ownership 的追求趋势。这两种趋势的共同作用将使合伙人机制（Partnership）成为适合大部分资深猎头顾问的组织归属。

◐ 猎头顾问职业归属的现状及未来

以上的分析更多的是作者从自己对猎头行业的体验、观察、思考中得出的"事情应该如此"的判断。而事实上，猎头行业的现状并非如此。

反应式搜寻（RS）仍然是猎头业务模式的主流

对大部分猎头公司而言，顾问多按行业粗略分工，然后根据客户的需求找人。有时客户有需求或者有短期的利益，顾问往往也会做非自己专业方向的单；不少小猎头公司以 RS 模式服务几个关系不错的客户，生活得也很滋润……总之，实际情况离前面描述的"Functional PS Consultant"模式还很远。

大公司依然是很多有经验的猎头顾问的最优选择

尽管管理严格，但大公司强大的品牌、系统、培训与管理经验还是使很多顾问成长得较快；尽管收益/业绩比较低，但收入的绝对值还可以。真要离开这个自己时常抱怨的公司平台，顾问还需三思。

◐ "合伙人机制好"只是个传说

很多合作多年的合伙人分开了，甚至不欢而散，大家都有不胜唏嘘之感。合伙人制如同婚姻，听起来不错，一起过日子可能未必会过得好。很多时候，自己单干，无须面对协调难度甚高的合伙人关系，反而高效且轻松自在。同时，大多数所谓的采用合伙人机制的公司实质上只是一家"封闭的多股东公司"而已，公司从机制上缺乏如何让优秀的顾问成为合伙人的制度性安排。对于"合伙人机制可能是个出路"这句话，很多公司明白道理，但究竟应该如何操作其实是雾里看花。

现实如此，不等于未来会永远如此。猎头行业在中国发展的 20 年，刚好赶上了中国持续高速发展的阶段。在一个遍地是机会的市场上，不管采用何种方法，只要去做，都可能会成功。事实上，目前市场上很多较有规模的猎头公司能够发展成长的根本原因在于它们进入市场较早，而非源自清晰的战略与精良的管理。但中国的经济发展模式在变，社会生活在变，猎头也在变，今天取得成功的方式未来也可能会变。基于以下原因，我们有理由预期，猎头顾问的职业归属将沿着 Functional PS Consultant 及 Partnership 的方向发展。

部分 PS 顾问的成功带来的影响将是全面且深远的，尽管市场上 RS 模式是主流，但部分 PS 顾问的成功已经引起了越来越多猎头公司及猎头顾问的关注。越来越多的公司在尝试从 RS 模式转向 PS 模式。

作为中国猎头行业最知名的模式转型培训师与咨询顾问之一，孟凡超先生也认为，"大部分猎头公司的老板及顾问在深入了解之后，从道理上认同 PS 的发展趋势。还没有实际转型的核心原因在于两点：一是目前日子还过得去，为了转型调整而放弃部分短期的现实利益有点舍不得；二是 PS 模式比 RS 的效率更高，虽然认同道理，但具体如何转，缺乏现实可行的办法"。从越来越多的猎头公司及猎头顾问对提供模式转型的培训及咨询的需求可以预见，PS 模式的采用率将会越来越高。

总体来看，职能专注型顾问向客户推荐候选人的速度及精准度是 RS 顾问无法比拟的。当市场上的 PS 顾问越来越多时，RS 顾问的生存空间就会越来越小，最终接到的单可能只是 PS 顾问不太关注的非主流职位。对靠维系几个重要客户关系、向客户提供全职能反应式搜寻的小公司而言，当 PS 逐渐成为主流时，这样的小公司维系客户关系的难度将越来越大，因为在猎头这个注重结果的行业，绩效才是维护客户关系最有效的手段之一。

◯ 科技与猎头平台及工具型公司的发展将抵消大公司传统的平台优势

大公司顾问收益率较低，管理更加严苛，却能持续吸引好的顾问，核心原因在于小公司在品牌、系统、培训、管理经验等方面与大公司之间的差距很大。但随着科技与猎头平台 / 工具型公司的发展，大公司的这些优势将会逐步被抵消。

系统方面

小公司可以像大公司一样，购买 Profile、Bullhorn、Gllue 及 Bond Adapt 等优质的猎头系统。在数据资源上，Linkedin、微博、微信等能提供的候选人信息往往比大公司的系统数据更加及时，且维护成本更低；如果小公司缺乏必要的技术能力，市场上越来越多的猎头平台及工具型公司将以很高的性价比帮助小公司解决这些问题。

培训及管理经验方面

尽管有些大公司仍以非常笨拙的手段（如封掉工作电脑的 USB 接口、不发书面培训资料、口口相传）防止竞争对手窃取信息，但猎头行业人员的高流动率及猎头们打探信息的职业能力将使各个公司在如何培训、如何管理等方面变得非常透明；同时，市场上专注于猎头培训及管理咨询的公司由于博采众长和自主创新，在这些方面往往可能比大公司更有优势。

品牌方面

尽管这是小公司最难跨越的台阶，但对实际业务操作的影响却没有想象中的那么大，因为猎头行业是个生意跟顾问走而非跟品牌走的行业；同时，猎头业务的工作绩效非常容易被测量，除了在进入新客户时品牌能够起到很大的帮助外，在"多快？收了客户多少钱？推荐的人质量如何？"这几个关键问题的绩效指标上，大公司、小公司其实都站在同一条起跑线上。尽管成为一个知名度较高的大众品牌难度较大，但定位清晰的小公司在某个细分领域完全有可能成为比大公司更强的专业品牌。

在大公司的优势逐步被抵消的过程中，资深顾问选择创业的比例会增加。

　　随着合伙制猎头公司实操性经验的普及，更多的猎头公司将会选择合伙制组织方式。成熟、透明的合伙人机制不仅关乎公司的几个合伙人，还为公司成长中的顾问带来发展的希望。与 PS 模式暂时还未能成为主流类似，很多公司觉得合伙人机制有道理却没去实施的主要原因，是缺乏现实可行的执行方案。合伙人机制是公司最基础的制度设计，涉及"合伙人如何进入，合伙人之间的利益格局如何平衡，合伙人之间产生分歧时如何决策，合伙人的退出机制"等多个重要环节。对于这些重要问题，中国市场上的合伙制猎头公司基本上仍在摸索中前行。随着在实践中不断地试错、修正、总结，当先行者们总结出更多适合中国猎头市场的合伙人机制操作方式后，将会有更多的猎头公司选择合伙制。

　　目前，猎头行业的主力军是 1975—1985 年出生的顾问。按照 60 岁退休的标准，这些人还可以再干 20 ～ 30 年，大家还有足够的时间、空间去思考，调整自己作为猎头顾问的职业归属。希望以上的分享能对大家有所启发，祝更多的人通过专业的猎头工作收获丰盛的人生。

第 22 篇

猎头公司的老板可能会被逼成最有创新精神的管理者

【陈　勇（Charles）　潘丽华（Lisa）】

■主编推荐■

　　这篇文章的名字听起来虽然有点夸张，但本文对猎头公司管理的现状与未来可能的演进方向，有非常认真的思考。管理追求的目标概括起来无非更科学（效率＋有效性）与更人性化这两个极端，如果你认同这个看法的话，那么这篇文章很值得一读。

尽管管理理念、方法与工具纷繁复杂，但管理的追求却相对简单，大体上可以归结为两点：更科学与更人性化。更科学意味着更高的效率与更高的有效性；更人性化则意味着把人当成活生生的人而非机器来对待。很多时候，管理在这两个方向上的追求可能是相互矛盾的。例如，从更科学的角度来看，需要人稳定地保持在高水平的状态；而从人性的角度来看，人的状态是有高低起伏的。因此，要求人稳定地保持在高水平的状态是不现实且不人性化的。

猎头行业的管理是对工作效率、工作有效性及人性化这3个方面都要求极高的行业。迫于现实需求，猎头公司的老板会积极探索：如何更有效地融合"更科学"与"更人性化"这两个看似矛盾的管理追求。因此，他们有可能被逼成"最有创新精神的管理者"。为何如此？下面为大家一一道来。

本文谈及的猎头公司指专注于中高端职位猎头招聘的公司。顶端猎头公司如 Korn Ferry、Egon Zehnder 等是数量稀少的奢侈品，不在此列。中低端招聘从性价比看，将越来越被招聘流程外包（Recruitment Process Outsourcing，RPO）、招聘流程内包（Recruitment Process Insourcing，RPI）、内部推荐等渠道所取代，故不在此列。综合性的人力资源服务商，其资源结构及运作的内在机制与专注型的猎头公司相差甚大，也不在此列。中高端职位的猎头有较大的需求，利润较丰厚，同时被其他渠道简单取代的门槛相对较高，会是未来猎头公司的主战场。

◆ 被逼原因1：内在的动力会使传统猎头组织持续分裂

猎头行业的发展史大体就是猎头公司不断裂变的历史，国内、国外、大公司、小公司皆是如此。驱动这种裂变的内在动力来自两点：人性与资源控制格局。

猎头公司的核心能力在于：**掌握客户及候选人的相关信息，以及匹配双方的技能**。这些相关信息、技能与顾问（而非公司）更紧密。只要这样的人

性与资源控制格局存在，分裂就会源源不断地持续下去。

◉ 被逼原因2：流程化和标准化未必是出路

人的天性改变不了，很多猎头公司老板在尝试改变资源控制格局。其中最多的尝试可能就是如何把猎头业务流程化、标准化，减少对人的依赖，并以此作为把生意做大的基础。就像很多人指出的，中餐馆的生意之所以做不大，是因为没有像麦当劳一样把业务流程化、标准化。然而很少有人思考麦当劳等能够流程化、标准化的基础是什么？

西式快餐真正的革新是把厨师的作用降到了零。没有这一点创新，其业务的高度流程化、标准化是不能成立的。在猎头业务上，如果我们不能把顾问个体掌握客户与候选人的相关信息及匹配双方的作用大幅降低，而只是简单地追求流程化及标准化，则可能会适得其反。

◉ 被逼原因3：猎头公司的内部系统及数据对顾问的黏性越来越弱

在过去，顾问个体很难拥有一套强大的系统及丰富的数据资源，这些都是公司的优势。在几家非常知名的英国猎头公司中，顾问只能用公司提供的台式电脑，电脑上只能安装公司指定的几款软件，离开办公室就不能登录公司系统，离职时公司严格监视员工是否带走公司的数据信息……公司想了很多办法，让顾问无法拥有可以与公司相比的系统与数据，因为这是公司能够黏住顾问最重要的手段之一。

信息科技驱动下的招聘产业的发展将迅速削弱公司的传统优势。第三方开发商提供的猎头招聘系统往往比公司的内部系统更强大、更便宜，各类社交网站、招聘网站、第三方候选人数据服务商提供的候选人基础信息往往比公司数据库更全面、更及时。而对猎头业务价值最高的动态信息（如客户、候选人需求的变化）本来就掌握在猎头顾问手里。

在这个信息技术快速创新的时代，通过系统与数据控制顾问的想法将越来越不可靠。

⚑ 被逼原因4：猎头公司的品牌原来并不像想象中的那么重要

猎头公司最难被复制的优势之一是品牌。品牌在很多行业会成为公司竞争优势的"护城河"。但在猎头行业，品牌"护城河"的效应不太显著。以下几点决定了猎头公司的品牌并不像想象中的那么重要。

"按结果收费"使客户的试错成本不高，非品牌供应商进入客户的门槛大幅降低。顶端的猎头公司按过程收费，所以需要强大的品牌支撑，而对于中高端的猎头服务，按结果收费将会是更加主流的做法。既然有结果才收费，那么品牌的重要性自然降低了许多。

猎头的绩效很容易被测量，小品牌的高产顾问将很容易胜过大品牌的低产顾问。是否找到了人？多久找到的？收了客户多少服务费？推荐的人在客户公司的绩效如何……在很容易就能清晰量化的结果下，过度依赖品牌是很难持续的。

关系型生意，客户可能看人而不看品牌。猎头业务是典型的关系型业务，有结果才收费，而且结果又很容易衡量，有良好声誉的顾问要想在客户那里获得一张入场券，即使没有品牌的支持，难度也不大。

对创业的顾问来讲，其看重的往往是实惠而非虚名。没有品牌，也不太妨碍自己与现有的客户保持关系，把生意做好，获得更多的收益。何况，大多数公司品牌的黏性不太强。

⚑ 被逼原因5：360°职能专注发展趋势使顾问对核心资源的控制能力越来越强

专业细分无疑是猎头业务的主流发展方向。猎头的专业细分大体上是围绕职能（Function）、行业（Industry）、地域（Location）和级别（Level）这4个

维度进行的。大多数候选人在"跳槽"时，行业、地域、级别都可能会发生变化，而其从事的职能则相对稳定。所以，对职能保持专注，总体来看是对候选人的资源利用得最充分的方式之一。360°是指从客户拓展、候选人开发到完成实际的客户委托，全部流程都由同一个顾问承担。这样的运作方式有利于顾问快速把握动态变化的候选人及客户需求，进而促成双方的配对，从而达成招聘。

一个顾问在细分的职能领域有 200 ~ 500 个候选人及客户关系。同时，拿单、做单全部由自己承担。毫无疑问，业务核心资源将更多地被掌控在顾问手中。在公司与顾问的博弈中，天平将越来越偏向顾问一方。

◐ 被逼原因6：信息科技将改变客户的招聘行为，进而逼迫猎头顾问提高自身的效率和有效性

信息科技（尤其是社交网站与移动互联网）的发展使客户更容易获得候选人信息并便捷地与候选人互动。这会降低传统猎头操作给客户带来的价值，因为很多猎头公司为客户提供的价值主要表现在提供候选人简历与流程性的沟通。很多客户在尝试招聘 RPI，招聘猎头顾问到公司内部以便利用猎头的方式操作招聘，如 Oracle 等公司基本实现了零猎头，而且很多公司在跟进模仿。RPI、RPO、企业内推系统、悬赏招聘等方式，无疑会快速地侵蚀传统猎头的领地，不能为客户提供深度价值的猎头顾问将会逐步被淘汰。

由于"有结果才收费"的服务模式，客户还是愿意使用猎头公司，但对猎头途径的依赖程度将会大大降低，有时甚至只是把猎头顾问当免费的信息提供者使用。对猎头顾问而言，唯有提高效率及工作有效性才能确保生存，并且生存得好。效率的提高使猎头顾问可以在有限的时间和精力内覆盖更多的客户委托，当成功率（如接 10 单，成 3 单）相对固定时，只有提高效率多接单，才能提高营业额；提高工作的效率，可以使猎头顾问在同样的时间和精力投入下降低失败率，提高营业额。

⬙ 痛苦越大，改变的动力就越强

"做猎头公司的老板可能是天下最郁闷的事"，猎聘 CEO 戴科彬曾经这样描述他观察到的猎头公司的老板所面临的困境。

内部分裂的动力强大，降低对人的依赖程度的流程化、标准化管理未必奏效，公司系统及数据对顾问的黏性越来越弱，品牌的作用也不如想象中的那么大，360°职能使核心资源日益掌握在猎头顾问手中，快速发展的信息科技使传统的猎头操作给客户带来的价值不断降低……这就是猎头公司老板不得不面对的现实：在与顾问和客户的博弈中，猎头公司老板将处于越来越不利的位置。与其他同样靠人的管理咨询、律师、会计师等行业相比，猎头公司老板的管理难度更大的原因在于公司无法有效地控制核心资源。市场上的猎头公司相互挖角，付给猎头顾问的工资越来越高，而且往往是虚高。这从另外一个角度证明了猎头公司老板的无奈。

痛苦是改变的动力，痛苦越大，改变的动力就越强。相对于更像管理咨询类公司的顶端猎头公司，按结果收费的中高端猎头公司改变的动力会更强：一方面，从系统、流程、品牌等传统方式求解的效果会越来越差；另一方面，按结果收费的业务对效率及有效性的追求会远胜于按流程收费的业务，因为没有结果就没有收费的模式试错率高，不像按流程收费，只要投入时间和精力，收费就能得到保障。

重复同样的方法，只能得到同样的结果。当在原有的框架内无法寻求有效的解决方案时，就需要向框架外求解，也就是创新。

⬙ 创新的方向在哪里

"人生的秘诀在于有勇气改变必须改变的，同时接受并顺应你无法改变的，并分辨这两者的智慧。"这个道理同样适用于公司组织。对寻求改变的猎头公司老板而言，首先需要学会正视并接受这样一个现实：在与顾问和客户的博弈中，猎头公司老板将处于越来越不利的位置。他们要学会如何顺应

这个现实，进行改变与创新。

总体而言，这样的创新将沿着以下 3 个方向进行。

组织形态：改变传统的控制思维，以更人性化的方式实现与顾问更稳定的双赢。

客户价值：从价值集中在提供简历及流程性沟通，逐步过渡到不易被技术及低成本的方式取代的深度价值。

善用信息科技：把科技提供的可能性变成提升猎头顾问的效率与有效性的"催化剂"。

❤ 组织结构的创新：从"公司帝国"到"群岛平台"

传统的猎头组织不断分裂，并不是因为猎头顾问不需要一个强大的公司平台，而是其他方面的需求（如成就感、归属感、收益预期等）超过了对公司平台的需求。传统的猎头组织通常是以"公司帝国"的方式来做大做强的。与"公司帝国"相关的词汇大体有权力结构、层级关系、服从命令、统一规则、执行及效率……满足"公司帝国"的这些特征，意味着与个人相关的很多个性化需求将被压制。在公司与个体的博弈关系中，当个体处于弱势地位时，"公司帝国"容易维持内在的平衡；相反，当个体处于强势地位时，这种"公司帝国"的内在平衡将被打破。

对于顾问能控制核心资源，在与公司博弈中逐步处于较强势地位的猎头行业而言，以"公司帝国"的组织方式来做大做强的模式将日益受到挑战。管理上更加人性化的内在诉求与实际的权力格局变化将促使猎头组织的结构趋于群岛化（扁平化、"去中心化"）和平台化。

群岛化意味着"中心"控制减弱、个性化的需求得到更多的满足。群岛化运作不好，就会走向孤岛化，变成一盘散沙。这样的结果综合来看，可能还不如"公司帝国"更能满足顾问的需求。避免孤岛化的重要途径之一就是建立分享的平台，形成"群岛平台"的联邦模式。

在猎头行业，很多公司在尝试采用合伙人机制及一些基于互联网的平台，如基摩村、猎上网、人人猎头等，本质上是对"群岛平台"模式的探索。与"公司帝国"模式相比，"群岛平台"模式的协同难度会更高。信息科技的发展趋势将使这样的协同难度大幅降低。

在360°职能专注模式的发展趋势下，顾问对平台的需求呈两面性：一方面，业务将从单一顾问及其团队负责客户的所有业务转向多个顾问共同服务一个客户，这使顾问对公司平台的依赖性增强，因为各个职能相互依赖，负责某个职能的顾问才能发挥得更好；另一方面，顾问对核心资源的掌控能力更强，顾问在不同公司平台间的转换会更容易，平台切换的成本会更低，这意味着不同公司平台对顾问的争夺将更加激烈。

从组织结构的角度来看，创新的方向是从"帝国"到"群岛"，从公司的竞争到平台的竞争。

◎ 组织理念的创新：从家庭规则到公司规则，再到"家庭＋公司"

大部分猎头公司在一定程度上会经历组织理念上的困惑，这种困惑往往源于处理家庭规则与公司规则的冲突。

初创的猎头公司，人员构成往往是几个意气相投的顾问或有经验的顾问带着自己的下属，公司在相互支持、不分彼此的家庭式氛围中成长。当公司开始扩展、人员增多时，这种家庭式氛围便不太适合公司的发展了。很多人认为，家庭成员之间讲的是基于爱的包容与奉献，而公司成员之间讲的是基于契约的按劳分配与公平交易。家庭规则与公司规则是很难兼容的，公司要想向前发展，必须摒弃家庭规则，按公司规则处理一切。

现实中的大多数业绩好的公司比较严苛，严格按公司规则行事，没有什么"情面"可讲。摒弃家庭规则，拥抱公司规则，从家庭规则到公司规则似乎成了公司成长的必经之路。

前面的论述把人理解为完全理性的经济人是成立的。然而，人除了理性

以外，还有感性的一面。作为一个成年人，大部分时间在工作中度过，大部分收入、重要的人际关系在工作中产生……从某种程度上讲，工作的成功与否决定了其生活的幸福程度。从这个角度看，绝大部分人对其服务的组织有家庭归属感的诉求。如同微信的迅速成功，好的产品都会符合人性，满足人性中深层次的需求。同理，更能满足人对家庭归属感的组织将更容易获得成功。过度强调交换性的组织未必符合人性，长期成功的可能性会降低。

关注家庭规则与公司规则的精髓，而不是生搬硬套的表面形式，这两种规则其实是可以融合的。因为公司组织实质上是人的组合，组织应该具备人的特征，而不是被异化成没有感情色彩的"公司机器"。

好的组织不是在家庭规则与公司规则之间做排他性的选择，而是有机地融合这两种规则，实现"家庭 + 公司"的组织理念。猎头行业是典型的人力资本密集型行业，管理人性化的诉求最容易在这里生根发芽，尽管只按"公司规则"行事在短期内可能会有较好的绩效，但"家庭 + 公司"的组织更容易取得长期的成功，因为这更符合人性。

◆ 发掘深层次的客户价值：从"100米宽度+1米深度"到"1米宽度+100米深度"

尽管专业化的口号喊了很多年，但大部分猎头顾问给客户的价值仍然是提供简历与流程性沟通的体力活。为何如此？核心原因是客户与猎头顾问之间的信息不对称，而且客户内部的成本压力不够大。但毫无疑问，随着信息技术的发展以及客户内部对招聘成本关注程度的提高，情况正在悄然改变。大部分猎头所做的工作，客户会逐步以更低成本的方式更高效地达成。

在未来，能够生存发展的猎头顾问提供给客户的将是不能被技术及低成本手段取代的深度价值。**深度价值的基础是猎头顾问自身的细分专注。**当你在某个细分领域能深刻地抓住客户的需求，同时客户不能通过更低成本的方式满足时，客户才愿意按你的价格购买你的服务。这意味着猎头顾问耕耘的方法需要改变，从关注"100 米宽度 +1 米深度"到关注"1 米宽度 +100 米深度"。

○ 猎头公司的老板可能会被逼成最有创新精神的管理者

如果效率更高了，产出更多了，人的综合幸福程度却降低了，这样的管理其实是失衡的。杰出的管理追求的是更科学与更人性化的结合。

无法有效控制生意的核心资源，在与顾问的博弈中逐渐处于弱势地位，科技、客户、其他招聘途径对传统猎头服务的替代性越来越强……猎头公司老板面临重重挑战，很多人可能会逃避、不适甚至倒下，但也有部分人会因为被逼而沿着"组织形态 + 客户价值 + 善用科技"的道路创新。这样的创新将促使猎头公司老板不断地融合"更科学 + 更人性化"的组合，从而成为最有创新精神的管理者。

被逼，尽管听起来很尴尬、很无奈，但如果因创新而寻找到更广阔的空间时，这样的"被逼"就是值得的。

如果有些猎头公司的老板现在还没有"被逼"感，只是基于远见进行了同样的创新，那将是一个无比快乐的旅程。

第23篇

浅谈领导力与猎头行业

【杨璇波（Carter）】

■ 主编推荐 ■

在中国的猎头行业中，Carter 是一个很特别的创业者。他不但自己创业成功——他创办的公司被英国上市公司华德士（Robert Walters）收购，而且他担任新公司的中国区总经理也大获成功。在他任职的 4 年多的时间里，业绩连续 3 年翻番，实现 9 倍增长近 1 亿元，团队规模扩大了 5 倍。这样的经历让他对领导一家猎头公司有独特的视野与更丰富的体验。

在本文中，Carter 从领导力的角度，带我们一起审视中国猎头行业的现状与未来！

猎头行业在中国有 20 多年的发展历程，但是基于结果，没有任何一家公司的市场份额超过 5%，而且猎头行业的专业度、美誉度远不如会计师、审计师等高端人才服务行业。这是综合因素的结果，但是其中一个重要的原因，也是本文讨论的重点，即行业缺乏领导力这个关键因素。

行业背景及清晰定义——这里讨论的猎头行业是指中高端市场，典型的为岗位年薪 30 万～ 200 万元的层级（Mid-Senior Recruitment），CXO 层级（CEO、CFO、CTO 等）的岗位招募就是全球六大猎头公司擅长的事情，而年薪 20 万元以下的岗位几乎由 Staffing、RPO 公司包揽。当然这 3 个层级不会像水和油一样分得那么清楚，在临界处它们有交叉的部分。问题的误解之一就在于，在中国，这 3 个不同层级的岗位招募，我们都管它们叫猎头。于是，误解以及由此衍生的误解由此开始。

绝大多数猎头公司的创始人、CEO、管理者、猎头顾问在孜孜不断地学习，最近几年的学习劲头也是有增无减，值得嘉许！但是，如果把学习提升的努力用在了错误的方向上，那么就会造成"南辕北辙"的结果。为什么会产生这样的结果？我们不可谓不执着，我们不可谓不努力，我们没少加班加点，我们没有偷懒，但是为什么业务绩效没有出现？为什么客户和候选人还是不买账？

原因在于我们学错了地方，学错了方向！

❖ 学习错误点 1：中端市场业务运营采用高端搜寻模式

关于这一点，6 年前我就在不同的场合提出过，全市场搜寻模式（Full Market Mapping）是典型的为客户公司招募 CXO 岗位时采用的非常专业的人才获取手段。配合这个服务的收费模式是典型的定金（Retainer）、候选人推荐（Shortlist）、聘书确认（Placement）的"三阶段各 1/3"的费用收取形式，而且一定有最低收费，如 10 万美元。

但问题就在于，在现在的市场中，客户要找一个年薪 30 万元的经理，同样期待猎头公司提供这样的服务，然后猎头公司为了竞争生意，无原则、无底线地接受，结局可能是"对不起，这个岗位我们找到人了"，猎头的服务和努力没有获得任何收入。在如今的市场上，貌似有的猎头公司有很多单生意可操作，但事实上可能有一半以上的猎头岗位是在和其他猎头公司同时操作，"谁先到谁先得"的概念导致很多人的努力化为泡影。猎头顾问尤其是年轻的猎头顾问就这样被"摧残"，然后放弃，离开了这个本来可以大有作为的行业。负责任地讲，有找人需求的客户公司和猎头公司的 CEO 对此都负有不可推卸的责任。

总体而言，出现此问题的原因是盲目学习、无原则承诺，人才和顾问努力获得的资源被浪费，低效能且没有成就感。

那么出路究竟在哪里？没有秘密，没有捷径，就是专注！只有专注在某个职能、某个行业、某个层级、某个区域，才是最终越做越轻松的出路！因为没有专业背景，没有在第一时间为客户提供最合适的候选人，说什么"服务好客户"都是无稽之谈。

◔ 学习错误点 2：聚焦在我要什么结果（Have）？我要如何做（Do）？而不是"成为"（Be）一个怎样的猎头公司、猎头创业者、猎头公司的领导者或猎头顾问

每家猎头公司的 CEO 都希望自己公司的人是百万顾问（这是某个结果，是所谓的 Have）。但是为什么做到的人很少——内资猎头公司的猎头顾问的平均业绩都在 30 万～50 万元，外资猎头公司的人却会高出很多，我们来分析一下。

第一，招聘环节

我们要招募什么样的人进入这个行业做猎头顾问？我们的顾问的基本工资和外资猎头的工资差距是多少？老板聘用了一个月薪 5000 元的猎头顾问，你如何期待他和一个年薪 50 万元的候选人与年薪 500 万元的 CEO 去对话合

作呢？难怪很多事情老板要自己来，因为底下的人做不成啊！如果低底薪加高提成是一个成功模式的话，那为何我们这个行业用了 20 年还没有出几家像样的公司呢？此路不通！新的选择是什么？

"第五层级（Level 5）的领导者"首先要做的事情就是"选对的人上车"。因为他相信，这群足够优秀的人知道在领导者的大愿景下，应该去哪里，应该做些什么。

第二，培养发展人才环节

美国前国务卿基辛格（Henry Kissenger）博士说："领导就是要带领他的人去他们还没有去过的地方。"

从顾问进入公司到试用期的带教、每季度的绩效评估、晋升，我们是如何实施的？在正常情况下，一名员工如果在一家公司和机构内部一直有发展，那么其不会"跳槽"。

"领导力是把握组织的使命并动员人们围绕这个使命奋斗的一种能力。"如果员工在一家公司内部可以看到清晰的职业发展通道，可以有一天和创始人一起"真正上同一条船"，那其为什么还要大费周折地去另起炉灶呢？当然，这个过程中的分水岭就是"愿景，使命，价值观！"俗话说，道不同不相为谋。这无关乎绝对的对错，而是每个人会选择不同的"道"和"路"。

再回看一下目前的团队，我的团队架构对人才发展是激励的还是抑制的？或许大多数老板的主观意愿是希望培养和发展人才，但实际的行动和结果呢？如果一个团队中的每个人都非常踏实地做人、做事，每天不断地有规律地完成必要的任务、见候选人、见客户、打电话。师傅带徒弟，希望徒弟也可以成为未来的师傅，当然师傅也可以更加成功。如果一个团队中所有的资源可以开放共享，以至进入团队的每个成员的血液最终都能成为 DNA，那么你喜欢拥有这样的团队吗？

因此，"领导者是通过其领导的员工的努力获取成功的。领导者的基本任务是建立一个高度自觉、高产出的工作团队。"如果顾问团队的平均单产

提高了，又有了团队的架构，那么这家公司想不成功都难！

　　通用汽车副总裁马克·赫根（Mark Hogan）对领导者的描述是"记住，是人使事情发生，世界上最好的计划如果没有人去执行，那它就没有任何意义。如果你尊敬人们并且永远保持你的诺言，你将会是一个领导者，不管你在公司的职位如何。"其实，从顾问的角度来看，从事猎头行业具备接触大量中高端候选人的条件。顾问完全可以通过自身的专业度和优质的服务影响候选人与客户。事实上，无论你有没有意识去主动影响别人，你每一刻的言行都已经对他人产生影响，只不过你没有意识到这种影响是正面的还是负面的而已。"领导力即影响力！"所以，每个猎头顾问都可以对这个行业产生影响，就看自己要不要、想不想。当然，前提和基础还在于你个人和你对这个行业的愿景、使命、价值观是什么样的。

　　中国人力成本低曾经是一个事实，但现在如果有老板还在以低人力成本作为核心竞争力的话，那他就成了落伍的人。一个高效能的顾问团队可以产生惊人的绩效，如果每个顾问都拥有百万业绩，那么公司只需要 100 个人就可以达到亿元业绩。这个说法不是虚幻的，它在 3 年前的中国市场已经被验证过。

　　所以，"领导力是怎样做人的艺术，而不是怎样做事的艺术，最后决定领导者能力的，是个人的品质和个性。"拥有什么样的愿景、使命、价值观的老板就会带出什么样的团队，然后塑造什么样的企业文化。最终我们都知道，一个人是为一种文化在工作，因为当钱挣到了一定程度，带给人的成就感都差不多。或者说，就算给你再多的钱，你在一个不对路的文化氛围中做事，也不会感到幸福和满足。

　　作为一个领导者，你要永远不停地问自己：**我的公司团队的愿景、使命、价值观是什么？我要什么？我是谁？**

◆ **【附】作为一个领导者，究竟需要哪些能力？在现实生活中，人们经常会对领导有怎样的评价和期许（摘自《领导力研究》）**

　　• 领导者要有超速成长的能力，总是走在时代的前列，走在队伍的前列。

　　• 领导者应该高瞻远瞩，能够鉴常人之所不能鉴，能够为常人所不能为。

　　• 领导者应该能选贤任能，可以把优秀的人才与企业的财和物聚合在一起，创造业绩。

　　• 领导者应该能不断地复制自己，带队育人。

　　• 领导者应该有超常的绩效。

　　• 领导者应该会凝聚人心，使人们心甘情愿地跟他走，拥有大批的追随者。

第 **24** 篇

"在那遥远的地方"
—— 国际化的思与行

【高　勇（Wallace）】

■ **主编推荐** ■

　　你也许会觉得本土招聘服务商的国际化离你太远，正如 10 年前，需要考虑全球布局的中国企业屈指可数；而今天，需要考虑全球布局的中国企业可能有数百家之多。

　　这样的变化无疑会深刻影响招聘服务产业的变革，进而影响每个猎头行业的从业者！

　　过去几年，高勇（Wallace）领导的科锐国际在如何发展国际业务上做了非常有益的探索。在本文中，我们邀请 Wallace 分享科锐的故事，期望先行者留下的路标能够启迪后续前进的人们！

30年来，时势造英雄，随着经济全球化，众多海外同行在国际化进程中一跃成为全球领先者。而在反掌之间，同样的选择已经摆在我们面前。

8年来，当进入中国市场的海外同行在琢磨如何实现本土化时，我们也在思考如何实现国际化。

3年来，我们的国际化已由遥远的"思"转向切实的"行"。而这幅画卷也将随着不断的践行而变得越来越清晰。目前，一些国内同行也在酝酿、尝试。为了让大家有所借鉴，我简单谈谈科锐国际在这方面的思与行……

▽ 昨天

第二次世界大战后，经济复兴，人力资源服务业风起云涌。二十世纪五六十年代，Manpower、Randstad、Adecco、KellyServices 等机构相继成立。之后随着全球经济中心的流转，不同区域又诞生了更多的优秀企业。它们在加强当地市场渗透的同时，经由国际化得以迅猛发展，如万宝盛华 1954 年开始特许连锁，之后进军加拿大、英国、法国、澳大利亚、日本等市场，目前已在 82 个国家建立了 3900 家分支机构，在全球范围内有 28000 名员工。20世纪80年代，亿康先达、海德思哲、史宾沙等也纷纷在海外设立分支机构。20 世纪 90 年代，Randstad 发力国际化，在北美和亚太地区大举收购，日本 Recruit 在亚洲收购了 Bo-le，美国的 Allegis 收购了澳大利亚的 Talent2……这些公司在市场、业务模式及文化方面不断突破，逐渐改变着区域公司的地位。

这些波澜壮阔的变化，透射出国际化对服务商的价值。

空间大：在全球范围中择优细分市场比某个区域的空间大。如 2012 年，全球招聘的相关服务市场的规模达 22506 亿元，其中的重要区域如北美洲（美国 32%）、欧洲（英国 11%、法国 7%、德国 6%）、亚太地区（日本 17%、中国 2%）、南美、中东与非洲的潜力大。例如，万宝盛华的总部在美国，但其最大的市场在法国（28%）、英国（15%）、美国（15%）、意大利（6%）。

时机好：在经济全球化的背景下，大量客户纷纷布局全球，而这些全球

化的客户又成为服务商打开当地市场大门的钥匙。

成本低：受全球经济危机及不同区域经济周期的影响，吸纳优质收购对象的成本较低。

今天

中国人力资源服务企业在国际化中的主要驱动因素

中国海外投资 2014 年排名全球第二，增幅远大于吸引外资，更多本土企业走向海外。而融资、人才、管理是首要的三大挑战，它们迫切需要既能与总部深入沟通，又能高效解决海外招聘需求的服务商。

更多外资跨国公司的区域管理职能甚至全球职能被放到了中国（如研发、新兴国家的市场开拓等），这意味着客户的招聘需求不仅仅限于中国本土。

人才的国际化流动趋势增强，尤其是海外华人圈的扩大为中国人力资源服务企业在国际化市场中的发展提供了良好的候选人基础。

我们的国际化策略

3 个价值——国际化是支持整体战略目标的手段。更好地成长是我们的整体战略目标，成长的路径分为产品、市场、运营 3 个方面，国际化对这 3 个方面的意义深远。

• 产品——参与成熟市场的竞争，掌握领先的服务与管理能力，提升品牌。

• 市场——争取更大的市场营收及利润回报，分散风险。

• 运营——提高内部士气及凝聚力，未来通过外包某些环节降低成本。

3 个条件——国际化的前期准备包括"尽精微""致广大""跟随大客户'走出去'"。

"尽精微"——建立支持健康成长的、独到的业务模式及核心能力。国内市场正由过去注重数量增长转变为注重质量增长。2002—2007 年中国猎头市场的复合增长率为 35%，2008—2012 年为 20%，未来五年预计为 15%，客户提出了更高的要求，服务商纷纷在探索新模式、新技术，但目前大多数服务商还在"模仿"国外已成熟的模式，自己的"特质"没有做出来，如果模式不清晰，就很难做到独特、持续、可复制。国内难以做深，走向国际将面临更多的挑战。

"致广大"——我们把对中国市场细分的视野放到全球，对东南亚、东北亚、欧洲、南美、北美等进行排序并确立每个区的中心，这些中心将辐射整个区域。排序择优的标准是营收贡献及风险（如政策、税收、文化等）。招聘是一个与很多经济要素相关的产业，如 GDP、就业率和失业率、人口结构等，而临时雇员的招聘又和当地的法律法规有紧密的关系。例如，在日本的猎头市场上，很多行业的费率始终维持在 30% 以上，主要是因为就业人口少。

"跟随大客户'走出去'"——我们在服务中非常重视大客户，尤其是走向海外的中资及外资的亚太总部，其海外业务的战略意义大、挑战多。我们"走出去"的举措可以支持客户的重要业务取得成功，从而带来更高的价值；同时，客户在海外的品牌影响力对我们拓宽当地市场非常重要。

具备以上条件，我们便开启了国际化步伐。例如，我们的一家客户位列全球 100 强，在中国及东南亚拥有四大集团 40 个分支，在服务该客户的 8 年中，我们的服务模式、客户关系不断磨合优化，由最初单一集团的服务商成长为其中国四大集团的唯一供应商。基于多年的信任，客户邀请我们支持其东南亚业务。而我们的几个中资大客户在开拓东南亚市场时也急需支持。在全球细分市场排序中，东南亚是我们国际化的第一站。在认为时机成熟后，我们迅速布局东南亚。事实证明，该举措为客户的东南亚业务带来了强有力的支持，而我们当地的业务拓展也水到渠成。

3 个方式及主要风险——我们采用"建""买""借"获取海外市场的服务能力，并已完成以下布局。

在中国香港地区和印度的班加罗尔建立了投行和高科技团队；在新加坡、马来西亚、泰国和印度尼西亚建立了现场和后台交付团队；与英国老牌招聘机构 Antal 的中国公司建立基于股权层面的战略合作，进而借力其全球的资源。Antal 覆盖全球 133 个分支机构，该合作将使我们借助其在 EMEA（欧洲、中东、非洲）强大的网络及品牌影响力，也将促使我们借鉴领先的专业操作，提升全球的服务能力及候选人搜寻的能力。

在 3 种方式中，"买"即并购，是一个迅速有效的手段，但成功的并购需要得到战略和执行的支援。这两个方面充满风险，很多刚开始国际化的企业在战略方面存在的风险较多，因为有些方向还有待细化。而多次并购后，这些企业往往会发现执行方面的风险更大。我们是通过以下几点控制这两个方面的风险并把握机会的。

• 战略——评估与我们整体战略的一致性。

• 执行——澄清文化、背景、法律、税收、人力资源顾问、运营部分的问题。

• 团队——决策与执行团队保持一致，避免战略与执行脱节。整合资源负责人，能对决策产生直接影响并获取资源。

• 文化——哪些要保留，哪些要改变，哪些要调整，如何通过文化创造价值、推动沟通与培训（员工、客户、供应商、政府等）。

• 体系——业务流程的整合，与总公司制度的集中及个性化处理。

• 系统——确保整合的效率及效果，保证成本降低，确保内外部客户的满意度。

• 客户——客户服务水平及忠诚度，确保一线人员的合作态度，服务质量标准化、规范化。

明天

在未来的国际化进程中，需要充分考虑以下瓶颈。

第一，进军国际市场，首先要深耕好中国市场。我们已经在一个"金矿"上，中国本身就是一个巨大的人力资源服务市场，如果这个市场没有做好就"走出去"太得不偿失。另外，如果我们没有建立独到的、精细的业务模式及核心能力，在海外将面临新市场及产品能力的双重挑战，风险太大。

第二，国际化是一种能力，需要培养国际化的经营人才，搭建架构与整合流程，增强品牌推广能力。

第三，已经或正在"走出去"的中资企业客户，使用市场化人力资源服务的意识仍须引导及培育。

国际化对服务商而言，一方面可以更好地支持客户实现业务成功，另一方面是促进成长的重要手段，可以为市场营收、产品能力、运营提效等带来诸多价值。对猎头顾问来讲，客户及候选人资源将更加广泛、黏性更强；同时，可以学习领先市场的操作技能；职业发展空间无论在国内还是海外都会更大。

以上是我们在国际化方面的思与行。未来的进程中充满挑战与机遇，我们希望通过不断地探索，在那遥远的地方逐步拉近"思"与"行"的距离。

第 25 篇

去新加坡开家猎头公司

【余仲望（Frank）】

■ 主编推荐 ■

随着中国企业的国际发展，中国的猎头公司"走出去"是一个必然的趋势，只是时间早晚的问题。万事开头难，国际进程中的第一站，对于经验与信心的积累都至关重要。基于综合的因素，新加坡可能是中国猎头公司实现国际化第一站的最佳选择。作为中国较早进行国际化探索的创业者，余仲望先生分享的在新加坡开猎头公司的心得体会，值得后来者借鉴。

2008 年年初，仲望咨询（ZW）组建新加坡公司。因为新加坡是东西方文化经济交汇的地方，很多跨国企业的亚太总部设在新加坡，仲望咨询希望能够和它们建立直接的联系，提升自身的业务层次。

仲望咨询进入新加坡市场之后发现，发达国家一方面有巨大的市场，另一方面也充满挑战。

新加坡的国土面积很小，甚至不及上海的一个区，人口数 564 万，2013 年的人均 GDP 达 64581 美元。新加坡是东南亚明珠，经济辐射能力非常强。除了新加坡本土市场，它和周边的马来西亚、印度尼西亚、印度、菲律宾、澳大利亚都有非常紧密的经济联系，向东北可以辐射中国、日本和韩国，向西可以辐射中东和欧洲。在这片广大的区域中，人才流动频繁。在新加坡市场上，金融、贸易、航运、电子、矿业和服务人才的需求量巨大。最近几年，新加坡政府在大力推动医药行业，医药研发人才有很多的机会。其航空航天领域也非常活跃，除了几大整机制造公司，很多飞机维修企业的亚太总部都设在新加坡。中国人容易忽视的是，缅甸是近年国际投资的热土，而当地受制于落后的教育，很多管理人才要从新加坡引进，这为很多高管以及猎头公司提供了机会。

因为市场紧密关联的缘故，也基于新加坡本身的地缘优势，其聚集了周边各个国家的人才，造就了新加坡猎头顾问的一个鲜明的特质，就是广阔的国际化视野。他们对周边国家的行业分布比较熟悉，对各个国家的候选人心态比较了解，在搜寻国际化人才方面具有独到的优势。在新加坡猎头顾问的心目中，很少有国内、国外的差别，这一点和国内猎头顾问的差异很大。当然，英语作为工作语言也起到了很大的作用。

新加坡是一个成熟的猎头市场，国际主要的猎头公司在新加坡都有分支机构，它们培养了一大批成熟的顾问。与之形成鲜明对比的是，在新加坡有一大批日资猎头公司，中资猎头公司只有仲望咨询，这折射出两国猎头行业的国际化程度的差异。

新加坡设立企业的手续简捷、便利，政府服务细致、周到。新加坡有很多专门为企业注册提供一揽子服务的公司，提供的服务五花八门，包括企业注册、财务和税务服务、网站建设、退税申请、秘书服务、复印、打印等。虽然工作人员忙得脚不着地，但是训练有素、井井有条。在新加坡注册公司，如果资料齐全，一般只要两个小时就可以完成。注册资金最低 1 新币。但是无论多少，注册资金都要实际到位。没有营业范围的限制，也不会遇到在中国注册企业时需要先有注册地址、租办公室又需要先注册企业的循环困境。在注册的时候不要求出具从业资格证书，但是某些行业的从业人员——如做派遣和猎头，需要在一定时间内进行从业资格考试。考试比较简单，内容是相关政策，容易通过。公司股东没有国籍限制，也不分是否为外资企业，一视同仁。但有一个要求是由一名有新加坡国籍或者有新加坡永久居民身份的人员作为董事，而且要经过考试，这项考试有相当大的难度，考试每月举行一次，要缴纳一定的费用，董事本身不要求持股。董事如果不通过考试，根据法律规定，公司是不能营业的，这点对企业来说是一个挑战。另外，在新加坡如果违反规则，处罚会相当严厉，这点需要中国企业注意。

新加坡是发达国家中税赋最低的国家。在 3 年之内，企业可以向政府申请津贴，包括电子设备的购买、服务器、手机、网站建设、软件、系统等，这些费用的申报总额不超过 10 万新币 / 年，政府可以补助其中的 60%。员工的培训费用可以向政府报销。股东如果不担任公司董事，学习和培训的费用（包括读 EMBA 的费用）都可以向政府申请报销。3 年之后，购买的设备可以按照金额的 4 倍抵消利润，这意味着如果用利润的 1/4 购买设备，就不需要缴纳企业所得税了。有 10 万新币的免征税额度，年利润在 10 万新币以下不需要缴纳企业所得税。如果年利润在 30 万新币以下，扣除 10 万新币后的部分按照 8.5% 缴纳企业所得税。年利润在 30 万新币以上的部分按照 17% 征税，无营业税。如果新加坡公司向海外投资，政府可以承担两名员工一年的工资和第一年办公室租金的一半。可投资的国家包括中国、巴西、印度、俄罗斯、印度尼西亚、越南、中东和其他任意一个国家，就是所谓的

"7+1"，马来西亚不包括在内。但是有一个条件，即注册的必须是海外办事处。以上补助政策有一项要求，企业必须录用 3 名以上本地员工。

但是在录用外籍员工方面的限制较多，数量和薪资都有限制，这主要是近年来新加坡居民对外来员工的涌入表达抗议之后和政府达成的妥协。薪资下限的要求比较好理解，在录用外籍员工时，薪资上限的限制让人诧异。在新加坡从事猎头业务需要从业资格证书，而且企业员工在政府网站公开，哪个公司有哪些从业人员随时可以查询。对员工的离职也有很多规范，一般员工想寻求新机会会预先告诉公司，离职之后 6 个月内不能和老客户接触，也不能带走原公司的下属。总体上，新加坡政府保护企业利益甚于保护员工。但是，新加坡属于充分就业的国家，在招聘市场上，企业和人才相比处于弱势地位。因此，招聘管理人员有时要支付签约金（Sign Bonus），这是一笔不小的开支。新加坡的应届毕业生的起薪大约为 2500 新币 / 月，经理级别的大约在 7000 新币 / 月，管理人员和基层员工的薪资差异比中国小很多。另外，公司要为新加坡籍员工购买政府保险，为外籍员工购买国际医疗保险。员工的个人所得税由自己承担。新加坡员工的职业化程度很高，做事注重效率，工作勤奋努力，思路开阔活跃，但是加班比较少。

说说文化差异。虽然华语是新加坡 4 种法定语言之一，这些年新加坡人的华语水平也有了很大的提高，但工作语言还是以英语为主。新加坡的很多华人即便华语说得不错，读写能力也很一般。每个汉字都认识，但理解上的差异有时会让人无语，更不用说外籍员工了。不过也经常会遇到对中国文化兴趣浓厚的员工，他们对中国的一切都充满好奇和热爱。由于近些年中国经济的高速发展，中国市场对当地人有很强的吸引力，这也为中国公司增添了魅力。相较于语言差异，更大的挑战是思维习惯的不同，双方习以为常的行为经常南辕北辙，西方籍的员工差异就更加巨大。

预计在不久的将来，新加坡将会出现很多中国猎头公司，就像 20 年来，日本猎头公司如蒲公英般遍布东南亚一样。作为探路者，希望我的一点浅见

能对同行有所助益。

（1）要不要去海外发展，首先取决于公司战略。如果不想去海外发展，中国的市场足够大，精耕细作也会有足够的空间。

（2）如果想去海外发展，这取决于公司内部是否有国际化的管理人才。语言是基础条件，国际视野和国际思维才是真正的挑战。当然，最重要的是要有抱负。有雄心，总能找到合适的人才，而国际化的人才对公司管理又有国际化的要求。针对当地的情况要制定相应的战略、分配制度和管理制度。这些战略和制度同时也会促进国内战略和制度的完善，提升国内的经营管理水平。

（3）要招募当地最优秀的人才。优秀人才的成本高昂、管理困难，但是在陌生的市场中，只有最优秀的人才才有可能帮你打开局面。没有贵不贵的问题，只有值不值得的问题。

（4）资金支持也是很有必要的。虽然大投入才会有大产出，但是大投入也是要预先做好准备的。

（5）海外的投入能够提升公司的品牌形象，鼓舞员工的士气，吸引优秀的人才，也为员工提供了国外工作和学习的机会，对有志于实现国际化发展的公司是一个很好的突破方向。

（6）新加坡是东西方文化经济交汇的地方，语言方面的障碍相对较小，文化差异也比较容易克服，而且经济发达、辐射面广。如果有志于向海外发展，选择新加坡作为第一站，从中学习和总结，为在其他国家的发展积累经验，是一个不错的选择。

第26篇

如何延伸猎头资源

【赵杨晛（Andy）】

■ 主编推荐 ■

猎头从业者能深入接触大量优秀的人和机构，而且这些人与机构还具备非常好的商业基础：需求与支付能力。如果猎头从业者能把这些优秀人才和机构的需求与支付能力结合起来，将会衍生无尽的生意机会。

很多有想象力的猎头有过这样的梦想。Andy 就是这个梦想的实践者。在本文中，Andy 将通过自己的故事，讲述如何延伸在猎头业务上积累的资源。

这个题目，既不是提高业绩的方法论，也不是市场分析，更不是经验总结，总之不是着眼于猎聘上众多同行都在做的事。用 Charles 的话说：这是一个大家或多或少都做过的梦。因此，这篇文章不能教大家如何做一个传统意义上的好猎头，不能告诉大家猎头行业的未来发展，也不能教大家如何实现高业绩，更不能预测下一个高速起飞的行业。不为这几个目的，但是好奇猎头顾问除了推荐候选人还能做什么的同行，可以看看我做的尝试。

首先我是一个老板，我擅长站在公司经营的角度思考问题。从这个角度，我们分析一下猎头到底是一门什么样的生意。放眼整个行业，出名的、成熟的猎头公司不少，它们的结构特点大致如下所述：在全国各地分布着多家分公司，顾问过百，且大部分是名校优秀毕业生，拥有本科以上学历。这样的猎头公司努力做一年可以达到一亿多元的营业额，已属行业翘楚。但我入股的一家物流公司只有 200 多人，一年的营业额有近两亿元，而这家公司的员工几乎都是中学毕业，算下来纯利润并不低，有百分之十几。有对比才有发现，一家由名校优秀毕业生组成的猎头公司，一年的营业额未必比一家平均学历只有中学水平的公司高。为什么？是因为这些名校毕业生愚钝无比、偷懒怠工？还是该物流公司的人虽然学历低却个个聪明非凡？当然都不是！这些名校毕业生们每天要面临极其严格的绩效考核，每天都在加班，而物流公司的员工也不过是普通人。所以，我认为根本原因在于，猎头的真正价值没有被挖掘。

◆ 为什么说猎头的真正价值没有被挖掘

纵观猎头行业，如今的行业趋势是偏低端、低学历、年轻化和规模化经营。为什么？因为大家都在说，以往我们学光辉国际、海德思哲是拜错了师等。面对我们行业中的流行观点，我自问：我们真的错了吗？理性分析后我确定，光辉国际、海德思哲并没错，否则它们不可能拥有持久的行业名声，只是它们的模式太陈旧了。那为什么我们那 100 个优秀的大学毕业生没能发挥他们应有的作用呢？为什么这些高学历的员工赚不到与他们的能力和付出相匹配的钱呢？这是因为他们没有真正地贴近钱。

整个经济生态圈中最贴近钱的行业是金融行业、银行、投行等，各行各业都是如此相辅相成，最贴近什么就最容易获得什么。例如，最贴近医疗体系，就最容易知道如何预防重疾等。猎头行业是最贴近人的，我们应该有很强大的人际资源，但没有将人际资源变成钱。所以我说：猎头的真正价值没有被挖掘。

同行们都说，猎头从业者很辛苦。猎聘创始人戴科彬说："当猎头公司的老板是天下最郁闷的事。"因为猎头公司的老板总要在客户和候选人之间不停地协调、周旋、疲于奔命。然而，为什么不换种思维看问题？举个生活中常见的例子：蚊香和气雾杀虫剂的作用都是毒杀蚊子，两者是直接的竞品。但它们还有一个强劲的竞争对手——蚊帐，甚至延伸下去，是生产蚊帐的布料厂，虽然看起来布料厂和杀蚊子没有丝毫的联系。其实，消费者并不一定是想杀死蚊子，他们只是不想被蚊子咬而已。

以此例反推猎头行业，我们只是想赚钱而已，不一定要把候选人推荐来推荐去。

那究竟什么才是这个行业最有价值的东西呢？解决问题！我们把一个人推荐到一家公司，难道不是为了解决问题吗？当你思考什么是客户最需要解决的问题时，会发现万物归一，很简单，越大的问题客户就越需要解决。

无论什么公司，最终都会走上金融、投资这条路，用资本赚更大的利益，让钱来生钱。为什么很多猎头公司没能走上这条路呢？因为它们根本没有用好人际关系，没有将有效的资源变成钱，也就是我所说的没有挖掘猎头的真正价值。行业内即使是大规模的外资猎头公司也都在倡导要将职位做低、做快。短期内这样做没错，但长期看，这些公司的猎头顾问究竟学到了什么？人的发展最终是依靠智慧。业内出名的猎头公司如 Michael Page，其规模实属业内顶尖，但是它不如高盛旗下的一家子公司的营业额高。如果我们的顾问每天都打 10 个电话，怎样才能赚更多的钱呢？唯一的可能性就是为高职位、高薪酬的候选人提供服务。职位高，薪酬就高，顾问的提成就高。但你也会发现，这样靠做职位的形式，做一天是一天，不做就没有。它是一个劳动力的付出关系，而非资本的运作关系。

大家是否观察到，当企业发展到一定规模时，会遇到很多管理瓶颈。因此，目前的国内民营企业有很大的管理需求，需要那些曾经在国际化大公司历练过的、具备扎实管理经验的候选人。因为这些候选人在大规模、成熟的体制中积累了经验，所以他们本来是可以帮助国内企业发展壮大的。但现实的悖论是国内民营企业聘用这些职业经理人往往以失败告终。为什么？这是因为部分民营企业由于经验不足、模式尚不确定，很多决策存在很高的风险。但往往外企的职业经理人，在职业生涯中所做的许多重大决策，大多是在分析、平衡、考虑了多方面的各种因素后由总部决定的，因此会偏向保守决策。这就导致这些职业经理人对生意模式的思考、探索、实践不足，而这些又恰恰是国内企业老板每天都在践行的工作。所以，即使这些外企职业经理人原本是解决问题的高手，但由于在抓住机会的意识上与老板没能达成共识，最终的合作演变成两相煎熬。

国内的企业都非常希望有一个很好的团队去支持公司的发展，但它们没有能力去辨识候选人到底能不能达到它们的要求。如果此时猎头公司以一家投资公司的身份参与进去，即使用较低的价格入股，但长期来说也可以为企业的组织发展效力，这些企业必定非常欢迎也非常愿意猎头公司入股，因为猎头公司能帮助它们减少知识盲区：猎头公司每年面试几百人甚至上千人，而一家企业的老板一生也不会面试这么多人；猎头公司会横跨很多不同的行业，但企业老板的着眼点更多地在其本行业；猎头公司每天要面试百万年薪的候选人，每天的候选人都不同，而与老板聊百万年薪的候选人可能就只有他的副总……这些使猎头顾问的视野和知识结构与老板们有很大的不同，而且恰好与他们互补。例如，前面提到的物流公司，我帮其引荐大型零售集团副总裁，引荐国内大型婴童集团副总裁，帮一家基金公司引荐大型能源和制造集团的副总裁，帮需要融资的地产公司引荐基金公司的副总裁等，这往往能引发双方非常强烈的共振。这里面流动的信息有高层公关、竞争对手情况、相辅相成的行业交互等。这些公司最终都愿意让我加盟，成为它们长期的战略合作伙伴。通过这种形式，我已成为6家公司的股东，跨多个行业，如物流、婴童、金融投资、保健品等。

人代表着知识和解决方案。如果你认识并熟悉300个市场总监，那你最突出的优势就是遇到一个市场问题时，你知道这300个人中谁能快速、高效地帮你解决这个问题。举个例子，我们到一个新的地方吃饭，就很想找个人问，究竟哪家餐馆好吃？因为时间和资源都是有限的，所以一定会想问一个了解这件事的人。我们不是需要这个人本身，而是需要他累积的对吃的辨识能力。

同样的，我们要找一个候选人，也不是要这个候选人本身，而是要这个候选人解决问题的能力。如果企业自己没有办法知道究竟谁能帮它们解决问题时，它们就会依赖猎头，它们也不是需要猎头顾问本身，而是需要猎头顾问每天面试候选人所积累的辨识力。猎头代表的就是对人的辨识能力。老板不会想哪家公司能帮他解决问题，他只会想每次遇到问题后，找谁解决的效率最高。猎头公司快是因为我们的候选人代表着解决方案，假设一个高端候选人代表一个解决方案，一家猎头公司有100个员工，每个员工认识100个高端候选人，那就会有10000个解决方案；而老板本身不可能有这个资源池，所以他宁愿给出股份，让猎头公司来入股。这样一来，你的人际关系就转变成你的资本。

为什么国内企业不找专业咨询公司解决问题呢？打个比方大家就能理解，咨询公司的作用好比管道，它们擅长搭建企业管理体系，体系架构是管道的作用；而猎头公司好比管道内流动的物质，每次管道内流动的物质都可

以不同，可以是水，可以是油，也可以是天然气，但管道是专业咨询公司，是载体，猎头公司是被载体；管道是固定模式，而物质可以天天更新。我们的信息是不停流动且不断更新的，所以国内企业找猎头公司解决问题更有长期意义。但这件事情是不可能通过同一个人，也就是一个猎头顾问就能完成的，因为企业不可能只问你有关财务的问题，也不可能只问你有关市场的问题，一个人的信息是会枯竭的，但如果你的公司代表的是整个行业，那么就有无尽的组合和可能性。猎头顾问是怎么做零售业的咨询的呢？我们会告诉他们互联网和房地产行业在发生什么事；而做互联网的，我们会告诉他们零售业和房地产行业正在发生什么事。为什么？因为对大多数老板而言，他们不可能接触所有行业的人，他们的接触范围更多的时候局限在他们的行业中，互联网行业的老板一般不会认识多少房地产和服装行业的老板。而这些行业是相生相克的，例如，房地产越旺，零售利润下降得就越厉害，因为租金成本在升高；再如，互联网越旺，零售利润下降得也会越厉害，因为渠道很通畅，透明化变得非常容易。

◎　是不是所有猎头公司都适合这种延伸方式，是不是所有候选人都能变成资本

不同的行业和不同的公司，其业态和规模并非都能无限大。每个赢利的业态本身有其相对的规模。如 QQ 和微信，它们不可能通过自身的基本服务赢利。不可能采取"下载一次软件收费 10 元"的收费模式，因为收费的东西一定不会无限大。例如，QQ 中不同的收费产品，如 VIP 资格、收费游戏都有不同的规模总量。猎头行业也有细分，每个细分领域都有一个总量，所以也不会无限大。这就需要我们想清楚，例如，做高端猎头，可能也就是一亿元的营业额，不能也不应该做太大，做太大就相当于所有公司的人你都挖一遍，这不可能实现。猎头这个业务本身就不能也不应该做大，但一些沉淀时间比猎头公司短、人员素质却比猎头顾问低的行业都比猎头公司要大，究

竟猎头是一个怎样的行业呢？我们不妨将其类比成艺术品、古董行业，虽然做得不大，但它们的历史、人文意义有着不可估量的升值空间。

◐ 如何把猎头做成像艺术品和古董一样的行业

猎头最接近人，人在商业社会中的价值是什么？企业为什么会用高额的猎头服务费招募一个人？候选人值得这个花费的本质是稀缺。供求决定价格。猎头卖的不是人，而是稀缺资源，少于企业需求的候选人就是稀缺资源。在何种情况下，候选人会少于企业需求呢？答案只有一个——高端优秀人才。一般的职员、经理不是稀缺资源。即使企业会用猎头顾问，甚至大量地用猎头顾问来招聘，它的真正意义只在于猎头顾问的速度和效率，只要你的速度与效率高于竞争对手，就能获利。猎头业务要延伸，只能做高端。走低端就意味着规模化，而规模化极易演变为人才中介，人才中介也可以很赚钱，但人才中介做的是效率而非稀缺资源。所以人才中介应该互联网化，因为互联网是最高效的。只有智慧才不会被机器、技术所取代。高端猎头顾问才是掌握市场稀缺资源的猎头顾问，也是猎头市场中最需要付出智慧的猎头从业者。在高端猎头顾问的基础上，你的人际资源才能跃升至资本层面，像资本运作一样去生财。

延伸猎头资源，我仍在不停探索，破中求立，立中再破。只有敢于否定自己，才能带来与之匹配的肯定。路漫漫其修远兮，吾将上下而求索！

第 **27** 篇

你真的会用猎头吗

【傅　威（Jerry）】

■ 主编推荐 ■

就从事各种职业的人数总量而言，猎头并非一个很大的群体。但这个群体的能量很大。因为猎头顾问这个群体是很多优秀企业与优秀职场人士的信息交汇点，而且这些信息是动态的、最新的且最有价值的。本文从人力资源顾问及职场人士如何用好猎头服务这个角度展开分析，并得出结论：如果有更富有想象力和更多样化的角度，猎头服务还能衍生出更多的用法。

猎头公司有接触大量优质人才和优秀公司的天然优势，而且和这些人才及公司都保持着较好的沟通，进而储备了大量的商业资讯。一个优秀的猎头顾问平均每年至少会和 200 个人见面，并与这些人才建立较深入的关系。候选人和企业的人力资源顾问对猎头顾问大多是友善的，因为在职场上，大家总有需要找猎头顾问帮忙的时候。所以猎头顾问就是一个天然的领英人士，通过一个经验丰富的猎头顾问，你可能就无形中扩大了你的二级和三级人际网络。如果你对这些二级和三级人际网络加以运用，会收获意想不到的价值。虽然很多大公司经常用猎头顾问，但企业真的会用猎头顾问吗？今天的文章是来启发各位企业高管、人力资源顾问、候选人的，希望能让大家对猎头顾问的价值有不一样的认识。

◯ 人力资源顾问和企业可以这样使用猎头顾问

发挥猎头顾问的专业调查能力，你可以和猎头公司谈这样的合作

定向薪资调查：猎头顾问调查的目标公司各级别人员的薪资和福利的具体数值，比专门的 C&B（薪资福利）咨询公司的调查更有针对性且更及时。（注：C&B 咨询公司的市场调研方式是与各公司的 C&B 经理电话或者见面访问，交流各公司不同级别的薪资制定范围，由于 C&B 咨询公司的身份特殊，不能提供公司的具体薪资信息，它们公布的只是经过统计后的行业平均值。）

定向调查公司的组织架构：通过长期积累，猎头顾问能够较准确地绘制指定公司的组织架构图，也可以受委托在短期内（一两周内）调查指定公司的组织架构。

候选人胜任力评估（Competence Assessment）：借助专业评测工具和面试对比，猎头顾问能为企业提供专业的评测。

公司高管胜任力与同行业竞争对手的横向对比：以此了解市场上是否有更好的高管，竞争对手除了产品、品牌等优势，是否在人力资源上也占优势，公司接下来应该通过培训还是招聘来优化人力资源等。

搜寻业务合作伙伴：可以是个体合作伙伴，也可以是机构类的合作伙伴。猎头顾问能帮忙快速定位，如在产业的上下游展开技术或商业合作。

接班人计划：通过寻访，确定高管的接班人计划（Succession Plan），对内部人选和外部人选进行全面对比，确认接班人。

战略招聘：通过猎头顾问弄清楚一个有价值的问题——假设公司的中高层人员突然离职了，合适的人都在哪里，按照不同的职能绘制人才地图。

定向邀约人选见面：这样的见面不一定要以招聘为目的（可以是经验交流），据说有些企业就是想知道某家公司的渠道是怎样建立的，进而让猎头顾问安排这家公司的高管以招聘为由对其进行面试。

预估招聘的可行性：启动某个新业务领域或者进入新地区时，可以让猎头顾问先评估人才招聘的可行性，对新业务计划做出调整。猎头顾问是客户眼界的延伸，并且能提供招聘成本的预估和当地人力资源的定性报告。

雇主品牌调研：猎头是最佳的雇主品牌调研渠道。

匿名口碑调查——候选人口碑（Side Reference Check）：猎头顾问对职场故事耳濡目染，当企业打算雇佣一名候选人的时候，不妨向猎头顾问打听一下这个人的背景，说不定能有很多收获。（注：最好提供完整的该候选人的简历给猎头顾问，方便猎头顾问查到与此人共事过的同事们，再做针对性的调查。）

把猎头顾问看作专业的招聘人士，你可以这样延伸猎头公司的服务范畴

猎头顾问不仅能输入人才，还可以"输出人才"：将不需要的雇员挖走；在裁员的时候请猎头顾问提供"输出咨询"（Outplacement），请猎头顾问为计划中要解聘的员工做再就业心理辅导，帮助他们修改简历，介绍求职应聘方法。

校园招聘——帮助企业筛选简历并进行初步面试：如果企业校招时人手不足，找猎头伙伴去撑场将是一个不错的选择。

招聘过程外包（Recrnitment Praless Ontsourcing，RPO）或者让派遣

顾问做现场招聘服务（Onsite Recruitment）：这些招聘顾问都是猎头公司的人，在企业端上班，提供专业招聘服务，节省企业自己需要配置的招聘人员。而且根据企业招聘量的变化，可以随时增加或者减少派驻的招聘顾问。上市公司对正式雇员的预算吃紧的时候，尤其喜欢这类服务。不少跨国企业依赖RPO 服务，甚至在整个中国区有几万名员工的企业全部采用 RPO 招聘外包。

◑ 候选人应该怎样与猎头公司合作

你有自己的"御用"猎头公司吗

明星都有经纪人，候选人却没有职场经纪人。"御用"猎头是候选人可以长期依赖的猎头顾问或者猎头公司。如果花些时间与专业的猎头顾问交朋友，让其成为你的职业发展经纪人，那么你收获的将不仅是一个朋友。挑选"御用"猎头公司时，候选人需要注意以下 3 点：

• 猎头公司熟悉候选人的所在领域，至少有 3 ~ 4 个长期客户是在这个领域中的；

• 猎头公司当年有该领域的成功案例；

• 候选人要和这个猎头顾问见过面，详谈过自己对工作和目标企业的想法。

猎头顾问规划你的职业发展

资深的猎头顾问有点像"大数据"系统，这些"大数据"就是猎头顾问平时看到的各种简历和各种职场人士的职业发展历程，所以他们能帮助候选人规划职业发展前景。例如，一个工作了 5 年的工程师，是应该继续做工程师，还是转型做技术市场？是应该往技术管理的方向发展，还是应该做项目管理？一个做了 5 年招聘的人力资源顾问，还可以怎样发展？一个干了 15 年的销售人员，可以去创业吗？不过，对于非典型的职业发展规划，"大数据"就不太有参考价值了。

面试技巧培训

猎头顾问每天都会面试不同的人，也听说过无数面试成功和面试失败的

例子。在面试前，如果你对如何展示自己的工作经历不确定，可以和猎头顾问聊一聊。对自己工作经历的亮点做个整理，然后自信地去面试，会事半功倍。我发现大部分职场人士平时的工作能力不错，但是去企业应聘时就发挥不出来。因为"谈工作"和"做工作"是两回事。猎头顾问经常会看到一部分人"跳槽"的能力比实际工作能力要强，相信大家也有这样的共鸣，所以候选人要重视自己的面试准备，争取 100% 展示自己的实力。

匿名调查雇主公司的口碑

选择聘书的时候，记得向可靠的猎头顾问咨询目标企业的情况，以便你有更充分的信息做决定。例如，这个职位的直线经理在实际工作中的风格、公司的文化风格、公司在圈内的口碑、公司的产品或者近年的业务情况。

了解目前圈内公司有哪些招人的好机会

如果候选人遇到了某个行业内专注某职能的猎头顾问，那对于找工作就会方便很多。因为专注职能的猎头顾问的手头通常会有若干个该职能领域的招聘岗位，就算其本人没有从客户那里拿到，也能很快帮候选人打听到相关的情况。这是专注型猎头顾问的优势，这种类型的猎头顾问能帮候选人透彻地分析市场情况，并推荐合适的岗位。

猎头顾问能帮候选人谈高薪的认识误区

猎头顾问在大多数情况下知道客户的薪酬预算范围，但猎头顾问不能完全把握客户最后聘书上的薪资，因为企业的薪资预算是有弹性的。有弹性的意思就是，最终聘书上的薪资可能比当初设定的要高，但也可能比预设的要低。人力资源顾问在告诉猎头顾问薪资预算时给的是范围值，一来留有余地，二来对公司级别薪资的封顶数保密，再者就是做招聘的人力资源顾问往往对聘书上的薪资没有决定权，他们只能模糊处理。所以预算往往只反映招聘预期，并非最后聘书上的薪资数字。根据市场搜寻的情况来看，客户可能调高或者调低薪水的预算，所以在薪资谈判时能对那些相对稀缺的候选人起到斡旋的作用，不过大企业的招聘经验越来越丰富，岗位的薪资范围也控制得很严，与那些大品牌外资企业谈薪酬的余地往往不大。目前，大企业谈薪资的严格流程是要核实候选人目前所在公司的薪资证明，所以猎头顾问不可能在候选人的目前薪资上做文章。总之，能谈成的聘书都建立在双赢的基础上，猎头顾问的价值在于让这个双赢的过程变得更加顺利。

猎头顾问之间也会转介绍候选人，能帮助候选人扩大猎头顾问的朋友圈

猎头顾问即便不在同一家公司，也会共享一些候选人资源。所以，当你认识的猎头顾问暂时不能帮到你的时候，你可以主动让他把你转介绍给圈内的其他猎头顾问。乐于分享的猎头顾问往往也是能力强、业绩好的猎头顾问，因为相互帮助会助力一个猎头顾问取得更大的成功。

猎头行业是管理咨询的分支。猎头行业创立之初的重要假设就是，所有的管理问题都可能因为找对人就迎刃而解了。实际情况也是这样，如今中国企业无论规模大小，无论是中资企业还是外资企业，无论是民营企业还是国有企业，只要谈发展，就不可避免地想要招到更好的人。的确，人才是企业进步的原动力，猎头又是招聘中高端人才的最有效的办法。猎头行业进入中国 20 年左右，真正快速发展只是在最近的 10 年。很多企业尝试过，甚至是依赖过猎头公司的服务，但是很少有企业把猎头顾问招聘以外的潜力开发出来。候选人虽然经常接到猎头顾问的电话，但是大部分人与猎头公司的合作只是按部就班而已。谨以此文，帮企业和候选人打开视野，挖掘猎头顾问更大的潜能，用好猎头服务。相信各位猎头顾问也同样期待自己能从职位匹配升华为业务咨询和职业规划的专业顾问。愿各位猎头从业者携手创造属于猎头行业的口碑。

第28篇

上不了市，也卖不掉，你的公司结局会如何
—— 对传承制创业的思考与实践

【陈 勇（Charles）】

■ 主编推荐 ■

　　Charles 是我的学弟，也是猎聘《大猎论道》专栏的首任主编。在从事猎头行业 20 多年，经营 FMC 的这 18 年中，Charles 累积了很多的经验和想法。他谈到的传承制创业的问题，我觉得非常重要。纵观现在猎头行业的发展，很多企业更注重短期和眼前的利益，很少考虑长远发展，更不要谈传承了。纵观全球寿命超过百年的企业，日本有 22000 多家，而中国只有 10 余家。所以我认为 Charles 在这个时机来谈传承制创业是很有必要的。就如文章中提到的，"以公司的生命力为出发点，按照业务与人性本来的特点与逻辑去发展，路可能反而会越走越宽"。

　　让我们关注本文《上不了市，也卖不掉，你的公司结局会如何——对传承制创业的思考与实践》。

—— 《大猎论道》第二任主编　庄华（Pierre）

本文内容丰富，要点如下，请各取所需。

（1）什么是"传承制创业"？

（2）传承制创业有什么意义？

（3）传承制与我们常说的合伙人制有什么不同？

（4）传承制创业为何对猎头行业具有特殊的意义？

（5）有些猎头公司凭借"常规合伙人制"就能做到数千人的规模，传承制创业机制还有意义吗？

（6）如何做好传承制创业？

（7）FMC 实践传承制创业的实际效果如何？

（8）传承之后，公司创始人干啥？

（9）传承制创业，是否生意就一定做不大？

（10）传承制创业与上市、卖掉等出路是否水火不容？

（11）传承制创业有可能是多数猎头公司结局的终极解法！

我们处在一个创业的时代。猎头可能是最适合创业的行业之一：门槛低、利润高、可高端、可小铺子、可大平台……这篇文章是写给创业者的，尤其是写给已经创业或打算创业的猎头同行们。

1997 年 7 月，我开始自己的猎头生涯，到现在刚好 22 年。作为对"从猎生涯"的纪念，我静下心来，梳理过去这些年对猎头创业中一个至关重要的问题的思考与实践。

◐ 如果上不了市，也没有人来买你的公司(或者不想上市/卖掉)，你的公司结局会如何

也许很多猎头创业者根本不会为此纠结或困扰，"活在当下，随遇而安"即可。能赚钱，就继续经营；赚不了或者赚得太辛苦，就关掉，放弃，另谋他路。如果能坦然接受命运如此安排，不失为一种洒脱的选择。尤其是 35 岁以下的年轻人，他们仅仅把创业当作人生中某个阶段的体验罢了。

然而，并非每个创业者都能如此幸运地长期保持这样的心境。中国猎头行业有 20 多年的发展历史，有数万家猎头公司。超过 10 年历史的公司估计有上千家，随着时间的推移，这个数字还会继续增加。就我个人的观察而言，有 10 年以上的历史，未能上市，也未能卖掉的猎头公司，大多数的情况可能是：创业者经历了多轮的人员变化之后，感觉疲累、倦怠，甚至可能对公司未来的出路感到焦虑和疑惑，公司的生命力已经不够旺盛了，甚至正日渐式微。

在创业公司普遍"短命"的现实中，一家猎头公司能够存活 10 年以上，一定积累了相当的价值：客户关系、候选人关系、数据、品牌、商誉、创业过程中吸取的经验教训、一批有成长交集的同事等。这些价值是实实在在存在的，但上不了市，也卖不掉，就没有变现的机会；而有 10 多年经历的创业者，大体应该在 35 岁以上了，转行的机会成本太高，简单的"随遇而安"的心境估计也很难持守，而且 10 多年的激情燃烧之后，也可能心生倦怠，但除了按惯性、无奈地以不知何处是终点的茫然前行之外，还能有什么选择？

在种种看似无奈中，主动去拥抱"传承制创业"，可能会"柳暗花明又一村"，创始人、团队、公司可能都会因此而绽放出非凡的生机！

◇　"传承制创业"的含义与意义

所谓"传承制创业"，简而言之就是把业务的经营权、收益权、所有权传授给合适的实际业务经营者，进而让公司已经积累的价值得到继承、延伸与发展！

换句话说，就是在缺少（或选择放弃）上市或外部出售机会的情况下，公司创始人主动地、有计划地、有秩序地把公司业务的全部（或部分）经营权、收益权、所有权以无偿或低于市场定价的方式传授或出售给公司内部合适的实际业务经营者，让公司多年积累的综合价值（经验、资源、商誉、品牌、平台、文化、团队等）得以继承、延伸与发展；让公司创始人、公司资深成员与创业公司之间达成"三赢"，从而避免创始人倦怠、"老板天花板"、资深成员因综合空间不足而流失，进而导致公司日渐式微、逐步消亡的无奈结局！

尽管传承制创业可能不是大多数猎头公司创始人的主要选择，但它却能够解决大多数猎头公司面临的常见症结。

公司结局困惑

能够把一家猎头公司做到上市或者卖掉兑现，从财务的角度来看实在是太吸引人了，绝大多数创业者都在有意无意中把公司上市或卖掉当作公司结局的主要追求。而市场的实际情况是，在中国市场上的数万家猎头公司中，能够上市或卖掉的猎头公司估计只有数十家，只占千分之一的比例。同时，随着了解程度越来越深，更多的投资者会明白，单纯的中高端猎头业务不是一个资金驱动型的业务，即使要买，买能掌握资源的人会比买公司要划算得多。

对于绝大多数以中高端猎头业务为主的公司而言，上市或卖掉，事实上是很难走通的独木桥。清醒地意识到这个"残酷"的现实，对很多猎头公司的创始人而言，通常意味着两种状况：对公司结局感到无奈，只好以"活在当下"的情怀，看看"命运之河"把自己及公司带到何处，或者时不时地陷入"出路究竟在哪里"的困惑中，耗掉宝贵的精力……

而如果我们能心悦诚服地接受上市或卖掉不会是主流这个现实，主动选择"传承制创业"，我们就能自然地走出关于公司结局的无奈与困惑！

创始人倦怠

创业是个很累人的活，既需要激情也需要体力。种种因素决定了猎头行业会是一个人员流动大、内部分裂频繁的行业。有 10 年以上资历的公司创始人，大多数都经历了公司几轮的人员变动，在一次次没有什么新意的轮回

中，难免心生倦怠。创始人往往是公司前行的发动机，而一艘发动机倦怠的船，注定是无法远行的。主动选择"传承制创业"，有可能实现多台发动机接力或一起加速，绕开"创始人倦怠"这个陷阱。

"老板天花板"

一家公司能够成长的高度，往往取决于老板（或公司创始人）的高度。老板（公司创始人）不但有可能倦怠，而且当公司发展到一定程度时，他们的视野、能力等自身的高度往往会成为公司进一步成长的障碍。这个道理很容易懂，但这道坎却不容易过，因为管理一个见识与能力有可能比自己强的下属，往往会是一件很痛苦的事情。

如果一个创业者对公司的发展更有智慧，也更具情怀。主动拥抱"传承制创业"，就更容易吸引和包容在某些方面或整体上比自己更强的人，并主动给他们创造成长的空间，从而绕开"老板天花板"这个公司的成长障碍。

公司内部最能干的人流失

猎头行业是很容易从内部分裂的行业。敢于从原公司离职后独自创业的人，通常都是公司中最有担当、最有能力、最有野心，同时也是最有影响力的人。对于这样的人，很多老板、公司创始人的做法可能是：分享一些看似合理的利润与股权，然后激励大家一起先把饼做大，并天真地认为把饼做大了就一切都好了……现实中，很多猎头公司的老板会发现，他们的合伙人机制运作得并不顺畅，甚至会与自己发展的合伙人之间矛盾重重，相互抱怨。除了利益分配之外，合伙人机制还涉及更多的空间感、成就感、掌控感等问题。

主动拥抱"传承制创业"，有序地支持这些最能干也最想干的人，在他们所负责的业务上拥有真正的主导权，同时以打破"天花板"的方式创造出足够大的成长空间，公司创始人就有可能凝聚公司内部最能干的人。

永续经营的公司生命力不足

对公司结局的定位不同，会极大地影响公司创始人的决策思路：随遇而安（只要能赚钱就行），或者执着地追求上市，抑或努力冲杀几年后卖掉变现，再或者不知结局地随机前行。在每一种对公司结局有意识或无意识的认知中，每家公司的创始人都在实施着与之相应的策略，这些策略深深地影响着公司作为一个组织的生命力。

主动选择"传承制创业"，老板及公司创始人最有可能从永续经营的角度去思考公司的未来。当一个决策者选择从这个角度去思考未来时，其就容易突破短期得失的束缚，转而注重公司的长期基础。这样的思维与决策，总体来说，更有利于增强公司这个组织的生命力！

◎ 传承制与我们常说的合伙人制有什么不同

广义来看，我们可以把传承制视为合伙人制的一种。

但它与市场流行的，我们常说的合伙人制又确实有些本质的不同：大多数合伙人制，都是创始人（或投资人）分享部分利润或股权来达成激励资深成员的效果；创始人或投资人仍然保持对公司的控制权，思考问题的出发点大体是创始人（或大股东）财务利益的最大化（当然，这样的诉求完全合理）；而传承制的核心在于，让公司最合适的经营者在他们所负责的业务中，在经营权、收益权、所有权上处于主导地位，创始人（或投资人）可能并不控制公司。**把思考问题的出发点从公司创始人（或大股东）个人财务收益的最大化上，转移到公司生命力的最大化上。**

◎ 传承制创业为何对猎头行业具有特别的意义

猎头生意赚不了大钱，但仍然是个好生意：风险不大，很容易过得小康滋润，同时能够真正影响他人，收获很多朋友，在工作中享受友谊；在抵御"互联网 + 大数据 +AI"对工作的侵蚀上，中高端猎头业务还拥有很好的"护城河"效应。总之，这是一个值得长期耕耘的行业。

猎头业务是最容易管，同时也是最难管的生意！猎头业务的绩效很容易

衡量，而且人与人、部门与部门之间，彼此推脱责任的空间不大，所以猎头业务本身很容易管理；但这样的业务特点，使猎头顾问个人对于具体客户的影响力往往比公司的平台与品牌更重要，公司可能缺失有效管理的控制力，因为资深顾问能非常容易地带着生意"跳槽"到其他猎头公司或者自己创业。因此，从人员管理的角度来看，猎头业务同时也可能是最难管的生意。

很多猎头公司的老板尝试过从技术手段、业务流程、组织结构重组等多个维度来降低业务对人的依赖程度。就我个人过去20多年对猎头业务的观察而言，这些努力能够缓解猎头业务对人的过度依赖，但总体上收效不大。中高端猎头业务涉及的客户需求、候选人及猎头顾问本身，标准化程度较低，同时是复杂的长流程、多环节交易。在可以预期的将来，有经验的猎头顾问对于具体客户业务上的决定性作用，总体上是无法取代的。

时常有人拿猎头公司与会计师事务所及律师事务所的机制来类比，并试图从中获得启发来改造猎头行业。我个人的看法是，这种思路似是而非，容易被误导。中高端按结果收费的猎头公司的业务与会计师事务所的业务和律师事务所的业务有着本质上的不同。例如，在知名会计师事务所负责一家大公司的审计业务的合伙人，离开原来的事务所独立创业后，在多数情况下，尽管他能做同样的审计工作，却拿不到这家大公司的业务，因为缺少原事务所的品牌与商誉；而一家在知名猎头公司负责同一家大公司猎头业务的资深猎头顾问独立创业后，在多数情况下却可以延续与该客户的业务往来，而且往往更有竞争力。我们如果请 A 律师帮我们打官司，在同样的案子上就不能请 B 律师，而且即便 A 律师输了官司，律师费多半还是要付的，而猎头业务则往往没有这样的排他性，而且是有结果才收费；从客户角度看，多家猎头公司竞争同一个职位，这对客户而言可能还更有利。会计师、律师、猎头顾问同属专业咨询行业，它们有些共性，但三者在业务上的关键差异决定了彼此间的组织方式不能被简单地套用。

很难找到一个像中高端按结果收费的猎头业务那样，个人对生意的直接影响是那么简单直接，那么纯粹，如果我们改变不了"生意跟人（而非跟公司或平台）走"的格局，我们唯有顺应这样的现实。

越来越多的猎头公司老板认识到，合伙人机制可能是个出路，于是通过分享利润或分享公司股权来发展合伙人，却发现同样困难重重。核心原因可能是，**公司创始人（老板）的控制太多，合伙人在自己负责的业务上无法从经营权、收益权、所有权这几个维度获得主导权**。这几个维度的主导权如此重要，主要是由于以下4个原因：

• 按照人类的天性，在群体努力才能达成的成果中，我们都倾向于放大自己的贡献比例，所以无论如何分，每个人都有可能会觉得自己的贡献比例被低估了，钱分少了，自己吃亏了；

• 中高端的猎头业务本质上是基于人际互动的关系型业务（而非数据型业务），这个特点使业务与个人而非公司的黏性更强；

• 非上市公司的少量股权，大体上只能解决认同感的问题，因为无法卖掉变现或者带来公司的主导权，对事业欲望极强的合伙人来说，这样的股权其实意义不大；

• 除了利益分配之外，这几个维度的主导权往往意味着更多的空间感、成就感、掌控感等。

在人类的天性中，最核心的天性可能就是自私（从自己的利益得失角度出发去处理事情）。如果觉得自己吃亏了，自己又能轻易带走业务，即使有些小股权意义也不大，换个平台或自己创业，获得的空间、成就感、掌控感可能会更好（虽然实际情况未必如此）。在这样的主观判断下，分裂就容易被触发。即使给他们"合伙人"的头衔，让他们也能分享利润，甚至拥有股权，老板还是留不住人，几番下来后，老板的内心其实挺受伤的。而当我们从当局者迷中抽离出来看时，又会发现，这些离开是那么自然与合理。（关于猎头业务利益博弈的特点与内在逻辑，在《当猎头公司的老板可能是天下最郁闷的事》一文中，我做了更加详尽的分析，有兴趣的读者可以参阅。）

考虑到猎头业务如此独特的业务特点，"在自己实际负责的业务上，从经营权、收益权、所有权这几个维度都拥有主导权"，可能是把人留住的最彻底的办法！因为这个办法的机会成本太高，"跳槽"或者创业的意义已经不大。

在帮助核心成员获得这些主导权时，公司创始人为何需要"无偿或低于市场价格"？原因在于以下几点。

• 避免大家就怎样才算是公平的价格发生分歧，在你多我少的冲突格局中，彼此达成心悦诚服的共识的难度是很高的。而这样的传承制机制，彼此之间的信任与认同则是基础与前提。

• 能够把人留住，即使短期内"吃些亏"，但从长远看，这对公司创始人或老板反而可能更好。

• 在工业时代，按出资分配股权也许是合理的；但在知识经济时代，这个思路可能就有点过时。尽管可能未出资（或出资较少），让实际经营该项业务的人在经营权、收益权及所有权上处于主导地位，可能就商业本质来说反而会更加合理！

就我个人的观察与 FMC 创业团队的实践而言，传承制创业对猎头行业可能具有非常特别的意义。其他的行业因特点不同，未必能够简单套用，但传承制的精髓在于：把思考问题的出发点从公司创始人（或大股东）个人财务收益的最大化上，转移到公司生命力的最大化上，这样的思路可能具有一定的借鉴意义。

❂ 有些猎头公司能凭借"常规合伙人制"就做到数千人的规模，传承制创业机制还有意义吗

在与同行朋友讨论猎头行业的传承制创业时，我被多次问及：市场上有些猎头公司凭借"常规合伙人机制"就做到了数千人的规模，传承制创业机制还有必要考虑吗？（这里所说的"常规合伙人机制"指，相对于传承制创业中的主导权转移至具体业务经营者的手中，主导权仍然掌握在公司创始人手

中的合伙人机制。）

市场上有一批擅长服务长尾客户（平时不那么容易被注意到的客户）的猎头公司，他们的发展速度及已经达成的规模确实令人佩服。其中的个别公司，甚至是我所知道的猎头公司中最有创新力的猎头公司之一。这些公司在合伙人机制、品牌、系统、文化等多个方面也颇有建树，但就我个人的理解而言，这些方面的建树对于他们的成功并非最关键的因素。

打个比方，麦当劳、肯德基做到的规模比中餐馆大得多，我们往往会把原因归结为它们的标准化、流程化、品牌化、资本化。当你找麦当劳、肯德基的内部人士介绍他们的成功经验时，他们也会把成功归结为这"四化"。而麦当劳、肯德基的"四化"得以成立的前提是，在他们的餐饮体系中，大厨的作用基本为"零"。如果像中餐馆一样，产品的品质高度依赖于大厨，那么这"四化"基本上是空中楼阁！

借助这个比方，我们能够明白：这些擅长长尾客户的猎头公司，他们真正的革新在于找到办法，把个人对公司猎头业务的影响力降到很低的水平。这与他们能够高效而低成本地获取到数量巨大的长尾客户的能力密切相关。这些客户的基本特点是重复的生意不多。这类猎头公司有基数巨大的客户群，但重复性生意、单产较高的大客户所占的比例很低。在这样的情况下，公司需要数量庞大的猎头顾问在大量客户的零散需求中淘金，在这种业务模式下成长起来的团队负责人离开原来的公司平台，很难有能力持续获得如此大量的客户，同时也很难吸引并维持一个人数众多的团队。在这种模式下，尽管顾问的人均单产极低，但老板们却可能盈利颇丰，而且公司平台还相对稳定。这样的猎头业务模式，相较于传统猎头而言，的确是一大创新；而传统的中高端猎头业务，主要的客户群体都是有重复性生意的主流客户，盲目模仿这类擅长长尾客户猎头公司的合伙人机制，效果往往会适得其反。

除非我们能够改变猎头业务对资深顾问的依赖，否则，传承制创业的思路还是值得认真去探索的。

◎ 如何做好传承制创业

"传承制创业"这个概念听起来很美好，但在现实中如何做好？下面，我就我个人以及 FMC 创业团队所走过的路，梳理了一些初步的经验，在此抛砖引玉。

悟透利益格局的智慧

能干的核心成员离开，不但他们原来能贡献的价值消失为零，而且往往对公司未离开的人员会造成极大的负面冲击。基于这样的判断，我们大体上可以得出这样一个结论：除非给组织里的其他个体或单位带来了严重的负面影响，能长期稳定地留住最能干的人，无论利益分配的格局如何安排，总体上对于公司创始人及公司组织而言，都是利大于弊的。

而想要长期稳定地留住这样的人，最彻底的方式莫过于让他们在所负责业务的经营权、收益权、所有权中处于主导地位，同时打破"天花板"，让他们拥有无限的成长空间。

所以，传承制创业首先需要的是：公司的创始人看透，基于业务特点及人性基础上的猎头公司内部的各种利益的博弈机理。

超越财务收益的情怀

"传承制创业"的出发点是"公司生命力最大化"而非"创始人／投资人财务利益最大化"，这两者之间有交集，但往往不能完全重合！

公司的创始人冒了那么大的风险，付出了那么多的心血，才让一家公司发展起来，"把全部与部分公司的经营权、收益权、所有权，以无偿或低于市场定价的方式传授或出售给合适的公司内部经营者"，这个坎其实很难迈过去，人性使然。这也解释了为何那么多的猎头公司老板觉得上市或卖掉兑现是最优的出路，尽管这个过程未必像外人看起来那么光鲜和愉悦！能够支持公司创始人迈过这个坎的，除了看重细水长流的长期收益，确实需要一些超越财务收益之外的情怀。例如，追求人生意义、人际友谊、发展组织、发展人的成就感……

满足动态需求变化的渐进且灵活的机制

一个新人从入行到完全独立创业，其间可能会经历不同的阶段。从我们的实践经验来看，大体上会经历"新人—成熟顾问—团队领导—利润分享的合伙人—有少数股权的股东合伙人—共享品牌的独立公司控股股东—共享后台的独立公司控股股东—完全独立的公司负责人"的成长阶段。他们在每个阶段都会有不同的诉求，同时每个人的成长速度、风险偏好、创业的欲望也较为多样化。理想的情况是针对这些动态变化且多样性的需求，发展出一套渐进且灵活的机制，能够对猎头顾问在发展过程中对经营权、收益权、所有权的不同诉求进行包容性的组合。

是否采取传承制（或合伙制）的关键因素

创业之路没有一条路是简单的坦途，独自创业、上市、出售、合伙制、传承制，各有各的酸甜苦辣，没有简单的对错，只是关乎创业者价值的选择。合伙制可以是传承制很好的过渡阶段，是否采取传承/合伙制的关键因素，与公司的人数与规模没有直接关系，而与公司创始人（老板）对业务活动的掌控程度有关。

健康而非病危时"做手术"

公司团队组织健康、盈利状况良好的时候，是最适合开展公司传承制的时候。如果仅仅是公司创始人因为倦怠、疑惑、公司经营困难而将公司业务交给内部同事继续打理，这样的传承制效果往往会适得其反！因为没有人会因为接手一个"烂摊子"而心生感激。当然，公司健康的时候，让创始人"放弃"理应属于他们的利益，往往也比较困难，这也是为何需要创始人看透利益格局并且需要有超越单纯的、短期的财务收益的情怀！

让公司有序地"失控"

公司的创始人对公司的经营权、收益权、所有权都不占主导地位，公司岂不是失控了？是的，公司确实有可能失控。但你需要的是有序地、阳光地

让公司逐步"失控"！如果你愿意，你有可能在这个"失控"的过程中获得更加长足的发展！

尝试去控制你无法真正掌控的因素，可能是很多猎头公司老板苦恼的根源。作为猎头公司的创始人，你其实无法控制你的下属，只能陪伴其成长，并在这个过程中找到彼此共赢的最大公约数。

随着下属逐步成熟、成长，公司创始人（老板）以及公司的平台对他们的价值也有可能递减，直至有些人在价值选择上需要完全独立的空间。对此，公司创始人（老板）应该学会尊重，动态地顺应这些变化，把双方的关注点始终集中在彼此双赢的交集上，带着祝福去面对这些变化。相比一方努力控制，另一方努力反控制，在博弈的过程中用尽诸般心机，种下种种恩怨，阳光有序地"失控"反而更加有建设性！

事实上，在公司内部，愿意去独立创业的人只是少数，而这些人的影响力却可能是最大的。在机制上为这些人打开天窗，让所有"分裂""失控"阳光化。在这个过程中，公司大多数人的心态反而获得了安定，最终的结果可能是：越是局部有序地"失控"，公司在整体上越是健康；逐步"失控"的过程，其实是彼此逐步获得更多成长空间的过程。

没有友谊与信任，就没有真正的传承

创始人与公司核心成员之间的友谊与彼此之间的信任至关重要，这样的文化基石是传承制得以实施的基础。从单纯的财务角度来处理彼此之间的关系，传承制很难运转流畅。

◯ FMC实践传承制创业的实际效果如何

FMC 18 年的历史大体上就是探索传承制创业的历史。我们把 FMC 长远的愿景定义为：**成为价值、健康、友谊驱动的最具创新力的招聘机构**（To be the most innovative recruitment organization driven by value, health and friendship)。这样的愿景就是我们把整体的"公司生命力"放在核心位置：均衡地强调对客户与对公司同事的价值；利润健康，组织健康，个人由内而外身心健康；友谊不仅能使我们的生活更美好，也能提升我们的生产力；均衡地注重机制、战术与科技应用这 3 个维度的创新；同时，我们把业务清晰地定位为中高端职位的招聘。

18 年里，我们大体上走完了传承制创业的每个阶段：新人—成熟顾问—团队领导—利润分享的合伙人—有少数股权的股东合伙人—共享品牌的独立公司控股股东—共享后台的独立公司控股股东—完全独立的公司负责人，我们用实战验证了这个模式中每个环节的可行性。从单纯的财务角度来看，我们的表现算是中等偏上，并非优异；而就长远的公司生命力而言，我们确实打下了很好的基础：在北京、上海、广州、深圳这几个核心经济城市，我们都取得了连续 10 年以上的有规模的成功；在人员发展模式上，以内部培养为主，内外并重，以外部同行招聘为主，不同的团队因地制宜地在每类人才发展的模式上获得过成功，而且能彼此包容、相得益彰；在每个主流行业，我们都算是站稳了脚跟……过去两年，我们还有序地完成了传承制创业的关键阶段：通过内部传承的方式，各项业务的经营权、收益权、所有权更多地在由一批实际业务的经营者来主导！作为一家有近 18 年历史的猎头公司，没有上市，没有出售，公司不但没有暮气已深，最近两年反而以更强大的生机在快速地向前发展。

而这一切的发生，确实得益于"传承制创业"这样的思路。没有人能确保在这个思路上一定会成功，但如果你的公司上不了市，也没人收购，而你又不想无奈地随遇而安……这个思路，确实值得试试。

◐ 传承之后，公司创始人干啥

传承制创业的精义在于超越"创始人倦怠"与"老板天花板"，源源不断地为公司内部成员开启更多的不受限制的空间。创始人在什么时间段、年

龄段，把局部还是整体传承给内部成员，视公司创始人的不同情况，可以有多种不同的组合。传承之后的创始人定位也可以有多种不同的选择，大体上可将其归结为以下三类。

保全价值，逐步淡出：出于种种原因，如累了、烦了、干不动了、想换战场了等，创始人不想再继续创业了；在大多数情况下，这样的公司是上不了市，也没人收购的，与其让公司衰落消亡，不如提前保全公司现有的价值，以无偿或低于市场的价格传承给内部合适的人，然后创始人逐步淡出，祝福公司发展得更好就可以了！

重新定位，陪跑喝彩：安排传承，开放公司内部的更多成长空间后，创始人不用离开赛场，只是重新定位自己的角色，承担部分自己有兴趣也有能力的工作，然后一起陪跑喝彩。

放大经验，更多精彩：创业过程中的很多经验与能力，只有自己亲身经历，才能获得，创始人通过传承的方式，从原来公司的营运角色中释放出来之后，其实可能帮助公司内部更多的人创业或者成长。放下之后，其实可以发展更大的事业，经历更多的精彩。

很多时候，退一步海阔天空。创业开公司，并非一定要上市或卖掉兑现才算善终的选择；立足于传承制创业，猎头公司创始人反而拥有更多的选择！

♥ 传承制创业，是否生意就一定做不大

在实践操作上，传承制强调"最合适的实际业务负责人逐步对业务的经营权、收益权、所有权获得主导地位"，这是绕开"创始人倦怠""老板天花板"，确保"公司生命力"的最主要的办法。这样的操作模式会让公司总体上处在一个不断裂变的过程中。传承制创业，是否最终只成就了一家一家的小公司，其生意就一定做不大呢？

首先，如果我们把视野从公司扩展到创业者整体的人生幸福，你也许会同意，做一间DSP公司（DSP的意思是Decent、Small、Profitable/体面的、小的、

赚钱的），往往离幸福生活更近些。"小"并没有什么好苦恼的！一家 DSP 公司可能是个小生意，但如果你能通过"延展的森林模式"发展"A Group of DSPs/ 很多家 DSP 公司的组合"，那么你也是可以做成一笔大生意的。

传承制创业的精神很有利于公司像不断延展的森林一样良性裂变式成长：经验不多的公司成员像一棵棵成长中的小树，在它们还不那么强壮时，可以被种在同一块地里，彼此间可以相互借力以抵御强风暴雨，而当这些小树苗成长得越来越粗壮后，逐步展开的枝叶树冠就会成为对彼此空间的限制，有传承制精神的创始人会主动地、有序地把这些长大的树木移植到更加空旷的土地上，让他们获得更加充足、自由的成长空间。这样，尽管每棵树都需要更加独立地面对风雨，但它们却有机会长成一片新的森林。

由于绕开了上市、出售需要的控股权、财务报表合并之类的束缚条件，公司创始人无须控制，只需要支持每一棵树自然地成长。公司创始人可以专注于每棵树之间的各种连接（如品牌、数据系统、业务支持、人员成长、生意思路、文化、友谊等），把这些拥有相对独立空间的树木连接成"不断延展的森林"。

❖ 传承制创业是否与上市、卖掉等出路水火不容

首先，对单纯的中高端猎头业务而言，猎头不是一种靠资本驱动的生意，作为有耐心的成熟投资者，买关键的人可能比买公司更划算。

其次，相比一家急于卖掉的猎头公司，一家立足于自身永续经营能力的健康公司，对投资者而言可能价值更大，只是买后者的过程会相对麻烦些。由于传承制强调友谊与信任，只要创业团队能够达成共识，随时可以尝试上市与卖掉的可能性。而一家本来要上市或被卖掉的公司，想要回归到合伙人制或传承制，难度可能会更大些！

从这样的角度来看，按照传承制创业的思路，以公司生命力为出发点，按照业务与人性本来的特点与逻辑去发展，路可能反而会越走越宽。

▽ 传承制创业有可能是大多数猎头公司结局的终极解法

让真正经营业务的人，逐步获得业务的经营权、收益权、所有权，直至支持他们拥有一家完全属于自己的公司；把公司治理的思考焦点从创始人的财务收益最大化调整为公司生命力的最大化，这可能暂时还不是大多数猎头创业者的首要选择，但却有可能是很多猎头公司结局的终极解法。因为在这样的安排下，无须去挤上市或并购的独木桥，猎头公司的创始人、资深顾问、公司本身都有可能寻找到相得益彰的多赢出路！

一粒麦子，保存到烂掉，终究只能是一粒麦子；而掉在地里，反而有可能结出更多麦粒。

作者介绍

▶ **陈勇 (Charles)**

- 中国著名猎头公司 FMC(Future Management Consulting®) 的创始合伙人。
- 中国颇具影响力的猎头专栏《大猎论道》(基于中国颇具影响力的中高端人才招聘平台"猎聘")的创始主编及终身荣誉主编。
- 猎头专业图书《大猎论道——真实世界的猎头艺术》(由来自国内外的数十家一线猎头公司的资深人士参与编写)的主编。
- 中国招聘联盟（RECC）"猎头行业杰出贡献奖"获得者。
- 20 世纪 90 年代进入猎头行业，是中国最早的猎头顾问之一。
- 在北京、上海、广州、深圳、武汉、成都等城市有过猎头创业经验。
- 创建 FMC 之前，有较为丰富的职场与人生经历，曾任职于斯坦达（Standard）猎头公司（中国最早的猎头公司之一，后被美国 Manpower 公司收购）。
- 重庆人，毕业于国际关系学院（英美语言文学学士）、英国利物浦大学（MBA & 人力资源管理硕士）。

▶ **刘家良（Louis）**

- 现任光辉国际（Korn Ferry）北京公司首席代表，公司全球工业业务客户合伙人。
- 拥有超过 20 年的高端人才资源配置、企业运营管理、公司战略、市场营销、技术转让、合资企业、政府关系、财务融资、合同项目管理等丰富的工作经验；曾担任艾克斯能源（Xtreme Power）公司副总裁和亚太区总经理，美国通用电气（General Electric）轨道运输集团亚太区销售总经理，在瑞典爱立信（Ericsson）、国际纸业（International Paper）、惠而浦家电（Whirlpool）等公司担任领导。
- 曾负责中国青藏铁路线机车设备和服务合同的谈判及执行，中国干线机车采购和技术转让合同的谈判及执行，GE 运输集团在华合资企业的谈判及设立；领导艾克斯能源公司与中国神华集团、日本住友、东芝公司、韩国三星集团的战略合作；2011 年，作为中国商贸代表团成员，签署中美高铁合作协议；2010—2011 年任美国大使馆轨道运输协会行业主席；多次担任国际储能和清洁能源行业会议的发言人等。
- 毕业于上海交通大学（获材料工程学士学位）和美国南加州大学 Marshall 商学院（获 MBA 学位）。

▶ 王忆民

- 上海晟仕企业管理咨询有限公司（"晟仕咨询"）的创始人和 CEO；英国 Lumina Learning 的全球合伙人和中国地区独家代理。晟仕咨询专注于 Lumina Learning 体系认证咨询师的培养，为组织提供领导力发展、心理测评、高管教练等方面的服务。王先生从 2002 年至今，专注于招聘人才和发展人才工作。
- 毕业于美国加州大学圣迭戈分校，获得国际关系和亚太事务硕士学位。
- 在创立晟仕咨询之前，王先生曾在全球顶尖的猎头公司 Russell Reynolds 和 Spencer Stuart 任职，由于表现出色，屡屡获得晋升。他曾是 Spencer Stuart 全球 300 多位咨询顾问中唯一一位中国护照持有者。

▶ 陈亮（Kevin）

- 作为上海瀚仕企业管理咨询有限公司（ManGo Associates）的创始人和管理合伙人，陈亮在中国猎头市场拥有超过 10 年的实战经验。
- 在 2006 年 ManGo Associates 成立之前，陈亮担任 Amrop Hever 中国区总监。
- 毕业于上海复旦大学，后获伦敦商学院金融硕士学位。

▶ 郭展序（James）

- 展动力创始人、首席执行官。
- 中国第二批猎头创业者，"自信自省、谦逊坚定"是其典型风格。
- 在 2000 年 4 月创办展动力之前，曾连续 10 年在企业从事人力资源及管理、运营的实践，其行事与领导企业的特点一向以实效为先，一直看重组织能力与个体能量的相互成就和最佳实现。

▶ 孟凡超（Vincent）

- 猎头行业组织发展顾问、实战派猎头培训专家、猎聘学院首任院长、猎聘《大猎论道》专栏资深顾问、凡超咨询创始人。
- 2007 年进入猎头行业，为多个行业的客户提供全职能的中高端人才搜寻服务，快速成长为一名顶尖猎头顾问和优秀团队的领导者。2012 年成立凡超咨询，研究猎头公司的绩效提升及组织发展。多年来被他成功辅导的猎头公司不计其数，为超过 80% 的中国本土猎头百强企业提供了培训咨询服务。
- 毕业于南开大学精算专业。在进入猎头行业之前，在世界 500 强企业担任课程经理，负责运作销售训练项目。
- 个人职业目标：致力于成为中国猎头行业最优秀的组织发展顾问及培训师。

刘汪洋（Jackie）

- 上海斯科人力资源顾问有限公司创始人兼总经理。
- 拥有近 19 年的猎头行业经验，2000 年创立斯科人力资源顾问有限公司。
- 个人职业目标：把斯科建成行业内受人尊敬的猎头公司。

郭蓬红（Elizabeth）

- 捷毅智邦人力资源创始人、总经理，在猎头行业有十多年的丰富经验；是在不同的猎头业务模式下不断挑战顾问效率的践行者，相信同行分享可以创造价值。
- 历史学博士，善于观察、分析和归纳事物的发展规律。

Tony Seager

- Seal（英国）集团创始人兼首席培训师、斯程国际高级培训师及合作伙伴。有超过 30 年的猎头行业经验，熟知国际猎头公司的专业管理体系和操作技能；有 28 年的猎头行业培训经验，培训的受众遍布 38 个国家。
- 首位为中国众多猎头公司的老板及猎头顾问提供培训的外国猎头培训师。
- 个人职业目标：成为猎头公司发展的战略合作伙伴。

宁晋

- RECC（中国）招聘联盟联合发起人、斯程国际创始人、招聘咨询专家、高管教练和职业发展规划师。
- 有 13 年的招聘行业服务经验，2010 年创办中国首家专注于帮助企业和猎头公司提升招聘技能与效率的平台——斯程国际，将国外专业的招聘体系引入中国。2017 年发起并创办了 RECC（中国）招聘联盟——一个专注于招聘行业内外部资源整合和分享的平台，致力于让招聘变得更容易。
- 擅长整合国内外的招聘资源解决企业招聘问题，帮助猎头公司提高运营效率，是中国招聘行业资源的整合者和促进招聘行业专业化的推动者。
- 自 2011 年起连续每年举办中国猎头行业年度千人盛会，帮助十余万名招聘从业者提升了招聘效率，被世界知名招聘行业平台 RI 授予"中国区独家合作伙伴"的称号。

陈功（Victor）

- 爱猎咨询（iHunter）创始人，在猎头行业被称为"VC 老师"。
- 有超过 15 年的招聘和培训经验，曾历任央企人力资源顾问、美资 500 强中国区招聘负责人、上市猎头企业负责人、中国区培训总监。

- 2014 年转型创业，为诸多百强猎头企业提供培训和咨询服务。
- 有超过 10 万个猎头顾问关注"陈功猎头培训"公众号及喜马拉雅频道。
- 个人职业目标：致力于让猎头界更美好。

▶ 闫培杰（Amos）
- 2009 年加入 FMC，为 FMC 北京办事处合伙人之一。
- 先后任职于四家中国本土和外资猎头公司，从访寻专员做到合伙人。
- 做过教师及企业内部的人力资源顾问，在法国读完 MBA 后曾在法国企业工作。

▶ 施润春（Kevin）
- 谷露软件（Gllue Software）创始人。
- 拥有多年不同业务模式的中外猎头公司从业经验。
- 对招聘管理的技术创新有着多年的实践和浓厚的兴趣。
- 个人职业目标：通过技术与创新让猎头顾问工作得更高效、更有价值。

▶ 傅立科（Kin）
- 国内知名金融行业猎头公司北京凡尔康管理咨询有限公司（Falcon Talent）的管理合伙人。Falcon Talent 是一家专业的人力资源招聘服务机构，构建高端人才与优秀企业的融通桥梁，使企业的组织需求与专业人才的潜能发挥完美对接，力求获取企业与人才的双赢赞誉。Falcon Talent 创建于 2012 年，在过去的几年中，其在银行、投行、证券、资产管理、互联网金融等细分领域取得了非凡的成绩，保持着销售额每年 100% 增长的良好势头。
- 傅先生本人有着十几年的行业从业经验，服务过科锐国际人力资源有限公司、上海翰德人力资源有限公司（Hudson）、Kelly Services 等国内和国际知名专业招聘机构，历经管理培训生、顾问、管理顾问、办公室负责人、区域负责人等职位，完成了从新人到顶尖销售人员、再到公司 CEO 的角色转变，怀着热忱对猎头行业开展了积极的探索。

▶ 陈敏儿（Michelle）
- MRI 中国集团前合伙人，区域总监。
- 2003 年以来，除 2009 年外，均为 MRI 亚太地区业绩表现前三名；2012 年第一季度，MRI 全球业绩表现第一名；以最后 3 个月在 MRI 的成绩，荣获 MRI

亚太区 2012 全年最佳经理人第二名。

- 现任新履程的董事总经理（新履程是集高端猎头、高管教练、猎头培训于一体的猎头公司）。
- 陈敏儿对教育及帮助他人成为最好的自己有着极大的热忱。

▶ 王洪浩（David）

- 科特杰猎头创始人，首席顾问。
- 毕业于上海交通大学，著有《猎头》《草船借箭》《别做不懂用人的傻瓜》《别让猪上树》。在多个电视节目中任嘉宾、评委和职场规划师。
- 个人职业目标：人才战略及猎头专家，学者眼中的商人，商人眼中的学者。

▶ 潘丽华（Lisa）

- FMC 公司史上最年轻的董事总经理，有近 10 年的猎头经验。
- 在北京、上海、广州、欧洲与北美有过生活与工作经历。
- 浙江大学金融学士，英国兰卡斯特大学国际商务硕士，多伦多大学 MBA 管理硕士。
- 个人职业目标：在工作中享受友谊（Work to enjoy friendship），发展"主动专注（PS）业务模式 + 合伙人制"相结合的猎头公司。

▶ 杨璇波（Carter）

- 拥有近 20 年的招聘咨询行业经验。
- 现任全球最大非上市人力资源解决方案公司邀聚士中国区执行董事。
- 曾创办和经营拥有上百位猎头顾问的公司，公司从零开始发展到营收上亿元。
- 在创业、精细化运营、领导力、教练和人才发展方面有深刻的洞见和成功的实践经验。

▶ 高勇（Wallace）

- 科锐国际人力资源有限公司（科锐国际）董事长、创始人。
- 作为中国招聘行业的先行者，高勇先生于 1996 年创建科锐国际，坚持创新，在中国率先提出 RPO 模式并推进灵活用工及岗位外包的实践，促进国际化。目前，科锐国际已成为亚洲领先的整体人才管理服务商，拥有 40 家分支机构，逾 1000 名专业顾问。
- 个人职业目标：为客户持续提供创新的、高效的人才管理服务，支持其业务

成功；为候选人提供契合的、更佳的职业发展机会；为员工提供合适的、有成就感的发展平台，激发员工的智慧、激情与创造力。

◗ 余仲望（Frank）

- 1998 年创办泽恩企业管理咨询有限公司。
- 2012 年创办仲望企业管理咨询有限公司（仲望咨询），仲望咨询是 Intersearch 中国区的唯一成员。
- 2008 年成立新加坡仲望企业管理咨询有限公司。

◗ 赵杨晛（Andy）

- 中国香港人本管理机构创始人及总经理。
- 有超过 10 年的专业猎头公司管理和咨询的工作经验。
- 在上市企业的高管任命方面，拥有过人的敏锐度和把控度，目前已为多家上市企业成功推荐了合适的职业领袖。
- 担任多家公司的咨询顾问，擅长帮助大型民营企业有效整合、盘活人力资源。
- 对"企业继任人计划"有深入的研究和独到的见解，不遗余力地帮助中国企业家搜寻最合适的继任人，让民族企业的梦想顺利传承。

◗ 傅威（Jerry）

- FMC 上海资深合伙人。
- 有 10 多年的猎头经验，在北京、上海、广州都有过猎头从业经验，开拓了 FMC 上海区域的化工和工业团队。
- 对人力市场调研和猎头系统有丰富的经验及深入的研究。